LES PREMIERS

Une histoire des super-héros français

DU MÊME AUTEUR

Fourbi
Gallimard, 2000

Supplément aux mondes inhabités
Gallimard, 2004

Le Contraire du lieu
Gallimard, 2005

Reprise des hostilités
Seuil, 2007

Avant de disparaître
Seuil, 2011

Grandeur de S
Seuil, 2012

Fiction & Cie

Xabi Molia

LES PREMIERS

Une histoire des super-héros français

roman

Seuil

*25, bd Romain-Rolland, Paris XIVe*

COLLECTION
« Fiction & Cie »
fondée par Denis Roche
dirigée par Bernard Comment

ISBN 978-2-02-134311-3

www.seuil.com
www.fictionetcie.com

Au jeune homme

« Un homme est le moins lui-même quand il parle en son nom propre. Donnez-lui un masque, et il vous dira la vérité. »

Oscar Wilde

Première partie

I

Il ne pensait à rien la première fois qu'il s'envola.

Au commencement, racontait-il, malgré la neige boueuse mais par endroits verglacée qui couvrait les trottoirs, il se hâtait le long du boulevard. Bientôt, une jeune femme l'attendrait devant la gare du Nord. Il souriait, il était impatient et heureux.

À hauteur de la rue Greneta, comme une cohue s'était formée le long d'une plaque de verglas, il fut forcé de ralentir. Jetant un œil à sa montre, il s'aperçut qu'il allait être en retard, lorsque la pensée qu'il irait plus vite en volant se présenta dans son esprit. Elle s'accompagna de vifs picotements sur la plante des pieds, aussitôt relayés par une sensation de chaleur sur ses joues. Et il avait alors senti qu'il devrait essayer, pourquoi pas, de s'élever au-dessus du sol. L'instant d'après…

« Attendez, l'interrompait-on parfois, d'où est-ce que ça vous est venu, cette envie d'essayer ? »

Jean-Baptiste haussait les épaules. Personne en tout cas, ni ange ni voix intérieure, ne le lui avait suggéré. Il en avait éprouvé le désir, non, le besoin, c'est tout.

L'instant d'après, son pied droit prenait appui dans l'air devant lui, à quelque vingt centimètres du sol, puis son pied gauche avait suivi. Il lévitait. Une délicieuse exaltation faisait battre son cœur.

C'était faux. Comme il devait l'avouer plus tard à Thérèse Lambert, il ignorait tout de la manière dont il s'était retrouvé là-haut. Il avait, pendant plusieurs dizaines de secondes, perdu conscience de lui-même. Mais, supposant qu'on attendait de lui un récit plein et détaillé, craignant aussi qu'on le soupçonne – de quel mensonge, il l'ignorait –, il jugea plus prudent d'offrir à tous un souvenir limpide du fil qu'avaient suivi ses pensées et des impressions qui les escortaient, avant puis pendant la première manifestation de ses capacités.

Aux journalistes, il raconta que la peur l'avait étreint lorsqu'il s'était retrouvé, sitôt après s'être envolé, une vingtaine de mètres plus loin, au-dessus du croisement que forment le boulevard de Sébastopol et la rue Réaumur. Il était alors 16 h 17, le 19 janvier, et de minces flocons de neige voltigeaient dans les rues de Paris. Une jeune femme en imperméable clair, l'ayant suivi des yeux, venait de s'évanouir. Un bus avait pilé au milieu du carrefour. Derrière, dans la longue file des voitures bloquées, les conducteurs s'irritaient, ignorant tout du prodige en cours. Mais déjà on s'attroupait sur les trottoirs. Des téléphones pointaient vers lui.

Ce n'était pas la terreur qui l'habitait, ajoutait Jean-Baptiste Fontane, mais une forme de surprise, teintée d'appréhension, tandis qu'il se voyait, flottant, presque immobile, ses pieds battant lentement l'air sept ou huit mètres au-dessus de la foule, de ces surprises qu'on éprouve en se découvrant victorieux d'un obstacle qui paraissait infranchissable, ou auteur d'un bon mot qu'on n'avait pas prémédité : c'est alors, remarquait-il, comme si l'exploit vous engageait à le reproduire, à ne plus jamais descendre de la marche sur laquelle il vient de vous hisser.

« Vous voulez dire que vous aviez déjà peur à l'idée de ce qui vous attendait ? » lui demanderait-on quelques mois plus tard, à l'occasion d'un énième entretien.

Il répondrait : « Sans doute, oui. »

D'un caractère accommodant, Jean-Baptiste Fontane avait pris l'habitude de s'en tenir au rôle qui lui était échu – que cette attribution puisse être injuste ne le tourmentait plus depuis longtemps. C'était un homme fluet de trente-cinq ans, ni beau ni laid, au regard doux, au nez trop long. Il travaillait derrière un comptoir de la Bibliothèque nationale, où il enregistrait des codes-barres sur des volumes prêtés puis rendus, renseignait les usagers et plus rarement se déplaçait pour mettre un terme aux bavardages trop bruyants. Il regrettait parfois de ne pouvoir se distinguer par la grâce d'une intelligence vive ou d'un humour irrésistible. Des répliques drôles lui venaient à l'esprit, mais il ne trouvait jamais le moment de les glisser dans la conversation.

Plus jeune, les rares fois où il s'était essayé à quelque audace afin qu'on s'intéresse à lui, par exemple en se coiffant d'un fedora lie-de-vin, ou en révélant à un collègue qu'il avait, un beau jour, mangé cru un poisson de son aquarium, ou bien encore en invitant de but en blanc une lectrice à prendre un verre, il n'avait rencontré que des froncements de sourcils et des malentendus.

De ces moments embarrassants, il tira la conclusion qu'il se trompait de répertoire. Il ne serait jamais de cette espèce de gens dont les avis sont attendus et les absences regrettées. Alors il s'était résigné à incarner un personnage sans éclat, un personnage secondaire. Et il devait s'apercevoir, au fil du temps, que ce rôle ne lui déplaisait pas. Il avait même ses avantages. Comme nul ne lui rendait jamais visite, il n'était pas tenu de ranger son appartement. Son vestiaire se démodait sans qu'il ait à s'en soucier, et il pouvait négliger sa conversation, qu'il parsemait désormais de phrases toutes faites et de sourires flous. Peut-être une sorte de paresse ou un réel manque de caractère motivait-il cette attitude. Je crois plutôt qu'elle témoignait d'un fatalisme tranquille, d'un de ces renoncements par lesquels une vie se trouve simplifiée.

Dans les heures et les jours qui suivirent son premier vol, il ne fit rien, d'ailleurs, pour récuser le portrait de lui que diffusaient la presse et les réseaux sociaux. Son histoire semblait merveilleuse et simple : c'était Monsieur Tout-le-Monde transformé en super-héros. Il ne s'offusqua pas de lire ou d'entendre les témoignages des collègues, voisins et amis qui égrenaient les prévisibles (mais vexants) « C'est quelqu'un de tout à fait normal », « Un type sans histoire, vraiment », « On n'aurait jamais cru ça de lui ». Il se contentait de sourire d'un air poli chaque fois qu'un journaliste lui demandait si sa vie n'avait pas manqué de relief jusqu'au 19-Janvier. Hormis une distinction dans un concours de modélisme qui lui avait valu les honneurs de la presse régionale (l'adolescent avait reproduit au 1/87 la cathédrale de Bayeux et projetait maintenant, disait l'article, de répliquer tout le quartier qui l'entourait), le décès de sa mère dans un accident de voiture, quand Jean-Baptiste Fontane avait douze ans, était la seule péripétie notable dans un parcours autrement fade, et d'une banalité qui touchait à l'hyperbole : enfance dans une sous-préfecture où son père exerçait la profession de comptable, scolarité moyenne, loisirs attendus (soirées devant la télévision, promenades à vélo, quelques saisons sans lustre dans une équipe de football), aucun souvenir marquant laissé aux enseignants ou aux camarades qu'il avait fréquentés, pas de rébellion, pas de drame sentimental, nul point de fuite. Quelques magazines tentèrent de faire passer sa conduite effacée pour une introversion suspecte, un mystère à élucider, mais l'idée la plus répandue, qui prévaut encore aujourd'hui, c'était qu'un petit bibliothécaire, un homme de rien du tout, avait un jour surgi dans le ciel de Paris.

Au-dessus de l'embouteillage, tandis que la foule grossissait aux angles des rues, que plusieurs passants se portaient au secours de la jeune femme évanouie et que le blocage complet de la circulation déchaînait les klaxons des voitures, plusieurs idées lui traversèrent l'esprit. Il avait d'abord, affirmait-il, songé à la jeune femme qui risquait de l'attendre sur le parvis de la gare du Nord, où ils s'étaient fixé un rendez-vous après plusieurs semaines d'échanges timorés sur un forum de rencontres. Il pensa lui téléphoner pour la prévenir qu'il aurait du retard, et sa main se porta vers la poche de son manteau. Mais il interrompit ce geste, pris de pudeur en devinant, dans l'attroupement sous ses pieds, tous les regards braqués sur lui. Soudain, comme il mesurait ce vide de plusieurs mètres qui le séparait du sol, un étourdissement le gagna. Il s'avisa qu'il allait s'écraser si le prodige prenait fin. Alors, dans une même impulsion, ample et très régulière, il battit des bras et fut soulagé d'observer que son corps s'élevait de quelques mètres, que son corps lui obéissait.

Une quinzaine de téléphones portables filmèrent ce premier mouvement aérien, dont s'inspira le sculpteur chargé d'immortaliser Jean-Baptiste Fontane devant la mairie de Bayeux, ville de Normandie où il était né. La statue en bronze, qui trône sur la place de la Liberté, est en partie fidèle aux images enregistrées. L'artiste a scrupuleusement restitué la coupe trop large du manteau, le nœud étroit de l'écharpe râpée et le profil peu flatteur de Jean-Baptiste Fontane, dont le nez en coupe-vent pointe vers le ciel. C'est bien la silhouette frêle du bibliothécaire, mais transfigurée par ses dimensions colossales et la vigueur d'une posture conquérante, le bras droit en avant et les doigts écartés. Sous le genou, les jambes disparaissent dans le bloc de bronze à peine dégrossi, comme si le héros national, sortant de terre, s'en arrachait au prix d'un effort surhumain. Couvrant le socle, d'innombrables inscriptions, gravées au couteau ou tracées avec du Tipp-Ex, lui déclarent un amour éternel. Curieusement, le cou tendu et les mâchoires serrées de Jean-Baptiste

Fontane font passer sur son visage une expression de souffrance, qu'accentue le pli amer de ses lèvres et dont aucune image, pourtant, ne témoignait ce jour-là.

Continuant de s'élever, Jean-Baptiste Fontane apercevait à présent la mosaïque enneigée des toits de Paris et, à l'horizon, les faisceaux gris des tours de Tolbiac et de la Défense dans l'air trouble de l'hiver. Une sirène de police retentissait, de plus en plus proche. Plus tard, plaisantant à moitié, il confesserait qu'il s'était inquiété d'avoir enfreint la réglementation urbaine ; voler au-dessus de Paris était sans doute défendu. D'après Thérèse Lambert, c'est en réalité cette sirène qui le tira de sa torpeur et lui fit prendre enfin conscience qu'il flottait dans les airs. Avant cela, il ne se souvenait de rien.

Maintenant, il se tenait à quarante mètres environ au-dessus du sol. Son cœur battait à tout rompre. Il frissonnait.

Dans la foule, quelqu'un se mit à l'applaudir. Ne sachant trop quoi faire, Jean-Baptiste esquissa un salut de la main. D'autres applaudissements, épars, y répondirent.

La sirène s'était tue à l'arrivée du véhicule de police. Les portières se refermèrent dans un bruit étouffé. Tout sembla, pendant quelques secondes, assourdi. Même les klaxons avaient perdu de leur nervosité et les piétons, silencieux, certains graves et déjà recueillis, paraissaient attendre la suite. Jean-Baptiste craignit qu'un discours ne lui soit réclamé. Il s'éclaircit la gorge mais se sentait trop oppressé pour parler.

À cet instant, il distingua la sonnerie d'un téléphone, qui se découpait dans cet environnement feutré où les bruits de la ville semblaient buter les uns contre les autres et s'annuler. L'homme qui venait de décrocher demandait à son interlocuteur s'il pouvait répéter. D'autres téléphones sonnèrent. Pour récolter la nouvelle qui circulait, quelques-uns détournèrent les yeux de Jean-Baptiste Fontane. Les murmures enflaient, on s'exclama. Car à Marseille, au même moment, Grégory Marville venait lui aussi de s'envoler.

II

Jean-Baptiste, lorsqu'il reposa les pieds sur le sol, déclina son état civil devant les policiers. Ils ne savaient pas s'ils devaient le tenir en respect ou le protéger des curieux qui, l'encerclant, réclamaient une photo de lui et le pressaient de questions. Finalement, son allure inoffensive décida les agents à le pousser dans leur voiture, qui l'emporta vers un commissariat tout proche.

Moins d'une heure plus tard, un collègue de la Bibliothèque nationale le reconnaissait sur les images de son premier vol, qui enfiévraient les réseaux à travers le monde. À peu près en même temps, son nom était pour la première fois cité à la radio.

De son côté, à Marseille, pris d'une pulsion similaire, Grégory avait décollé du boulevard Garibaldi, survolé quelques pâtés de maisons et atterri dans le square Stalingrad, dépeuplé par les fortes pluies qui balayaient la ville. Le hasard voulut qu'une jeune journaliste en stage à *La Provence* sorte au même instant de l'immeuble où elle louait un studio pour le mois. Lorsqu'elle vit un homme volant descendre sur le square et s'y poser tout en douceur, Cécile Strohe pensa aux extraterrestres.

« J'ai eu la peur de ma vie, devait-elle raconter plus tard. Quand on est témoin de quelque chose comme ça, sans être préparé, c'est un choc, c'est très violent… Ça vous attaque, il n'y a pas d'autre mot. Comme si toute une partie de soi s'effondrait. » Rassemblant son courage, elle se porta vers l'homme afin de l'interroger. Il se montra tout disposé à lui répondre. Strohe enregistra les impressions de Grégory sur son téléphone portable. Il lui parut avenant et même sympathique. Encouragée, elle l'invita à répéter ce qu'il venait de dire, mais cette fois elle le filmerait.

Dans le cadre tremblant du téléphone, le visage carré de Grégory Marville, le regard volontaire de ses yeux presque transparents, la manière tranquille dont il affirme qu'il va réfléchir à ce qui lui arrive et prendre contact avec les forces de l'ordre tranchent avec l'air désemparé de Jean-Baptiste Fontane sur les images qu'on vit le même jour de lui.

Cette interview filmée est aujourd'hui beaucoup plus connue que le premier enregistrement de la voix de Marville, réalisé par Strohe quelques minutes auparavant. Il y tient les mêmes propos, mais l'élocution, heurtée, laisse filtrer son inquiétude. Par exemple, lorsque la journaliste lui demande ce qu'il compte faire et qu'il affirme « Il faut que je réfléchisse à tout ça », on entend aussitôt après un petit rire d'embarras, comme si la réponse lui semblait maintenant dérisoire, comme s'il percevait l'écart entre les mots qu'il prononce et la transformation qu'il est en train de vivre. Son débit ralentit, son esprit paraît troublé ; ce n'est pas encore le Capitaine.

Le 5 février, ils étaient sept, annonça la porte-parole du gouvernement français. Un individu s'était rendu dans la nuit au commissariat d'Aubervilliers pour faire connaître ses capacités. L'équipe de scientifiques appointés par les autorités l'authentifia le lendemain matin. La zone temporo-pariétale était chez lui aussi suractivée. Comme les autres, il frappait fort, il allait vite et il volait. Il avait en outre le pouvoir de se rendre invisible. On l'appela le Septième, ce surnom lui resta. Officiellement du moins, il n'y eut plus d'autre cas.

Les réactions extrêmes qui accompagnèrent le surgissement de Jean-Baptiste et Grégory avaient incité les cinq autres à la plus grande discrétion. Saïd en témoigna : « On est là, devant la télévision. On voit les attroupements dans les rues de Paris, à Berlin, à Rio, à Séoul, les envoyés spéciaux complètement hystériques, et en plateau des prétendus experts qui ne savent rien de rien, un évêque qui parle des archanges, un autre de Lucifer tombé du Ciel... Dans la rue, ça discute plus fort, ça s'embrouille au quart de tour, tu sens que les gens sont en train de devenir dingues, avec les têtes de Fontane et de Marville partout, des types qui se les font même tatouer sur le bras, et l'histoire des soi-disant chaussures de Jean-Baptiste qui partent sur eBay pour une somme délirante. Alors je t'assure que, même si t'es excité comme tout avec tes pouvoirs, la dernière chose que tu as envie de faire, c'est te mettre à ton balcon pour saluer la foule. »

Par prudence, les cas authentifiés furent escamotés dans une base militaire, dont l'emplacement ne resta pas longtemps secret. C'était un fort de construction ancienne, en Normandie, au bout d'une presqu'île. Les curieux affluèrent par milliers, un campement sauvage s'installa. Des hommes prenaient la parole, annonçant l'avènement d'autres miracles, la naissance d'un homme nouveau. Il fallut doubler les patrouilles et même tirer quelques lacrymogènes. Les nerfs lâchaient, ils lâchaient partout. Même les places boursières s'affolaient.

On ignorait les noms et les visages de ces surhommes à l'exception des deux premiers. Leurs intentions n'étaient pas sûres. D'un autre côté, le droit s'opposait à leur internement, ils n'étaient coupables de rien, suspects d'aucun complot. Qu'allaient faire les autorités ? On voulait savoir la suite et, les fausses nouvelles pullulant, l'attente s'exaspérait. En Allemagne, un magicien faillit être lynché après avoir usé de tours pour faire croire à ses voisins qu'il était le Huitième.

Enfin, le gouvernement communiqua. On apprit que les sept étaient en bonne santé. Ils se montraient coopératifs. En plus d'un faisceau commun de talents héroïques – le vol, la puissance physique, une endurance et une adresse décuplées –, chacun disposait d'un pouvoir singulier. Une jeune femme développait une mémoire infaillible, une autre une rapidité qui défiait la raison. Grégory Marville possédait une ouïe d'une acuité phénoménale, Jean-Baptiste Fontane se découvrait capable de métamorphoses, le Septième pouvait se rendre invisible. On parlait aussi d'un homme qui lisait dans les pensées et d'un autre qui voyait l'avenir.

Mais les textes publiés étaient trop lacunaires, le feuilleton trop peu fourni. Quant au ton lénifiant des officiels, il faisait planer le parfum irritant du secret. Les rassemblements devinrent protestataires. On réclamait de voir les sept.

Le 15 février, à l'occasion de la visite de leurs proches, ils apparurent dans un reportage, mais de loin, et masqués à l'exception de Jean-Baptiste et Grégory, dont les visages étaient déjà connus. Afin de prévenir les critiques, le Premier ministre rappela le choc que constituait, pour ces hommes et femmes, la révélation de leurs capacités. Sans doute, ce qui leur arrivait était merveilleux par bien des côtés mais, en un instant, leurs existences avaient été bouleversées. Avec les masques et les modulateurs de voix, certains s'efforçaient simplement de protéger leur vie privée. Et cet anonymat, ajoutait-il, serait avantageux pour des raisons tactiques.

On pouvait maintenant le révéler, ils allaient mettre leurs talents au service de tous. C'était leur décision. Jean-Baptiste le confirmait en fin de reportage dans une déclaration enregistrée, où sa voix désormais posée faisait oublier l'égarement dans lequel on l'avait découvert sur les images du 19-Janvier. Les contrats avec l'État seraient signés bientôt, une ère nouvelle débutait.

Dans les rues, la liesse, les liturgies improvisées et un nombre infini de spéculations émerveillées sur l'origine de ces prodiges couvrirent les murmures de ceux qui, enclins à se figurer le pire, pronostiquent toujours des drames.

Même s'ils passèrent presque inaperçus pour commencer, on dénombra dès le 21 janvier, en France mais aussi à l'étranger, des rassemblements de *sceptiques*, comme on devait appeler tous ceux qui rejoignirent ce mouvement spontané de défiance, voire d'hostilité. De nombreux participants désapprouvaient, disaient-ils, l'effervescence cocardière qui s'emparait du pays à mesure que le caractère strictement hexagonal de l'événement se confirmait.

Leurs adversaires ont avancé que le ressort des sceptiques était la jalousie, le sentiment intolérable qu'il existait une caste d'élus dont ils ne seraient jamais. Chez certains, une sensation de défaillance s'installait. Dans les mois qui suivirent, plusieurs suicidés laissèrent derrière eux des lettres évoquant la perfection décourageante des super-héros français. D'abord exalté par les événements, un de mes collègues sombra dans une mélancolie qui conduisit son épouse à le faire interner. Je crois possible que le stress post-héroïque ait également nourri ces réactions de rejet qu'on observa.

Les sept ne s'en préoccupaient guère pour l'instant. Dans la base où on les cantonnait, ils découvraient leurs pouvoirs, ils progressaient.

Les premières semaines, Grégory pouvait entendre n'importe quel son émis dans un rayon d'une centaine de mètres. Au fil du temps, cette capacité s'améliora jusqu'à couvrir une distance huit fois plus grande. On s'aperçut que son spectre de fréquences audibles s'étendait de 5 à 50 000 mégahertz. Quant à ses facultés d'amplification du son visé et d'élimination des bruits parasites, elles se développaient au point qu'il pourrait bientôt distinguer les stridulations des fourmis ouvrières prospectant la terrasse de sa maison à Marseille et le rythme cardiaque d'un joueur de football lorsqu'on le convierait au Parc des Princes.

Si ce pouvoir d'hyper-audition semblait mineur en regard des capacités de divination du Prophète ou de lecture dans les pensées de Mickaël, les tests établirent que, lorsqu'on mesurait les talents qu'ils avaient en commun, Grégory était presque en tout le premier. Il sautait plus haut, il se fatiguait moins, ses coups de poing pouvaient tuer. Les autorités n'avaient pas intérêt à divulguer de telles données, mais il y eut des fuites. Pendant ce temps, à Marseille et partout où il était passé, ceux qui le connaissaient parlaient aux envoyés spéciaux d'un type chaleureux, travailleur et très droit.

Un conseiller dut suggérer qu'on l'envoie lui plutôt qu'un autre au journal de 20 heures. Il accepta.

Bien qu'il ne l'ait pas décidé, Grégory ne craignait pas de vivre sa célébrité à visage découvert. Il n'aimait pas les secrets. Et il faut dire aussi que, tête nue, il était à son avantage. Il avait la beauté virile et qu'on dirait sans recherche de ces mannequins qui peuplent les publicités pour les parfums et les voitures. Les photos disponibles, de son enfance à ses trente-cinq ans, reproduisaient un sourire franc et un hâle de bonne santé qui lui donnaient l'air d'avoir traversé le temps comme un être olympien, sans connaître la fatigue ni le vague à l'âme. À cette vitalité, les stries autour de ses yeux clairs et les fils gris ornant ses tempes ajoutaient un charme de gentleman anglais.

Le 25 février, sur le plateau du journal télévisé, il répondit très calmement à des questions inoffensives : qu'avait-il ressenti lors de son premier vol ? Ses proches étaient-ils fiers de lui ? Qu'est-ce qui lui paraissait le plus extraordinaire, voler ou tout entendre ? Et pour finir il assura qu'il était fier de son engagement au service de la France, son visage rayonnant faisant oublier le ton appliqué qu'il venait d'adopter. Cependant, bien que la formule ait été préparée, je crois qu'il se montrait sincère.

Lorsque, après une première série de tests médicaux et d'entretiens psychologiques, il avait reçu la visite de conseillers ministériels et d'officiers – il fallait maintenant réfléchir à ce qu'il comptait faire de tels pouvoirs, venaient-ils lui dire en substance –, il s'était montré tout disposé à précéder leurs souhaits.

Sa mère s'était mariée à la hâte avec un médecin affable et de belle stature, mais qu'elle découvrit sans ambition, malgré une ascendance prestigieuse qui, dans son esprit de jeune femme romantique, aurait dû l'obliger à de grandes vues. Elle avait élevé ses deux enfants dans l'amour de leur patronyme et le mépris d'un mari et père qui ternissait, avec son petit cabinet de bourgade, une histoire familiale glorieuse, entamée il y a plus de deux siècles lorsque le lieutenant de vaisseau Guillaume Bruny de Marville avait sorti la lignée de son anonymat en s'illustrant lors d'équipées maritimes contre les Anglais de la baie d'Hudson, puis en accompagnant La Pérouse dans la fameuse expédition qui se perdit aux îles Santa Cruz.

Ses descendants, parmi lesquels deux généraux, un explorateur et un résistant mort à Dora, n'avaient pas manqué de faire admirer ce panache assorti de réserve qui faisait, selon la mère de Grégory, la grandeur des Marville.

Lorsque Grégory eut un an, elle prétendit qu'il commençait à parler et, à deux ans, qu'il apprenait tout seul à lire. À partir de la maternelle, elle lui administra chaque week-end et pendant les vacances un programme spécial d'exercices cognitifs qu'elle piochait dans des ouvrages anglo-saxons pour enfants surdoués.

Si elle fut secrètement déçue de constater qu'il n'était, au collège, qu'un bon élève parmi d'autres, appliqué mais sans génie, elle reporta son aigreur sur le système scolaire. Corrompu par le socialisme d'État, il nivelait tout par le bas. Et les enseignants, expliquait-elle à ses enfants, noteraient toujours les fils de médecins plus sévèrement que ceux des ouvriers.

Cela dura. Ni le lycée ni les études de droit de Grégory ne révélèrent le futur grand homme que sa mère attendait. Alors elle le soupçonna de fainéantise et de mauvaise volonté. Il trahissait son destin ; il cherchait à la contrarier ; il se gâchait.

D'après différents témoignages, Grégory ne se souciait pas de cette disgrâce où il était tombé. Il avait en grandissant fini par regarder sa mère comme un être enfantin, revanchard et bouffi d'orgueil, auquel son frère et lui s'étaient juré de ne pas ressembler.

Grégory progressait dans la voie qu'il avait choisie. Entré dans la magistrature, il occupa un poste de substitut du procureur au tribunal de Douai, puis se maria, eut un enfant et rejoignit, à Marseille, la brigade de répression du banditisme, section sensible mais recherchée. Même si cela ne comblerait jamais les rêves impériaux de celle qu'il ne voyait plus qu'au 15 août et à Noël, Grégory déclarait qu'il était heureux.

Et cependant, lorsqu'un infarctus emporta sa mère, on dit que des remords lui vinrent et qu'il pleura beaucoup. De retour à Marseille après l'enterrement, il brigua un poste de vice-procureur, qu'il avait de bonnes chances d'obtenir à la prochaine mutation. Mais cela ne suffirait pas. Dans son esprit, le visage de sa mère demeurait fermé sur l'expression de dépit qu'il lui connaissait. Fallait-il envisager une reconversion lucrative, quelque chose comme une carrière d'avocat dans les affaires ? Devait-il passer un concours plus prestigieux pour s'approcher des premiers cercles de l'État ? S'aventurer dans une voie entièrement nouvelle, mais qu'il ne savait où trouver ? D'après sa femme, l'appétit lui manquait et la peur lui causait de violents maux de ventre. Il cherchait ce qui, enfin, pourrait faire de lui un Marville.

III

« Quelque chose qui n'est qu'à nous »

X. M. : Les premiers jours, vous vous sentiez comment ?

Virginie Mathieu-Brun : Je crois qu'il y avait de l'appréhension, parce qu'assez vite tu prends conscience de ce qui t'attend, l'exposition médiatique, les responsabilités, mais globalement c'était assez joyeux.

Pourquoi joyeux ?

Le jour d'avant, tu étais là, avec tes kilos en trop, et ta fatigue d'être ce que tu es, rien de plus, rien de mieux. Tout à coup, tu te découvres capable de voler, de courir à toute vitesse avec le corps léger de tes dix ans. Et tu es aussi plus forte, plus endurante, plus *tout*. C'était juste dingue. Je me souviens qu'il y avait un vieux panier de basket derrière le bâtiment où on dormait, et que je m'amusais à tenter des tirs à trois points. Sauf que là, presque à chaque fois, ça rentrait. J'en avais fait un peu, du basket, au collège, je connaissais les gestes et aussi la difficulté. Mais là, je visais, je tentais, et bam, panier, panier, panier. Comment vous voulez qu'on se sente, franchement ? Pendant plusieurs semaines, j'ai eu l'impression de planer comme si j'avais trop fumé. Et puis on avait tous le même âge, on était dans le même bateau, on partageait la même histoire.

Mais, au tout début, il n'y a pas encore d'histoire…

Si. Enfin, on a l'impression qu'on a été, comment dire, tous arrachés ensemble et envoyés très loin, très très loin, ensemble. Et qu'on a devant nous une histoire commune. C'est comme après un accident de car, ou de train, vous savez, entre les survivants. On est liés, dès le début, par quelque chose qui n'est qu'à nous et qu'on ne peut partager qu'entre nous. En plus, concrètement, dans le centre où ils nous ont mis, quand il n'y a pas les tests médicaux ou les entretiens, on a pas mal de temps à ne rien faire. On discute pendant des heures. Il n'y a que Thérèse qui reste seule dans son coin, à faire la gueule parce que… C'était compliqué dès le début pour Thérèse. Elle avait publié deux romans et elle était, je crois, en train d'en écrire un troisième, mais bien sûr avec le 19-Janvier ça n'était plus vraiment possible. Sauf que Thérèse, c'était le genre de fille très ordonnée, le genre qui supporte mal la contrariété, les changements de programme. Et puis je crois que, plus profondément, ses pouvoirs la terrifiaient. Se souvenir de tout, comme ça, avoir toute ton histoire qui te revient dans la gueule, ça doit pas être très confortable.

Ça ressemblait à quoi, les premiers jours, dans la base militaire ?

Déjà, Saint-Vaast, c'était pas une base militaire, mais une ancienne colonie de vacances qui dépendait du ministère de la Défense. Moi, j'ai jamais compris comment on avait atterri là. Il paraît – je l'ai lu ensuite dans plusieurs magazines – qu'il y avait à cet endroit des types qui travaillaient sur ce que les services américains appellent les *unlikely threats*, soucoupes volantes, esprits, ce genre de choses. Franchement, s'ils étaient là, je ne les ai pas croisés.

Donc on se retrouve dans ces bâtiments assez sommaires, chacun dans une chambre à deux lits simples. Il n'y a même pas de serrure aux portes : comme je vous disais, c'est une ancienne colonie de vacances. Au début, ils cherchent surtout à comprendre. « Ils », c'est principalement des hommes du ministère de la Défense, mais je crois qu'il y avait aussi des gens de l'Intérieur. Ils passent en revue nos parcours respectifs, il y a beaucoup de questions sur les médicaments qu'on a pu prendre, le régime alimentaire, les voyages à l'étranger, éventuellement des traumatismes dans l'enfance. Dans mon souvenir, c'était assez laborieux, ces entretiens, mais toujours courtois. Pas du tout dans l'intimidation ou la menace, comme ça a été dit parfois.

Le Septième dit ça.

Déjà, Saïd, il est arrivé après tout le monde, c'est pas le mieux placé pour raconter comment c'était. Et puis les vérités de Saïd, à votre place, je me méfierais. Non, tout le monde avait envie de coopérer. Ceux qui nous interrogeaient, c'était peut-être plus dur encore pour eux que pour nous, psychologiquement. Parce que nous, comme je vous ai dit, avec toutes nos capacités, on était super exaltés. Alors que, pour eux, le monde changeait aussi, mais ils n'avaient aucun contrôle sur ce qui était en train de leur arriver. Et ils devaient subir des pressions dans tous les sens pour savoir ce qui s'était passé, pour faire des plans, pour s'assurer que ça n'allait pas déraper… À ce moment-là, faut se rappeler que personne ne savait rien de rien. On se demandait même si c'était une épidémie… Je me souviens très bien d'un reportage à Londres où ils isolaient des soi-disant « cas suspects ». Pas mal de monde aurait aimé qu'on soit contagieux. [*Elle sourit.*]

Vous regardiez la télévision ?

Pas trop. Ils nous l'ont installée dans les chambres au bout du troisième ou du quatrième jour. Mickaël l'avait demandé. Mais je ne l'ai pas allumée souvent, et je crois que les autres étaient pareils que moi. Ça ne ressemblait pas à ce qu'on vivait. On aurait dit un film hollywoodien.

Et les grands rassemblements, ça vous inspirait quoi ?

Même chose. C'était loin, pas du tout connecté à ce qu'on vivait. Moi, mes parents étaient de gauche, très à gauche même. La politique, ça ne m'intéressait pas trop, mais j'avais malgré tout une conscience, ou des valeurs, je sais pas comment il faut appeler ça. Le patriotisme, par exemple, c'est quelque chose qui m'a toujours gênée. Même dans les matchs de football, *La Marseillaise* avec la main sur le cœur, et les drapeaux dans les tribunes, je trouvais ça suspect. Après Vichy, les scores du FN aux élections… vous voyez ce que je veux dire ? Donc là, les rassemblements, le Trocadéro, le mouvement French is Beautiful, j'étais pas super à l'aise avec ça. Plus tard, quand on nous a reçus au Sénat, par exemple, et que tu voyais tous ces vieux cons qui faisaient la queue pour se faire prendre en photo avec nous, ça donnait un peu envie de gerber. D'un autre côté, les sceptiques, ça me mettait en colère. Une fois, à la télévision justement, j'ai vu les pancartes avec leur slogan « Bas les masques », ça m'a vraiment énervée. J'aurais aimé qu'il y ait de la bienveillance. Mais bon, la bienveillance, c'est pas vraiment une spécialité française.

Qu'est-ce qui vous énervait ?

Qu'on nous accuse d'être des truqueurs, ce genre de choses. On n'avait rien demandé à personne. Et puis, pour nous, c'était si évidemment *vrai* que ça semblait ridicule, ces gens qui parlaient de micropropulseurs cachés dans nos vêtements, qui réclamaient qu'on se mette à poil pour leur faire une démonstration…

Mais le mouvement sceptique, plutôt que des incrédules, c'étaient surtout des gens qui s'inquiétaient de votre puissance, de ce que l'État allait en faire.

En partie, oui, vous avez raison. D'ailleurs, ça, je peux le comprendre. À leur place, je ne serais pas descendue dans la rue, c'était pas mon genre, mais j'aurais été préoccupée, moi aussi. Et justement, le deuxième temps des entretiens, ça portait là-dessus, sur nos intentions, sur ce qu'on voulait faire. On sentait bien que certains de nos interlocuteurs flippaient. Ils avaient sûrement peur qu'on soit hors de contrôle, et ils ne savaient pas jusqu'où nos capacités allaient. Nous non plus… On découvrait un peu chaque jour, à ce moment-là. Le plus agaçant, c'était de ne pas pouvoir tout explorer, à cause de l'endroit qu'ils avaient choisi pour nous isoler. Parce que tout autour de la presqu'île, il y avait des embarcations pleines de journalistes, du matin au soir, et même la nuit avec des caméras infrarouges. Il n'était pas question de s'envoler, par exemple. Alors que moi, ça me démangeait, j'avais qu'une envie, c'était de retrouver ça, les sensations que ça procure. Et puis ma vitesse, je sentais bien que j'avais un truc à part et je voulais voir jusqu'où ça pouvait aller, sur quelle distance de course je pouvais tenir, par exemple. Mais évidemment, à Saint-Vaast, le terrain de jeu était trop petit.

Vous avez eu des instructeurs?

Seulement après qu'on a signé nos contrats avec l'État, autour du 15 février. Là, on a commencé à suivre un programme d'athlétisation et de combat rapproché. Un de nos instructeurs répétait qu'on avait le potentiel, mais pas du tout la technique. Et qu'il fallait qu'on bosse. Au bout de quelques jours, on n'avait pas encore la technique, mais vu nos capacités, on lui mettait quand même de sacrées raclées. [*Elle rit.*]

Le fait d'être isolés de vos proches, c'était vécu comment?

Chacun vous ferait sûrement une réponse différente. Moi, vous savez dans quelle situation j'étais. Par parenthèse, j'aurais préféré que vous n'alliez pas voir mon ex-mari. Ça m'a… quand je l'ai su, j'ai été tentée d'annuler notre rendez-vous.

Ce qu'il m'a dit, ce ne sont pas des éléments que je vais utiliser directement dans le cadre du livre. Je cherche juste à rencontrer un maximum de témoins, pour avoir différents éclairages.

Il a dû vous dire que j'étais hystérique et frigide, alors ? Ça vous éclaire sur moi ? [*Elle marque une pause d'une dizaine de secondes, ce qu'elle fera plusieurs fois au cours de notre entretien. Dans ces moments-là, son visage devient inerte, comme si elle dormait les yeux ouverts. Le reste du temps, la façon dont elle serre ou plutôt chiffonne ses mains, qu'on devine toutes prêtes à s'échapper, les efforts qu'elle fait pour ne pas parler trop vite et le contrôle dont témoigne son apparence, du maintien bien droit sur sa chaise aux cheveux tirés en arrière, en passant par le chemisier blanc boutonné jusqu'au cou, tout laisse voir que cet entretien est pour elle une épreuve.*]

La vie privée, oui, ça a été compliqué pour tout le monde. C'est un des premiers sujets dont on nous a parlé à Saint-Vaast. Ils nous avaient laissé nos téléphones, et le deuxième jour, Marc-Antoine Rochelle, qui chapeautait la communication au tout début, nous réunit dans le réfectoire pour nous briefer sur notre changement de statut, sur le fait que tout ce qu'on allait dire ou écrire serait interprété, déformé, amplifié. Des proches avaient dû parler aux médias, j'imagine. Encore une fois, on ne nous a menacés de rien, on nous a juste dit qu'il fallait qu'on fasse attention, dans notre intérêt, et qu'on apprenne à maîtriser notre image. Ça aussi, ça a très vite fait l'objet d'une formation particulière, et on nous a pas mal critiqués plus tard, on s'est moqués de nous en disant qu'on était des créatures médiatiques… alors que, sérieusement, vous auriez voulu qu'on fasse quoi ? Ça aurait été plus *pur* de faire comme si de rien n'était et d'aller devant les journalistes sans aucune préparation ? Tout ça pour vous dire que, oui, c'était pas simple de communiquer avec les conjoints et les enfants.

On les avait tous les jours au téléphone, mais même avec eux il fallait se surveiller. Et puis ils nous ont organisé une visite à la mi-février.

Le 15 février.

Voilà, et les proches sont venus nous voir. Moi, Julien était là, tout seul. Je n'avais pas voulu que mes parents et ma fille viennent, parce que c'était évident, même si je me l'étais pas clairement formulé, qu'il fallait qu'on règle tous les deux quelque chose. Que ça se termine entre nous. Et au premier regard il a dû comprendre. Après, il y a la version officielle, celle qu'il a donnée dans la presse et dans son livre, et qu'il a dû vous resservir quand vous êtes allé l'interroger : que mes capacités m'avaient fait perdre la tête, que je m'intéressais plus à ma fille. Sur ça est venue s'ajouter, un peu après Saint-Vaast, ma relation foireuse avec un footballeur, et aussi l'histoire de mon nez [*Virginie décida de se faire refaire le nez en avril, trois mois environ après le début des événements*], et voilà, la cause était entendue : j'étais la salope de service. Il en faut toujours une, non ? Maintenant, si vous voulez ma version à moi, c'est pas du tout la même chose. Avec Julien, on s'était connus très jeunes, au lycée. À trente-cinq ans, on formait un vieux couple, avec une vie de vieux couple. Il a parlé de notre vie sexuelle, du fait que je ne prenais pas de plaisir… mais vous en connaissez beaucoup, vous, des femmes qui prennent du plaisir après dix-sept ans avec le même homme ? On a eu du mal à avoir un enfant, ça a duré pas loin de trois ans, et quand notre fille est arrivée, au lieu d'être soulagés, d'être joyeux, on s'est sentis mal tous les deux. Nous trois, ça ne marchait pas. Et je l'ai pensé très nettement la première fois que je nous ai vus, lui, Emma et moi, sur la même photo : on aurait dit un photomontage. On jouait au papa et à la maman, mais c'était pas nous, c'était pas quelque chose qu'on savait faire ensemble.

Vous pensez que vous seriez restée avec lui si vous n'aviez pas acquis ces capacités ?

J'en sais rien, franchement. Souvent, je me dis que oui, je serais restée, que j'étais trop attachée à l'image du couple qu'on formait, aux promesses qu'on s'était faites à dix-sept ans. Je me sentais pas capable de trahir ça. Et puis dès qu'il y a un enfant, c'est tout de suite si compliqué de s'en aller, ça demande tellement d'énergie. Pour trouver la force, il faut vraiment que ce soit chaque jour insupportable. Moi, j'étais juste, je sais pas, fatiguée. Éteinte. Mais parfois je me dis que je serais partie de toute façon. Que c'était programmé depuis le début. Enfin, au moins depuis notre mariage. Parce que le jour où on s'est mariés, je me souviens très bien que je luttais pour pas m'avouer que c'était pas à la hauteur – pas à la hauteur de ce que j'avais imaginé, je veux dire. Tout faisait médiocre, le repas à moitié froid, les gens endimanchés. Sa mère à lui, on aurait dit que c'était elle, la reine de la soirée. Elle riait, elle allait de table en table, très à l'aise, alors que d'habitude c'est une espèce de femme lugubre qui ne décroche jamais un mot. J'avais l'impression que j'allais lui ressembler et que c'était ça qui la réjouissait. Après le mariage, je me suis mise à prendre du poids, et comme elle aussi c'était une femme très forte, vous voyez, j'ai vraiment cru que ça se confirmait. [*Elle rit.*]

Vous avez fait le choix de porter un masque. Ça s'est décidé comment ?

Tout de suite. Enfin, juste après le moment de la salle de bains, dans l'heure qui a suivi. [*D'après le récit qu'elle en a donné, les capacités de Virginie lui apparurent chez elle, le 23 janvier, alors qu'elle se préparait dans la salle de bains en écoutant les informations à la radio. Après qu'elle eut fini de se maquiller, elle rangea machinalement les produits utilisés, comme chaque matin, et s'aperçut qu'elle l'avait fait avec une célérité exceptionnelle. Prise d'un doute, elle refit deux fois la même série de gestes. Sa vitesse d'exécution se révéla chaque fois plus élevée. Dans le salon de l'appartement, que son mari venait de quitter, elle essaya de « faire comme les super-héros », c'est-à-dire de léviter. Et y parvint.*] Grégory et Jean-Baptiste s'étaient déjà révélés, et on voyait bien les réactions folles que ça provoquait. Je me suis dit qu'il fallait absolument y échapper si je voulais que ma fille garde une existence normale, avec une mère normale.

À ce moment-là, vous envisagiez de mener une double vie ?

Je pensais en tout cas qu'on trouverait un moyen de sauver les apparences. Dans le convoi de voitures qui m'amenait à Saint-Vaast, je me souviens que je consultais encore sur mon téléphone des sites pour me renseigner sur le travail partiel, le cadre légal, la demande de congé sabbatique... J'imaginais que j'allais garder mon poste au Crédit Lyonnais à mi-temps. Rochelle et d'autres m'ont fait comprendre que ce ne serait pas possible, mais ils étaient eux aussi favorables au port du masque en public, pour des raisons opérationnelles – pour que les cibles de nos missions puissent pas nous reconnaître. Ensuite, on m'a fait des propositions graphiques, je savais juste que je voulais quelque chose de bleu, parce que c'est ma couleur préférée, et ils sont arrivés un jour avec le modèle en fusane que j'ai porté ensuite.

Sur le nom, en revanche, j'ai jamais réussi à me décider. Ils insistaient beaucoup pour que je m'appelle Vivacity, et je sais pas pourquoi ils voulaient que ça sonne anglais. Peut-être qu'ils pensaient déjà à l'exportation... Mais moi, ça ne me parlait pas. Ils m'ont proposé « Blue », aussi, et j'ai accepté faute de mieux, et puis finalement Julien a dit qui j'étais à la presse, des photos sont sorties, et à partir de ce moment-là les gens m'ont appelée par mon prénom. C'est sans doute mieux comme ça.

Quand votre identité a été rendue publique, vous avez quand même gardé le masque.

Oui. Et j'ai souvent essayé d'expliquer pourquoi, mais il faut croire que ça devait sembler stupide à tout le monde, parce qu'on n'a prêté aucune attention à ce que je disais. Officiellement, j'avais pris un congé parental et j'étais en instance de divorce. Personne ne s'étonnait de me voir moins, même mes amies les plus proches. Donc ça aurait pu tenir – je ne sais pas combien de temps, mais ça aurait pu, c'est certain. Quand Julien a décidé de me donner en pâture aux médias et qu'il a mis en ligne des photos de moi, Rochelle m'a dit qu'il fallait qu'on démente, qu'on dise que Virginie Mathieu-Brun n'était pas l'une des sept, mais j'ai refusé. Parce que ça finirait par être confirmé, les journalistes recouperaient facilement les informations, et ensuite on me reprocherait d'avoir menti.

Je suis sortie de chez moi sans mon masque, pour voir ce que ça faisait. C'était fin mai, un vendredi, un des premiers jours de grand beau après un des printemps les plus pourris qu'on ait jamais eus en France. Il y avait beaucoup de monde aux terrasses des cafés. Pas mal de gens m'ont reconnue. Le boulanger m'a demandé s'il pouvait faire une photo avec moi. Deux ou trois personnes sont venues me dire que ce qu'on faisait était formidable. À part ça, je ne peux pas dire que ça se soit mal passé. Mais mon masque me manquait malgré tout. J'avais beaucoup changé depuis la fin janvier. Je me rendais bien compte qu'elle avait disparu, celle que j'étais avant, et je me sentais prête à accepter la célébrité, avec tout ce que ça allait créer comme complications au quotidien pour moi et pour ma fille. J'étais prête, à condition de porter le masque.

Afin qu'on ne puisse pas vous voir entièrement ? Pour conserver une intimité ?

Parce que la femme que j'étais devenue, elle portait un masque, c'est tout.

IV

Le 29 mars, deux mois seulement après la révélation de leurs capacités, il fut annoncé que trois d'entre eux avaient pénétré dans un collège de Créteil où des djihadistes retranchés menaçaient d'exécuter vingt-cinq otages. Invisible, Saïd s'était glissé derrière celui qui défendait l'accès à la salle de classe et l'avait assommé. Un de ses complices voulut déclencher sa bombe au milieu des adolescents mais Virginie, plus prompte, bloqua son geste et lui brisa les bras. Le dernier des terroristes s'était replié dans les cuisines, où Jean-Baptiste, apparu sous les traits de son frère mort en Syrie, s'approcha de lui, l'étreignit et le maîtrisa. Au cours de l'opération, pas un coup de feu ne fut tiré.

Au début, d'infinies précautions entouraient le choix des terrains sur lesquels les super-héros s'engageraient. Pour éviter la polémique, il fallait seulement des causes souveraines : ils déjoueraient les plans des terroristes infiltrés, ils pourchasseraient des tueurs en série et des trafiquants d'êtres humains, ils secourraient des innocents au cœur des catastrophes. Chacune de leurs interventions serait splendide, serait miraculeuse. On n'allait pas les galvauder.

Les cellules d'aide psychologique, qui avaient accueilli les illuminés, les terrifiés, les bouleversés, tous ceux pour qui le monde était devenu par trop méconnaissable depuis le 19-Janvier, se vidaient peu à peu. On s'habituait.

Les super-héros installèrent leur quartier général dans un immeuble à République. Là, ils se maintenaient en forme, recevaient les ordres de mission et rédigeaient leurs comptes rendus. De son côté, la presse cherchait, mais sans succès, à identifier ceux des super-héros qui menaient une double vie. Il en restait encore quatre, connus sous les noms de Miss Memory, le Prophète, l'Homme-Lynx et le Septième. Je me souviens qu'il était agréable, à cette époque, de regarder sa voisine ou le chauffeur du bus en songeant qu'ils disposaient peut-être de pouvoirs fantastiques.

Les sept passaient de temps en temps à la télévision. Ils parlaient peu et toujours prudemment. Autour d'eux, des équipes se constituaient. Il fallait des conseillers en communication, des attachés de presse, des collaborateurs pour tenir leur agenda, répondre aux sollicitations, animer leur page Facebook et leur compte Twitter, des juristes pour les partenariats, des gardes du corps qui tiendraient à distance les admirateurs et les fous. Devant le quartier général, leurs CV à la main, des candidats, souvent jeunes, patientaient.

Le soir du 19 avril, lorsque, sous l'œil des caméras, Grégory émergea d'un pavillon délabré de Rambouillet, sa popularité atteignit des sommets. Il portait dans ses bras la petite Leina, séquestrée par celui que la presse avait baptisé l'Ogre, insaisissable prédateur auquel on imputait plusieurs enlèvements d'enfants dans la forêt.

On voulut d'abord surnommer Grégory le Merveilleux, puis « le Capitaine » entra dans les usages, sans que l'on sache très bien comment. L'affection si ardente qui l'entoura tenait sans doute aux exploits qu'il accomplissait – et à la qualité de sa communication, diront ceux qui se souviennent de la naissance de sa fille en juillet, orchestrée comme un enfantement princier. Mais, pour comprendre sa popularité, je crois qu'il faut se souvenir aussi de la situation du pays à l'époque du 19-Janvier. Après un siècle de défaites militaires, de renoncements, de divisions et de fautes collectives à demi avouées, les Français, si souvent moqués pour l'assurance qu'ils affichaient de leur propre grandeur, éprouvaient désormais les pires difficultés à s'en persuader. Quelques succès sportifs et le verbe haut de leurs dirigeants étaient parvenus à maquiller l'état des lieux au tournant du millénaire, mais la crise économique de la fin des années 2000 et les attentats terroristes l'avaient exposé sous une lumière crue. Maintenant, on voyait les fissures. Les bilans comptables étaient mauvais. L'influence de l'ancien empire se limitait à quelques protectorats paupérisés. La France, il faut le dire, à part les djihadistes, tout le monde s'en foutait. Ce constat provoquait des réactions d'horreur qui, en s'affaiblissant, ne laissaient derrière elles qu'un dégoût de soi, une fatigue triste, un épuisement. Or, alors que, avec la même conviction qu'ils avaient mise à s'exagérer l'aura de leur pays, experts et intellectuels martelaient à présent que tout était fini, que tout était perdu, les super-héros surgirent de la foule des humiliés. Nanti d'un pedigree, d'un beau visage et d'une voix d'acteur, Grégory Marville offrait, plus encore que les autres, un démenti sidérant à ces déclarations. La France ne sombrerait pas, la France conserverait son rang. Désormais, confiants dans leur avenir, les ménages du pays dépensaient. Le secteur du tourisme annonçait une année record, en particulier dans les villes où avaient grandi les sept. Ce n'était pas raisonnable mais l'action du Crédit Lyonnais, pour lequel Virginie avait travaillé, grimpait de façon continue, comme d'ailleurs, à Paris, la plupart des valeurs boursières. Et lorsque, visitant un hôpital ou accueilli dans le hall d'un hôtel de ville, le Capitaine soulevait un tonnerre d'applaudissements, il me semble que c'était leur éternelle éminence, c'étaient eux-mêmes qu'à travers lui les Français célébraient.

Il accrut encore son prestige en accueillant avec retenue ces manifestations d'amour. On ne sut jamais, d'ailleurs, ce qu'il en pensait vraiment. Quelques années plus tard, beaucoup affirmeraient qu'il jouait les modestes pour mieux dissimuler un caractère que la vanité dévorait. D'autres commentateurs avanceraient qu'il avait été, plus qu'aucun autre, préparé à cette vie d'exception. Dans leur esprit, le Capitaine paraissait imperméable à sa propre gloire parce qu'il avait été conditionné par sa mère à la trouver prévisible et parfaitement méritée.

Mais je crois que l'indifférence du Capitaine avait un motif plus profond. Le soir de son intervention à Rambouillet, alors qu'il reprenait son souffle dans une tente du poste médical avancé où une caméra l'avait suivi, il répéta, selon plusieurs témoins, qu'il avait un « devoir ». Déjà, lorsqu'il était procureur, il n'avait échappé à aucun de ses collègues qu'il était habité par une haute idée de ses fonctions. À Marseille, des collègues le traitaient de chevalier blanc. Il n'aimait pas les cyniques, et les muscles de ses mâchoires saillaient chaque fois qu'il rappelait, en conférence de presse ou sur un plateau de télévision, que la frontière entre bien et mal n'est pas aussi floue qu'on se plaît à le dire. Il voulait être un justicier, un redresseur de torts, et si possible un homme parfait.

Pour Jean-Baptiste Fontane, ce fut toujours plus compliqué. Les journaux avaient beau rapporter les prouesses que les sept accomplissaient, on ne pouvait sérieusement l'y associer.

Les séances de musculation l'avaient remodelé de façon spectaculaire, mais à son corps désormais sculptural était resté juxtaposé le visage effilé, aux yeux inquiets, du bibliothécaire. Des implants capillaires voyants ajoutaient à cette transformation inaboutie un aspect contre nature qui inspirait la dérision. Sur Internet, les vidéos parodiques pullulaient. Elles raillaient son physique de body-builder et ses erreurs de communication – il avait pendant un mois décidé lui aussi de porter un masque et un costume, puis s'était ravisé devant les moqueries. Non seulement l'apparence choisie, une combinaison reptilienne qu'on aurait dite droit sortie d'un vieux film d'extraterrestres, ne l'avantageait pas, mais la décision en elle-même ne pouvait être comprise : puisque son identité avait été dès le premier jour révélée, pourquoi voulait-il maintenant la camoufler ? Ses conseillers avaient cru qu'une telle panoplie l'aiderait à mieux *habiter la fonction*, comme on disait alors.

Quant à son pouvoir de métamorphose, il provoquait le plus souvent un sentiment de répulsion. Lui-même le partageait, à en croire ses proches. Virginie s'enivrait de sa propre vitesse et le Septième de son invisibilité. Jean-Baptiste, lui, ne manifesta jamais la moindre jubilation à l'idée de pouvoir augmenter ou réduire sa taille d'une vingtaine de centimètres, grossir ou s'amincir presque à volonté, changer la longueur, la texture et la couleur de ses cheveux, la pigmentation de sa peau, le nombre de ses rides, l'empreinte de ses doigts, la forme de ses yeux et même le timbre de sa voix. Il était, paraît-il, bon acteur et faisait preuve d'un remarquable sang-froid à l'heure de s'infiltrer dans une résidence surveillée, une cité difficile ou une ambassade ennemie. Mais il n'aimait pas ça, et l'opinion non plus. S'il pouvait emprunter l'apparence d'à peu près n'importe qui, alors il semblait qu'un voile d'incertitude devait s'étendre sur l'entourage de chacun. Au fil des mois, les commissariats virent arriver des plaignants désorientés accusant Jean-Baptiste Fontane d'usurpation d'identité. L'un trouvait que son collègue avait des sautes d'humeur inexplicables, un autre s'apercevait que son vieux père flambait avec sa carte de crédit, un autre encore notait que l'odeur de sa femme n'était plus la même, tous se prenaient à croire que le super-héros les avait remplacés. Et si on lui mettait un bracelet électronique ? Avec la géolocalisation, on saurait à quoi s'en tenir. Le gouvernement s'y opposa mais promit de renforcer les contrôles sur l'utilisation des pouvoirs[1]. De son côté, Jean-Baptiste fut heurté par ces soupçons, qu'il continua de démentir longtemps après que ses accusateurs furent tournés en dérision.

Malgré ces déboires, il profitait comme les autres des avantages considérables offerts par son nouveau statut. Aux neuf mille euros mensuels que l'État lui versait s'ajoutaient les revenus des boisson énergétique, police d'assurance et liseuse électronique auxquelles il prêtait son visage et son nom. Comme les autres, il avait confié ses intérêts à un agent, un Italien qui s'occupait auparavant de footballeurs de premier plan. Grâce aux contrats signés, Jean-Baptiste avait enfin quitté le deux-pièces qu'il louait à Père-Lachaise pour emménager dans un grand appartement près d'Opéra, dont il ne se lassait pas d'entendre le parquet craquer, comme chez les gens riches.

Son emploi du temps ne se décidait qu'au dernier moment, en fonction des missions qu'on lui assignait et des paparazzis

1. Les super-héros s'étaient obligés par contrat, dès la fin du mois d'avril, à n'utiliser leurs capacités que dans le cadre de leur service, l'autorisation étant soumise à la délivrance d'un ordre de mission des mains du procureur de la République. Bien que cette disposition ait été dénoncée par des défenseurs des droits de l'homme – les capacités des sept leur étant consubstantielles, expliquaient-ils, ils devaient pouvoir en disposer aussi librement que des autres propriétés inaliénables de leur être –, elle demeura en vigueur jusqu'à aujourd'hui. Son application allait même être renforcée par la création d'une série de nouvelles infractions ou de circonstances aggravantes : à partir du mois de mai, il était devenu interdit, sauf dérogation spéciale (comme celle qui concernait les super-héros dans l'exercice de leurs fonctions), de voler dans le ciel, de se rendre invisible, de changer d'apparence, de lire dans les pensées, etc.

rôdant sous ses fenêtres. Comme il s'était engagé à ne pas utiliser son pouvoir de métamorphose en dehors du travail, il déployait d'autres stratagèmes pour fausser compagnie aux photographes. Ses hôtes l'exfiltraient par des sorties dérobées, il portait des lunettes noires et un bonnet hors de saison, les services d'un quasi-sosie avaient même été sollicités juste après que sa liaison avec une femme mariée eut été révélée.

On s'imagine qu'il n'avait le temps de rien, mais les missions n'étaient pas très fréquentes dans les tout premiers mois. Et il avait obtenu de limiter ses engagements protocolaires, ses relations avec la presse, toutes les mondanités, pour lesquelles il disait n'avoir aucun talent. Souvent, il restait seul dans son nouvel appartement.

Alors il put se consacrer au rêve ancien qui ne l'avait jamais quitté : réaliser le modèle réduit de Bayeux et, pour commencer, celui du quartier Saint-Jean où il avait grandi. Il se fit livrer les matériaux nécessaires à la construction des immeubles et à l'aménagement des sols, puis il passa des heures sur Internet à repérer les figurines qui peupleraient bientôt sa maquette. L'argent dont il disposait maintenant lui permettait de tout acheter ou presque, mais le vrai plaisir, dans ces premiers moments, c'était d'étudier fébrilement les photos de chaque produit et de tergiverser devant des choix qu'il voulait croire décisifs.

Semaine après semaine, le quartier prenait forme au milieu de son double salon. Jean-Baptiste aimait par-dessus tout, après avoir fixé dans le décor un personnage, lui attribuer un nom, une occupation et un motif valable de se trouver ici, renseignements qu'il consignait dans un étroit carnet. Éboueurs, policiers, commerçants et petits vieux figuraient dans ces rues sans qu'on ait à s'en étonner, mais la raison pour laquelle d'autres se trouvaient là demeurait très obscure. Il y avait en particulier, déniché sur le site d'un revendeur danois, un prestidigitateur en pleine course, portant un frac et un loup sur les yeux, son haut-de-forme dans une main, une colombe dans l'autre, dont on se demandait bien ce qu'il pouvait faire là, au milieu du carrefour que forment l'avenue Georges-Clemenceau et la rue Saint-Floxel. Quelques centimètres plus loin, Jean-Baptiste disposa une voiture renversée sur le toit, afin d'épaissir le mystère.

Cette patiente occupation, l'esprit rivé sur un monde minuscule plutôt que sur ses grands exploits, lui évitait de perdre pied, expliqua-t-il aux journalistes du site Super-H, qui eurent le droit de visiter son domicile. Elle le détournait sans doute aussi de ses déconvenues sentimentales. Il avait apeuré Marion [*la jeune femme qu'il devait rejoindre le 19-Janvier au moment où il décolla du sol, et qui fut sa compagne pendant quelques semaines*] en se présentant devant elle, un soir, sous les traits de l'acteur Brad Pitt. Il croyait qu'il la ferait sourire, il ne sut que la terrifier. Puis d'autres histoires avaient suivi, dont il attendait trop. Chaque fois, c'était lui qui partait, mais il avait le cœur brisé.

Un soir cependant, à une inauguration quelconque où il s'était rendu en traînant des pieds, il rencontra Martha Brookes, une jeune comédienne anglaise. Les commencements furent approximatifs, il n'aimait pas trop les efforts qu'elle faisait pour lui plaire, les boucles d'oreilles qu'elle portait, les sourires alanguis après chaque baiser, et puis un matin, sur une plage de Croatie où il l'avait emmenée pour le week-end, il s'était dit voilà, c'est elle, tout est facile et charmant avec elle. Alors l'amour le bouleversa. Ils allaient se marier.

V

Lorsqu'il fut établi qu'ils avaient tous été pris dans le même embouteillage, le 5 juillet 1992, sur l'A7 dans les environs de Valence, et qu'à défaut d'une autre explication, il fallait supposer que s'était produit ce jour-là, dans cette zone, un événement inconnu qui les avait tous affectés, Thérèse Lambert fut mise à contribution. La scène n'avait laissé aucune trace ou presque. Les témoignages étaient aussi pauvres que les rares photos prises sur le bord de la route par des vacanciers désœuvrés : le temps devenait orageux, d'ailleurs il s'était mis à pleuvoir ; une jeune femme avait été vue cueillant des fleurs sauvages dans un champ qui longeait l'autoroute ; Elton John était passé plusieurs fois à la radio et la grève des routiers protestant contre l'instauration du permis à points accaparait les bulletins d'information.

Les autorités comptaient sur l'hypermnésie de Thérèse pour faire réapparaître, sur le devant de cette scène grisâtre, un comportement louche, une lueur dans le ciel, une odeur étrange, quelque détail qui permettrait de mieux comprendre comment six enfants[1],

1. Il fut très vite établi que Saïd Mechbal n'était pas présent dans l'embouteillage. Pour lui plus encore que pour ses semblables, l'énigme des origines reste entière. De même, on a souvent fait remarquer que d'autres enfants du même âge se trouvaient, le 5 juillet, dans la proximité immédiate des six. Pourquoi ne développèrent-ils pas des capacités similaires ? Des explications fantaisistes ont circulé, que je ne crois pas utile de rappeler ici.

nés en 1983[1], avaient pu révéler vingt-six ans plus tard des capacités prodigieuses.

Thérèse ne maîtrisait pas encore très bien son pouvoir. Le 5 juillet 1992 était, même pour elle, un jour extrêmement lointain. Cependant, au prix d'une sévère migraine qui l'alita pendant deux jours, elle retrouva dans son esprit quelques images fragmentées, des résidus de souvenirs. Elle voyait son père, transpirant dans sa chemise à manches courtes, les mains crispées sur le volant de la voiture immobile. Pour les distraire, sa mère leur faisait entonner, à son frère et à elle, des chansons qu'elle avait apprises pendant ses années de scoutisme. Une voiture était passée sur la bande d'arrêt d'urgence. Son père avait soupiré contre les tricheurs. L'odeur entêtante de la créosote montait des traverses de la voie ferrée qui longeait l'autoroute. Dans un repli entre deux collines, les trois tours d'une usine désaffectée évoquaient une base spatiale à l'abandon.

Ce jour-là, rien de ce qui allait suivre dans leur vie ne s'annonçait, ni le divorce de ses parents en 1996, ni l'internement de son frère quelques années plus tard, à moins d'interpréter le silence de son père, l'entrain forcé de sa mère ou les gémissements de Nicolas comme des signes avant-coureurs. Mais elle s'y refusait. Une famille partait en vacances, il faisait chaud, le père s'irritait qu'ils soient bloqués dans leur voiture alors que le plus jeune de ses enfants s'impatientait, voilà tout.

Trop souvent, depuis qu'elle pouvait scruter ainsi ses souvenirs, Thérèse avait l'impression de formuler des prophéties à l'envers, et c'était cela, davantage que la nostalgie devant ce qui a disparu, qui l'indisposait le plus dans son hypermnésie. Le passé, livré à sa

1. À l'exception de Virginie Mathieu-Brun, née le 10 janvier 1984. Cela ne devait pas empêcher l'appellation « 83 » d'entrer dans le vocabulaire pour désigner les super-héros français.

mémoire, fourmillait de gestes, de regards et d'intonations devenus lourds de sens. Tout s'assemblait comme, dans un mauvais polar, des indices un peu trop voyants préparant la révélation finale.

Ses souvenirs n'avaient pas aidé les enquêteurs à établir la vérité. On entendit alors des scientifiques plus ou moins rigoureux évoquer les retombées radioactives de Tchernobyl. Les conspirationnistes se concentrèrent quant à eux sur l'hypothèse d'un produit mutagène échappé d'un laboratoire militaire situé à quelques kilomètres du lieu de l'embouteillage. Que ce laboratoire travaille sur l'imagerie thermique, et non sur la biologie moléculaire, n'entamait nullement leur suspicion.

Le récit de Thérèse, cependant, captiva Raphaël Zabreski et Grégory Marville. Car elle se remémorait l'épisode suivant : autorisée à se dégourdir les jambes, elle avait remonté sur quelques mètres la bande d'arrêt d'urgence et aperçu deux garçons qui, chacun dans leur voiture, se regardaient fixement. La couleur et la marque des véhicules ainsi que la description des enfants ne laissaient aucun doute : il s'agissait de Raphaël et Grégory.

Eux ne gardaient pas le moindre souvenir de ce 5 juillet-là. C'était comme si ce jour, avec tant d'autres, n'avait pas existé. Mais ils se rappelaient, sous une forme générique, de ces embouteillages rituels dans la vallée du Rhône, au départ ou au retour des vacances, lorsque l'air, même fenêtres ouvertes, demeurait chaud et confiné, les coutures démangeaient l'entrejambe, les gâteaux avalés trop vite vous restaient sur l'estomac et les jeux, la nervosité montant, provoquaient des fous rires ou des crises de larmes. Raphaël se demandait si le hasard avait pu les réunir en d'autres circonstances. Ils se racontèrent en détail leurs vacances d'enfants, leurs voyages de classe. Ils n'avaient pas vocation à se rencontrer, sans doute, mais leur rencontre, après ce regard échangé il y a vingt-six ans, se parait dans leur esprit de l'autorité du destin.

Le regard gris de Raphaël rappelait à Grégory celui d'un garçon qu'il avait connu dans l'équipe de football de son lycée, un dénommé Sylvain Reviatti, meneur de jeu taciturne dont les silences, au milieu du vacarme adolescent, paraissaient la marque d'un esprit supérieur. La ressemblance ne s'arrêtait pas là : comme Reviatti, le Prophète avait de longs cils, des cheveux bruns tombant en boucles sur sa nuque et une peau laiteuse qui faisait croire à une constitution fragile. Il était pourtant de haute taille et bien bâti. C'était Reviatti, mais devenu homme.

Persuadé de manquer de réflexion, d'être trop impulsif, Grégory découvrait en Raphaël un homme de sens droit, qui jugeait sans idée reçue, et dont l'intelligence s'exprimait avec simplicité. Elle ne vous renvoyait pas le reflet de votre idiotie, comme le font les démonstrations de certains esprits savants.

De son côté, pendant qu'ils étaient cantonnés dans le fort normand, Raphaël avait admiré sur le portable du Capitaine des photos de sa femme et de sa fille aînée, deux splendeurs qui, lorsqu'elles ne souriaient pas, vous transperçaient avec leurs yeux de créatures lointaines. On devinait qu'à Marseille Grégory fréquentait des gens comme lui, détendus, bien portants, qu'il retrouvait le week-end pour des barbecues improvisés ou des virées dans les calanques. Bien sûr, des contrariétés devaient troubler cet océan de volupté, ce n'était pas possible autrement, mais elles demeuraient invisibles – « et peut-être invisibles à lui-même », dirait plus tard Raphaël. Il fallait donc en déduire soit qu'elles ne trouvaient pas leur chemin jusqu'à la conscience de Grégory, soit qu'elles étaient balayées par sa foi dans les vérités intangibles qu'il égrenait lorsque, Raphaël l'interrogeant, il faisait le point sur sa vie : Jeanne et lui, après huit ans ensemble, s'étonnaient de s'aimer toujours autant ; il avait une chance incroyable ; il fallait profiter de chaque jour comme si c'était le dernier.

Depuis que ses capacités s'étaient révélées, tout avait dû changer, bien sûr, mais Grégory arrangeait des escapades en Corse ou à Marrakech avec sa famille et, chaque fois qu'il en trouvait le temps, rejoignait ses amis de Marseille pour faire griller des marinades dans le jardin de l'un ou siroter un verre sur la terrasse de l'autre. Dans l'esprit de Raphaël, l'existence de Grégory avait fini par ressembler à un diaporama sur fond de musique sucrée, une de ces réclames qui vantent les séductions d'une destination à laquelle vous risqueriez de ne pas penser avant l'été : CHOISISSEZ GRÉGORY MARVILLE, LA VIE BELLE ET TRANQUILLE. « C'était peut-être un peu grossier, commentait le Prophète, mais ça faisait quand même très envie. »

Tandis que les gens de son âge consacraient de plus en plus de temps à des emplois mal rémunérés mais qui déboucheraient un jour sur des positions confortables, tandis qu'ils se mariaient ou du moins se casaient, faisaient des enfants et s'en occupaient avec l'empressement inquiet et totalisant propre aux parents de la nouvelle génération, Raphaël n'avait, lui, pas de projet connu, ni de passion pérenne, ni d'ailleurs d'idée très précise de lui-même.

Au lycée, il avait parlé de l'astrophysique comme d'une voie où poursuivre des études qui s'annonçaient brillantes. Puis il mentionna l'architecture. Et enfin, sans l'annoncer à personne, il s'était fait admettre en lettres à Henry-IV, l'un des meilleurs établissements du pays. Là, il avait peu à peu décroché. Au bout de six mois, comme, au lieu d'aller en cours, il dévorait des romans russes, allongé dans une chambre de l'internat où il se retranchait en prétextant des migraines ophtalmiques, on le convoqua et on le mit dehors.

Après avoir suivi, sans aller jusqu'au bout, une licence de philosophie et une autre d'histoire, il vécut de petits boulots, chanta dans un groupe de rock, étudia la possibilité d'une expatriation à Montréal ou à Sydney et s'installa enfin à la réception d'un hôtel de la rue Ordener, quatre nuits par semaine. Cet emploi somnolent lui rapportait assez pour occuper un deux-pièces dans le douzième arrondissement et mener une existence oisive faite de plaisirs peu coûteux : livres de poche achetés chez des soldeurs, abonnement illimité au cinéma, cafés allongés, *L'Équipe* et *Libération* quand les titres donnaient envie. Il lui restait encore un peu d'argent pour bien s'habiller à bas prix et satisfaire son gros appétit grâce à un régime de plâtrées sommaires qu'il avait adopté au cours de ses années d'étudiant. Riz à la crème fraîche et au curry, pâtes au fromage et semoule inondée de sauce tomate figuraient chaque semaine à son menu.

Il arrivait qu'on le trouve décevant. Les vrais amis se faisaient rares, son célibat se prolongeait, sa famille s'inquiétait pour lui. Mais il avait la vie qu'il voulait, assurait-il.

Les notes qu'il jetait de loin en loin dans son journal intime ne laissent pas voir ce que le 19-Janvier représenta pour lui. Le lendemain, on peut lire un simple « Oh ! » griffonné au milieu d'une page blanche. Puis plus rien pendant dix jours, du moins rien qui nous soit parvenu.

Chaque fois qu'une question lui fut posée sur cette période et la façon dont il l'avait vécue, Raphaël la retournait à son interlocuteur du ton neutre qui était le plus souvent le sien depuis qu'il portait son masque blanc, un ovale dont les yeux fendus et la pâleur muette évoquaient les visages du théâtre japonais : « Vous vous seriez senti comment, vous, à ma place ? », « Et vous, le 19-Janvier, ça vous a fait quoi ? ».

Son pouvoir de prédiction s'améliora sans doute beaucoup plus vite que les autorités ont bien voulu l'admettre. Selon la version officielle, au début, lorsqu'il se concentrait, il ne distinguait que l'endroit du corps où la mort frapperait, le cœur dans le cas d'un infarctus, les poumons ou le sein si un cancer devait s'y déclarer, un poignet lorsque la cible mourrait après s'être tranché les veines. La zone mortifère pulsait d'une lueur rougeâtre, expliqua-t-il, tandis que tout le reste, le corps de la cible aussi bien que l'espace autour d'elle, était plongé dans une pénombre tissée de filaments bleutés.

La date se précisa : il fut d'abord capable de repérer l'année du décès, puis le mois, puis – chez les cibles les plus faciles à lire – le jour exact où elles succomberaient.

Différents témoins affirment que, à partir du mois d'août, il pouvait à peu près reconstituer les circonstances de la mort. Il observait désormais, au milieu d'un dîner tranquille, le corps foudroyé par une attaque cérébrale qui s'affaissait doucement, comme celui d'un acteur jouant sans conviction, puis les convives effarés, l'appel passé au Samu, les derniers soubresauts. Au cours du mois de décembre, il se mit à entrevoir d'autres événements : divorces, naissances, déroutes électorales, exploits sportifs, licenciements, bonheurs divers… Il devenait extralucide.

Les conséquences étaient pénibles, même s'il évitait d'en parler. Comme Thérèse Lambert lorsqu'elle fouillait dans sa mémoire, Raphaël souffrait d'intenses migraines chaque fois qu'il inspectait l'avenir de quelqu'un. Or il se retrouvait assailli de requêtes, dont certaines étaient difficiles à repousser. Des chefs d'État, des inconnus dans des lettres poignantes, ce que la France comptait de débiteurs et d'amis réclamaient de savoir ce qui les attendait.

Il fut bientôt établi qu'on pouvait le plus souvent y échapper. Cela ne fit qu'accroître l'intérêt que son pouvoir suscitait. Lorsque, par exemple, le Prophète apercevait, à partir d'une rougeur suspecte dans la zone occipitale, le futur accident routier envoyant une voiture rouler dans le fossé et le front de son conducteur s'écraser contre le pare-brise, ce n'était pas un événement inéluctable qu'il énonçait, mais l'avenir tel qu'il paraissait pour l'instant programmé. Si la cible, prévenue à temps, décidait de ne pas monter dans une voiture à la date indiquée, elle éviterait à coup sûr la mort qui l'y attendait. Plutôt que prophète, terme qu'il récusa toujours, Raphaël se considérait comme une vigie. Grâce à lui, des vies étaient rallongées, des drames évités. « J'annonce des futurs qui n'arriveront pas », note-t-il dans son journal en manière de profession de foi.

Ses prédictions sous-entendaient que tout était écrit. Une telle idée contredisait, chez les esprits rationnels, la conception qu'ils défendaient de l'existence humaine. Parmi eux, le Prophète n'était pas populaire ; on lui reprochait de faire le jeu des religieux. D'autres voulaient se convaincre au contraire que, s'il était possible de modifier l'avenir et de déjouer ses pronostics, alors l'utilité de son pouvoir restait à démontrer : ce qu'il voyait pouvait être évité, ce qu'il ne voyait pas demeurerait inconnu, tout restait en somme ouvert et indécis. Mais c'était inexact. Si l'on ne changeait rien, ou si l'on ne pouvait rien changer (dans le cas, par exemple, d'une maladie incurable), ce qu'il prédisait à tout coup survenait. Cela faisait de lui un personnage funeste et terrifiant.

Or, pour lui aussi, la vie avait pris une teinte sinistre. Lors des séances de vision, les mains transpirantes de ses cibles serrées fermement dans les siennes, il assistait à des agonies dans des chambres d'hôpital, il devinait des corps mutilés dans des voitures défoncées, il découvrait des pendus, des baignoires pleines de sang, des fenêtres ouvertes par où des gens allaient sauter. Et quand il rouvrait les yeux, il fallait raconter.

Il arrivait aussi, sans qu'on n'ait jamais su pourquoi, que la marque rouge apparaisse sur des gens qu'il n'examinait pas, des passants qu'il croisait par hasard dans la rue, des clients assis non loin de lui au restaurant.

Il confessa qu'une mannequin avec laquelle il s'apprêtait à

passer la nuit, lorsqu'elle était ressortie nue de la salle de bains, lui avait arraché un cri d'effroi. Son sein droit rougeoyait. Dans ce cas, que fallait-il faire ? Je finis le plus souvent par raconter ce que j'ai vu, expliquait le Prophète. Mais quand il s'agissait de révéler les circonstances d'une mort qui ne pourrait sans doute pas être évitée, franchement, il avait l'impression de ruiner la vie des gens, ou ce qu'il en restait. Alors, de plus en plus souvent, il se taisait.

Pour lui plus encore que pour les autres 83, le port du masque s'imposait. Il s'accompagnait de mesures très contraignantes afin de protéger sa véritable identité. La connaissance de l'avenir enflammait les esprits. À chacune de ses sorties publiques, le Prophète devait faire face à des hordes de fans éplorés, leurs mains tendues vers lui dans l'espoir vain qu'il leur révélerait tout ou partie de leur futur. Des groupuscules plus ou moins crédibles complotaient pour l'assassiner. Tous les 83 encore en vie s'accordent à dire que la pression qu'ils subissaient en raison de leur célébrité n'était rien au regard de ce que le Prophète devait chaque jour endurer. « En plus, comme il avait refusé d'avoir une équipe autour de lui, il affrontait ça presque tout seul, confie Virginie. Il était resté proche de sa famille mais, au quotidien, je ne sais pas comment il a fait pour pas péter un plomb. Il faisait des petits écarts bien sûr, il lui arrivait de boire pas mal et d'avoir des sautes d'humeur, mais quand on y pense, il tenait quand même bien la route. Je me souviens qu'une fois, en bas de notre Q.G., une femme était restée quatre ou cinq jours assise par terre, avec une bougie allumée et son écriteau qui disait : “Mon fils a disparu. Est-ce que je vais le retrouver ?” Il faut être très très fort dans sa tête pour supporter ce qu'il a vécu. »

Peu après la naissance de Marianne, le 5 juillet, Grégory appela Raphaël pour lui proposer d'être le parrain de sa fille. Le Prophète s'empressa d'accepter. Plus il éprouvait de difficultés à s'épanouir dans sa vie de super-héros, et plus il recherchait la proximité du Capitaine. (Nous voulons croire parfois que, comme par réverbération, le bonheur des autres va rejaillir sur nous.)

Plus tard, il confierait qu'une vive excitation l'animait, le jour du baptême, à l'idée de rencontrer les proches de Grégory Marville, mais plus encore de découvrir l'endroit où vivait son ami, où il avait ses habitudes. C'était un duplex dans les hauteurs de Marseille. Les baies vitrées ouvraient sur une terrasse avec piscine et pergola en bois chaulé. Dans le séjour, un grand téléviseur à écran plat dominait une méridienne de cuir blanc et une table basse translucide, sur laquelle trônait la sculpture diaprée d'un fauve en cristal qui pouvait être une panthère ou un couguar – cadeau de mariage dont le couple n'osait pas se défaire. Au fond, derrière la cheminée, une cuisine américaine en inox et béton ciré baignait dans la clarté d'un lanterneau. L'intérieur était agréable quoique trop ordonné, et aussi semblable au goût conventionnel de Grégory que Raphaël l'avait imaginé. Dans l'entrée cependant, un détail le surprit : la passion des choses anciennes qu'il tenait de sa mère avait poussé le Capitaine à faire l'acquisition d'une assiette en verre de Murano qui datait du seizième siècle. Raphaël aima la soupeser, approcher son visage des dentelures de l'émail et respirer son odeur âcre de relique.

Sur le séjour du Prophète à Marseille et le baptême de Marianne, les renseignements sont peu nombreux. Au cours de ses entretiens avec le journaliste Patrick Woodworth, le Prophète ne s'attarde pas sur cette « journée magnifique, émouvante, qui scella plus fortement [son] amitié avec Grégory que les opérations des derniers mois », dans lesquelles ils avaient pourtant risqué leur vie ensemble. Son journal intime reste quant à lui très factuel :

Dormi dans le train. Plaisir d'être sans masque. Chaleur intense à Marseille. Grégory heureux comme tout, pas du baptême en lui-même mais d'avoir tous ces gens qu'il aime autour de lui. J'aimerais rester quelques jours de plus.

La minutieuse enquête d'Alexis Bertarelli, le biographe de Jeanne, a néanmoins permis d'établir que, dans l'après-midi, alors que les invités et leurs enfants profitaient de la piscine (la ville tout entière étouffait ce jour-là dans un air immobile et brûlant), Raphaël discuta quelques minutes dans la cuisine avec l'épouse de Grégory. Bertarelli et nombre de supérologues après lui ont fait de ce bref tête-à-tête un moment d'épiphanie.

À trente-quatre ans, Jeanne Marville, agente immobilière et ancienne joueuse de tennis professionnelle, se distinguait par sa beauté délicate et son attitude réservée (froide, disaient certains), qui lui octroyait un supplément de mystère. Sur les photographies du baptême, elle apparaît dans une tunique bleue qui détoure sa silhouette déjà svelte, trois mois seulement après son second accouchement.

Il est tentant, comme le fait Bertarelli, d'entendre dans la pauvreté du témoignage de Raphaël l'aveu d'un trouble qui ne pouvait se formuler. On a aussi interprété en ce sens, et à mon avis sans précaution, un cliché de ce même jour sur lequel il offre un visage tourmenté, au regard fuyant. Mais la coïncidence semble trop bien accordée aux prescriptions de la dramaturgie : venu pour célébrer son amitié naissante avec un homme qu'il envie, le personnage s'éprend au premier regard de sa femme, la seule qu'il lui est défendu d'aimer.

VI

« Oublier Superman »

Saïd Mechbal : Ce qu'il m'a raconté, à moi, c'est qu'il était arrivé au baptême en disant qu'il travaillait pour le ministère de la Défense et qu'il s'appelait François Perrin. Apparemment la femme de Grégory l'a dévisagé d'un air de dire « Moi, je n'y crois pas », et il s'est senti mal de devoir continuer à débiter des conneries pendant le reste de la journée sous le regard de cette femme qui l'avait percé à jour.

Grégory et Jean-Baptiste, au moins, ils n'avaient pas ce genre de problème : ils étaient ce qu'ils étaient, un point c'est tout. Nous, on a trop voulu se préserver, on s'est compliqué la vie de manière pas possible avec nos doubles identités, et en fait ça a été un soulagement, Virginie vous l'a peut-être dit elle aussi, quand nos noms sont sortis et qu'on a basculé définitivement dans l'étape d'après. Pour moi, ça reste un vrai regret d'avoir menti à mes proches, à mon père surtout. C'était un homme bien, mon père, un homme très doux, et je crois pas qu'il ait eu une vie très heureuse, même s'il a toujours dit que ça allait, qu'on était mieux ici qu'en Algérie. Ça m'aurait fait plaisir de lui dire avant qu'il meure que le Septième, c'était moi. Juste pour voir sa tête, pour voir quel regard il aurait eu à ce moment-là. Mais bon, j'ai pris une autre décision. La même que les autres. On était trop influençables.

Comment l'expliquez-vous ?
Je sais pas. Des drogues, peut-être.

Vous êtes sérieux ?
J'ai pas l'air, hein ? Je ne me suis pas renseigné, c'est pas mon travail de savoir quel genre de psychotropes ils mettent au point dans les laboratoires militaires, mais enfin moi, je serais à la tête du pays et on me foutrait sept types aux pouvoirs immenses dans les pattes, je peux vous dire que ma priorité, ce serait d'obtenir une seule chose : leur consentement. Après, ça peut passer par plein de techniques différentes. Je dis pas que je suis sûr à 100 % qu'ils nous ont drogués. N'allez pas écrire ça parce qu'on va encore dire que Saïd Mechbal balance des accusations sans preuve. Ce que je dis simplement, c'est que, avec le recul, je trouve qu'on a été très disciplinés. De bons petits élèves de la République. Et ça, je ne me l'explique pas bien.

Prendre conscience de vos capacités a pu vous inviter à agir de manière raisonnable…
Comme Spiderman, hein ? Peut-être. Peut-être qu'on a été ce genre de types. Des types bien. [*Il rit.*] Ils vous mettent dans un état psychologique particulier, de toute façon. Avant même que vous serriez la main du Président ou qu'on vous transporte en convoi spécial dans les cérémonies, ils installent autour de vous comme une espèce de climat, très feutré mais avec un sentiment d'urgence malgré tout, et rien que ça, ça vous noue le ventre, ça élève votre rythme cardiaque, et je vous assure que vous avez plus du tout envie de faire le con. À chaque briefing, ils n'arrêtent pas de vous faire sentir que vous êtes quelqu'un d'important et que vous allez écrire l'Histoire si-vous-le-voulez-bien-sûr. Parce que vous avez aussi la possibilité d'aller faire n'importe quoi avec vos

pouvoirs, après tout vous êtes libres, les mecs. C'est du management basique, mais ça marche presque à tous les coups. Mickaël appelait ça la « méthode Bruce Willis ».

Pourquoi Bruce Willis ?

Vous avez vu *Armageddon* ? C'est le film avec l'astéroïde géant qui est sur le point de détruire le monde. Et subitement, je sais plus pourquoi, mais le seul type qui peut éviter la catastrophe, c'est un mec qui est spécialisé dans le forage en haute mer, un genre de gros dur irresponsable qui pense qu'à sa gueule et qui est joué par Bruce Willis. Le plan, c'est d'envoyer sur l'astéroïde une équipe qui percera un trou pour installer une charge nucléaire et la faire exploser. Bruce Willis, lui, il ne veut rien entendre : travailler pour des gradés, se soumettre à leur discipline, ça l'emmerde et il veut se barrer. Mais les généraux lui expliquent qu'il y a six milliards de vies humaines entre ses mains. Là, Bruce Willis verse une larme et décide d'être le héros que tout le monde attend.

Ils ont fait pareil avec vous ?

En tout cas, ils nous ont montré à quoi on pouvait servir. Et ça a marché. On se sentait investis. Tous, pas seulement Marville. Tous, on s'est pris pour des héros de la nation. Et c'était ça qu'ils espéraient.

Vous avez l'air de le regretter…

Pas du tout. Moi, ça a probablement été la plus belle période de ma vie. La plus harmonieuse, en fait. J'avais presque tout raté jusque-là. J'ai eu le bac, mais ils nous l'ont un peu donné. Après, plus rien : foiré les études alors que tout le monde disait que j'avais un vrai potentiel, foiré ma relation avec Leïla [*sa petite amie de 2007 à 2011*], foiré la vie dans le quartier pour des embrouilles à deux balles avec des gars qui avaient dix ans de moins que moi. Livreur… à trente-quatre ans… Je servais à rien, là, j'étais vraiment rien du tout. Alors qu'avec mes capacités, vous imaginez, c'était tout le contraire. « Les Colombiens nous demandent de l'aide pour serrer leur plus gros narco… – Ok, patron. – Y a des pirates qui ont pris trois Français en otages dans le Golfe de Guinée… – On va vous les chercher, patron. – Oh, et vous auriez un peu de temps pour aller inaugurer le nouvel hôpital qui ouvre à Quatre-Chemins ? – Bien sûr, patron, c'est mon quartier ! »

Franchement, j'avais aucune vision, je faisais tout ce qu'on me demandait, mais je me sentais super bien. L'endurance qu'on avait acquise, c'était le plus merveilleux. J'avais besoin de dormir quoi ? deux-trois heures par nuit pour être en pleine forme. Du coup, t'as le temps de tout. Moi, c'est peut-être con, mais vers trente-deux ou trente-trois ans, j'avais trouvé sur Internet des listes de bouquins et de films genre « Les plus grands chefs-d'œuvre de l'humanité », et je m'étais promis de les bouffer avant mes quarante ans, histoire de me faire enfin une vraie culture, comme j'étais pas allé très loin dans mes études. Elles étaient sur mon téléphone, ces listes, trente livres et une centaine de films, mais, avant le 19-Janvier, j'avais été incapable de dégager du temps pour me lancer là-dedans. J'y pensais souvent, c'était devenu comme le symbole de tout ce que j'étais pas foutu d'accomplir. À partir du moment où on a eu nos pouvoirs, presque toutes les nuits, entre une heure et cinq heures du matin, j'ai bouquiné, j'ai vu tous les Scorsese, les Hitchcock, les classiques.

Et puis il y avait aussi les aspects matériels. Le salaire qu'on nous filait, le nouvel appart, et même si t'es obligé de garder le masque, les filles, t'en ramasses autant que tu veux… Et attendez, la célébrité, la vie des people, on fait tous comme si c'était horrible, comme si c'était très mal, mais moi, c'était mon Disneyland : les fêtes énormes, les yachts comme à la télé, les stars qui veulent faire une photo avec toi, Bono et Angelina Jolie qui t'appellent pour savoir si tu veux faire un truc de charité, et au milieu de toutes ces conneries, les copains que je me suis fait à la vie à la mort, Nico [*Anelka*], Lil Wayne, Diego [*Maradona*] qui pleure avec moi au téléphone juste avant la mort de son frère… Pendant un an, moi, je me suis régalé.

Mais aujourd'hui, vous portez un regard très dur sur cette période.
Parce que c'était pas sincère.

Pourquoi ?
D'abord, il faut bien se rendre compte qu'on n'a pas été inventés par les Américains. Je veux dire, cette idée que les superhéros devraient forcément faire le bien, ça nous vient d'où, au juste ? De ces bandes dessinées américaines, et des gros films qui ont suivi. Maintenant, essayez d'oublier trois minutes Batman, Superman et tous les autres. Complètement. Et mettez-vous à notre place. À ma place. Je me rends compte que je peux être invisible quand je veux, partout, comme ça, en un claquement de doigts. Très bien. Et alors on m'explique que ça va poser tout un tas de problèmes, le respect de la vie privée, si je commence à me balader comme ça à l'improviste, à rentrer chez les gens, et dans les administrations, avec tous les secrets d'État, etc. Je suis d'accord. Encore une fois, moi, j'aurais été Président, je me demande même si je nous aurais pas purement et simplement liquidés plutôt que d'essayer d'en profiter, parce que c'était clair qu'on allait créer des tonnes d'emmerdements. Et donc Saïd l'homme invisible, c'est formidable mais c'est aussi potentiellement pas mal d'emmerdes. Et je suis d'accord avec le diagnostic.

Du coup on m'impose un cadre hyper-réglementé pour l'utilisation de ma capacité spéciale, et moi, parce que je suis un bon gars, ou parce que j'avale chaque jour ma dose de drogue de soumission, ou parce que je suis juste un peu stupide, cochez la bonne case, je signe tous les papiers. Très bien. Vous êtes encore avec moi ? Je veux dire, vous essayez encore de vous mettre à ma place ? C'est quand même génial de pouvoir être invisible. Ça peut rendre des services à la nation, ok, mais c'est surtout excitant. Super excitant. Et traîner sur les toits de Paris, zyeuter la vie des gens dans les immeubles, bien sûr que je l'ai fait plein de fois, au début. J'ai vu des gens qui faisaient l'amour, mais pas si souvent que ça. La plupart du temps, ils sont juste sur leurs portables, ils mangent, ils jouent avec leurs gamins. Il y avait une famille en particulier, dans un duplex pas très loin de chez moi, j'adorais aller les regarder, les parents très beaux, le petit garçon tout propre dans son pyjama, avec ses cheveux bien peignés. Toi, t'es là, tout près d'eux, tu les espionnes et c'est sans doute pas bien, mais t'as l'impression de les accompagner aussi, d'être avec eux dans un truc ordinaire, tu fais de mal à personne. C'est des moments que je trouvais très apaisants. J'ai toujours eu un peu de mal avec la vie de groupe et là, j'avais mon alternative à l'isolement.

Bon, mais j'avais signé. Donc j'avais plus le droit. Ok. Mais ça veut pas dire que j'en avais pas *envie*. Ça veut pas dire que c'était *facile*. Vous comprenez, ça ? On faisait le Bien, *b* majuscule, parce que c'était notre rôle et qu'on se sentait obligés, mais ça nous venait pas *naturellement*. On n'avait pas vocation à ça. Et même, je vais vous dire, c'était tout le contraire : on avait vocation à faire des conneries. Parce que quand vous avez des capacités comme les nôtres, c'est très difficile de dominer vos envies. C'est encore plus difficile. Comparez, je sais pas, une star hollywoodienne et un inconnu qui pue de la bouche. C'est quand même plus facile pour le second de rester fidèle à sa femme, non ? Personne le drague, lui. Le vrai Bruce Willis, je sais pas s'il est marié, je sais pas s'il est fidèle à sa femme, mais si c'est le cas, c'est un héros, ça mérite une médaille.

Voilà ce que moi j'ai compris : on s'est fait avoir parce que les gens avaient vu tous les *Superman*. Pour eux, c'était normal qu'on soit irréprochables. Et c'est le contraire qui était scandaleux. À ce régime-là, on n'avait aucune chance.

Il aurait fallu faire quoi, selon vous ?

Rien que le mot « super-héros », on n'aurait jamais dû l'accepter. Ça faussait tout. Pour le reste… honnêtement, je sais pas. Est-ce que ça aurait pu avoir lieu autrement ? Je crois que non. C'est pour ça que je ne veux pas me plaindre. C'est pour ça que je suis très content de ma vie.

[*C'est un homme aux cheveux mi-longs veinés de fils d'argent, le visage bronzé mais las, que je rencontre dans l'imposant lobby du Grand Hôtel de Kinshasa. Saïd Mechbal dit travailler aujourd'hui à son propre compte comme « expert en sécurisation » et se trouver en « mission temporaire » au Congo. Le cuir repoussé de ses bottes, la boucle de ceinturon en argent et turquoise, les lunettes de soleil à monture blanche passées dans ses cheveux attestent son goût pour les tenues voyantes. Mais peut-être prend-il simplement plaisir à m'offrir une image conforme à sa mauvaise réputation. Après avoir refusé ma demande d'entretien dans un e-mail d'une ligne – « Voyez avec Thérèse, elle a meilleure mémoire que moi » –, il m'a proposé, cinq jours plus tard, de venir le rencontrer ici, offrant même de me payer mon billet d'avion si jamais le coût du trajet représentait un obstacle à notre rencontre.*]

Si on avait été un peu plus consistants politiquement… si, au lieu de faire du maintien de l'ordre, on s'était posé les bonnes questions, ça aurait peut-être été différent. Mais je vous dis ça sans y croire. On n'aurait abouti à rien. Regardez-les, maintenant, les révolutionnaires. Toujours à s'engueuler entre eux. Sabotés par des flics infiltrés, probablement. Rien ne change, en tout cas. Et vous nous auriez vus, franchement, dans les rassemblements alters, avec les indignés ? Ça aurait été ridicule.

À partir de quand avez-vous senti que ça allait mal tourner ?

Pour moi, très nettement, le jour de l'opération à La Courneuve, au mois de septembre. [*Le 25 septembre de l'an I, Saïd Mechbal, Mickaël Pereira, Grégory Marville et Virginie Mathieu-Brun avaient été envoyés en soutien d'un groupe d'intervention pour intercepter, dans l'appartement qu'ils louaient, deux terroristes préparant un attentat à l'arme chimique au cinéma des Halles. Leur neutralisation avait été compliquée par la résistance inattendue des deux hommes, qui disposaient d'un arsenal important et de complicités dans le quartier pour s'échapper de l'immeuble assiégé. Lors de la course-poursuite qui suivit l'assaut, Saïd Mechbal se retrouva pris en otage par l'un des deux fuyards. Selon le récit que la police en a donné, alors qu'il menaçait de l'exécuter, l'homme fut maîtrisé par Virginie.*]

Parce que vous avez failli mourir ?

Non, pas du tout. Mais là j'ai compris que certaines règles étaient en train de changer.

Vous voulez bien développer ?

C'est pas la version officielle…

Mais je ne vous demande pas de la confirmer…

Ok. La version Saïd, alors ! J'ai sauté du quatrième étage pour courir dans la nuit derrière Djamal Benzekri. Y a un drone de combat juste au-dessus de moi, je cours sans mon invisibilité pour éviter qu'il me dézingue et je suis sur le point de rattraper Djamal, mais à un moment je glisse, je trébuche comme une merde, et là le mec est sur moi. Un type très costaud, et je peux vous dire : motivé. Prêt à tout pour s'en sortir. Avec peut-être même ce petit supplément de motivation à l'idée qu'il va se payer un super-héros, un peu comme quand des footballeurs de cinquième division vont taper le PSG en Coupe de France, vous voyez ? Il me tient à genoux, tout contre lui, et j'ai le canon de son 9 mm appuyé sur le crâne. L'espace d'une seconde, je suis redevenu invisible mais il m'a dit de pas faire le con, d'arrêter ça tout de suite. S'il avait pu m'enfoncer son feu dans la tête, il l'aurait fait. Chaque fois qu'il parle, le canon me racle la tempe. Alors je peux vous dire que je lui obéis. Virginie et Micka s'approchent, Djamal leur dit de reculer. Il gueule qu'il est déterminé, et je me souviens de ce mot, « déterminé », parce que ça faisait un peu appris dans sa bouche, journalistique, comme quand un détenu se fait la belle et qu'on vous dit à la radio que c'est un « individu dangereux et déterminé ». Ben moi, j'étais là, à genoux, avec un mec comme ça au-dessus de moi.

Et vous pensez à quoi ?

À rien. Ça va très vite, c'est blanc dans ma tête. Je suis juste terrifié. Le mec va me tuer, je l'entends dans sa voix. Chaque fois qu'il parle, ça me rentre dans le crâne. Je me suis déjà fait pointer, une fois, par des jeunes de Saint-Denis, mais ça n'avait rien à voir. Les armes, ça circule pas mal en banlieue depuis les années 1990, mais faut savoir qu'il y a très peu de munitions. Donc les mecs ont des flingues, ils les trimballent partout et limite ils se branlent avec, mais ils les utilisent jamais. Ce qui fait qu'en général ils savent pas *du tout* s'en servir. Alors au moment de défourailler, soit ils arrosent dans tous les sens et vous ratent une cible à trois mètres, soit ils se pissent gentiment dessus et ils ne tirent jamais. Djamal, c'était pas du tout pareil. Et ça, tu le sens dans la seconde.

Pendant qu'il vous tient en otage, vous êtes conscient de ce que font les autres 83 ?

Je les vois pas, j'ai la tête baissée, mais j'entends Mickaël très tranquille, qui dit au mec de se calmer, que c'est du bluff, que ça va pas marcher. Et moi quand j'entends ça, je supplie Micka d'arrêter ses conneries, parce que je le connais, son côté tout est sous contrôle, son côté je me la pète un peu avec mes nerfs d'acier. Djamal aussi, ça le met hors de lui. Mais Micka répète qu'il bluffe, et cette fois il s'adresse à Virginie. Il dit que le mec peut pas tirer, qu'il y arrivera pas.

Il le sait ?

Il dit qu'il le sait. Et ensuite Virginie est sur le mec. Et voilà, c'est fini.

Vous n'avez pas l'air de penser que ça s'est vraiment passé comme ça…

Non.

Vous voulez m'expliquer ?

Je maintiens ce que je vous ai dit. Djamal, au briefing, ils nous avaient expliqué qu'il était monté au braquo à dix-neuf ans, séjour en cabane, passé par des camps d'entraînement au Yémen juste après… C'était un vrai méchant, avec des tripes. Et moi, je vous ai raconté ce que j'avais ressenti cette nuit-là. Je sais qu'au moment où il menace de me fumer, il est tout à fait capable de le faire. Il va le faire. S'il l'a pas fait…

C'est parce que Mickaël a manipulé ses pensées ?

Oui.

Donc selon vous, en septembre, la capacité de Mickaël a déjà évolué.
Oui.

Vous l'avez dit à quelqu'un ?
Non, à personne.

Pourquoi ?
Parce que ça allait tous nous mettre dans la merde. Et puis, là d'où je viens, on balance pas.

Deuxième partie

VII

Mickaël Pereira ne figura jamais très haut dans les enquêtes d'opinion. Son pouvoir fascinait, mais il ne savait ni plaire ni se rendre agréable. Râblé, le corps sec et l'œil noir, les cheveux implantés si bas qu'ils avalaient son front, il laissait l'impression d'un garçon difficile et qui va s'attirer des ennuis. Dès l'école maternelle, on le trouva insociable, agité, méchant. Au collège, il fut renvoyé plusieurs fois pour des violences contre d'autres élèves et, en une occasion, contre un enseignant qu'il bouscula. Dans ses bulletins, on lit que rien ne l'intéresse, sauf le sport. L'une de ses premières petites amies, Fanny G., estime néanmoins qu'on accorde trop d'importance à ce passé turbulent : « Il faut arrêter avec toutes ces histoires. Des garçons qui ont une scolarité difficile, il y en a plein, et ils ne deviennent pas tous tarés. C'est trop simple de raconter les choses comme si dès le départ il était programmé pour faire ce qu'il a fait. »

Les Pereira résidaient alors dans une barre d'immeubles de la cité Pablo-Picasso à Nanterre. Au début des années 1980, l'endroit était encore calme, et bien plus accueillant que le bidonville de Massy où le couple avait habité lors de ses premiers mois en France. On ne le payait pas très bien dans le centre de contrôle technique qui l'employait, mais le père de Mickaël, João, s'y plaisait beaucoup. À cette époque, il prit le surnom de « Joe ».

Ses deux fils le vénéraient. C'était pourtant un homme sévère et parlant peu. Il avait la passion des voitures. Sa femme et lui aimaient rouler le week-end sur les autoroutes, à bord de leur Renault 17. Ils emmenaient leurs enfants jusqu'en Normandie, parfois jusqu'à Lyon ou Mulhouse. Le but affiché de leurs expéditions, pique-niquer sur le front de mer, observer l'avancée d'un grand chantier, était presque toujours abandonné au cours du voyage. Une fois la destination atteinte, ils faisaient demi-tour.

S'ils flânaient, c'était sur les aires de repos et dans les snacks autoroutiers, où la famille avait ses habitudes. On offrait parfois une assiette de frites aux enfants et ils avaient l'impression que les lieux leur appartenaient presque, davantage en tout cas qu'à ces voyageurs hagards qui passaient sous les lumières blanches et qu'on ne reverrait jamais.

Avec son père et son frère Éric, Mickaël aimait arpenter les parkings des stations-service à la recherche des nouveaux modèles ou des coupés de luxe. Quand ils tombaient sur une Porsche 911 ou 924, ils attendaient à proximité pour écouter le moteur quand il démarrerait. Une fois, un homme invita Mickaël et son frère à s'installer derrière le volant. Joe n'avait pas d'appareil photo pour prendre ses fils dans la Porsche et il le regretta. Mickaël en fut, lui, soulagé. Il n'aimait pas le sourire bienveillant du propriétaire ni les remerciements répétés que lui adressait son père. « De la politesse de métèque », dirait Mickaël plus tard.

Vers l'âge de treize ou quatorze ans, il obtint de meilleurs résultats en français et entreprit d'écrire une nouvelle de science-fiction, *Les Voyageurs d'Alfa*, l'histoire d'un homme et d'un robot qui explorent une mégalopole désertée. Couché au crayon gris dans un cahier d'écolier, le récit de Mickaël s'interrompt au moment où les voyageurs découvrent, en plein cœur de la ville, un puits immense et qui ne semble pas avoir de fond. Par la suite, Mickaël prétendrait qu'il n'avait pas ouvert de livre depuis l'âge de quinze ans et qu'il savait à peine écrire, mais c'était faux. Il lisait des romans policiers, des essais de vulgarisation scientifique et même de la poésie, de Baudelaire et d'Éluard. Deux de ses amis de Nanterre m'ont confié que Mickaël aimait se faire passer pour moins intelligent et cultivé qu'il n'était.

Peut-être pour compenser le manque d'empathie qu'il suscitait, il témoigna, adolescent, d'un goût marqué pour sa personne. Il observait le profil de son visage dans les battants de l'armoire à glace, faisait saillir ses muscles et demandait à son frère de le prendre en photo, torse nu, avec des lunettes de soleil et une moue blasée de gangster.

À la même époque, ses qualités de footballeur retinrent l'attention. Des hommes se postaient le week-end autour des terrains de banlieue et venaient parfois, après les matchs, prendre des renseignements auprès des entraîneurs. Mickaël savait s'ils étaient là rien qu'en jetant un œil au parking. Ils avaient de grosses voitures, toujours propres, sans doute payées par leur club. Les éducateurs répétaient qu'il ne fallait pas s'occuper d'eux, mais Mickaël jouait bien mieux s'ils étaient là. Au milieu du terrain, tous les ballons passaient par lui. C'était un petit gabarit adroit, hargneux et infatigable, le genre de joueurs qui font du bien à n'importe quelle équipe. Bordeaux, Nantes, Auxerre et Monaco l'invitèrent à faire un essai. Dans les centres de formation, le ballon circulait plus vite, mais chaque fois Mickaël sut montrer ce qu'il valait. Il jouait comme on lui avait appris à le faire à Nanterre, simplement et toujours vers l'avant. Après les tests, on lui faisait faire un tour de la ville, on lui demandait s'il pourrait s'y plaire. Il s'empressait de dire que oui, mais sentait qu'il aurait fallu ajouter quelque chose, des mots qu'il ne devinait pas. Les autres joueurs le trouvaient trop distant. Et puis sa taille pouvait être un problème. On hésitait.

L'année de ses quinze ans, une équipe de journalistes vint à Nanterre chaque semaine ou presque, pendant six mois, pour filmer son équipe. Ils préparaient un reportage d'une heure sur le rôle du football en banlieue. L'un d'eux, Sébastien Desmarets, se souvient d'un garçon ombrageux qui ne leur disait même pas bonjour. Puis, comme les autres, Mickaël finit par guetter le retour de leur voiture. Les semaines où la caméra n'était pas là, les entraînements semblaient plus mornes et leur vie moins intéressante. Enfin, il accepta de se confier. Les rushs de l'entretien n'ont pas été conservés, mais Desmarets a gardé en mémoire ce moment où, dans le silence d'un vestiaire vide, Mickaël leur avait parlé de sa formation en comptabilité, qu'il suivait sans savoir pourquoi, des clubs dont il espérait qu'ils le rappelleraient bientôt, et surtout d'une petite amie avec laquelle il n'avait pas encore fait l'amour parce qu'il l'aimait vraiment. En parlant d'elle, il était devenu pâle, un pli d'inquiétude barrait son front. Desmarets se souvenait aussi que, au moment de se dire au revoir, Mickaël lui avait longuement serré la main. Par la suite, au montage, rien ne fut conservé. Les émois adolescents de Mickaël étaient touchants mais ne cadraient pas avec le sujet, et le rédacteur en chef estima que, sur les galères et la vie entre pauvres, d'autres joueurs s'étaient exprimés de façon plus parlante.

À vingt-deux ans, de retour d'un essai non concluant dans un club wallon, Mickaël s'était retrouvé à dormir sur un banc à côté de Bruxelles-Midi. Le pseudo-agent qui l'avait expédié là-bas demeurait injoignable et lui n'avait pas assez d'argent pour reprendre le train. C'était là, sur ce banc où il grelottait, qu'il avait renoncé. Il ne percerait pas. Ses crampons et son sac de sport, il les remisa sur le balcon de ses parents. Le football, affirma-t-il, ne l'intéressait plus.

Il tuait le temps à la station du RER, au McDo ou dans un salon de thé-chicha derrière La Défense. C'est à cette période que sa superstition s'accentua. Aux chats errants, aux oiseaux qui vous dévisageaient et aux nombres impairs, sa méfiance ajoutait désormais le chiffre 4, les bougies allumées, les couteaux abandonnés sur la table et, dans les rêves, les serpents, les musiciens, les enfants qui pleuraient. Pour se mettre à l'abri du mauvais œil, il s'enfermait dans des rituels compliqués qu'il était le seul à comprendre. Il empruntait à la bibliothèque des ouvrages sur les anges gardiens ou la numérologie et consultait des sites de voyance. « Mais je ne pense pas qu'il croyait vraiment à tout ça, objecterait plus tard son frère Éric. C'était juste une de ses coquetteries supplémentaires. Une manière d'attirer l'attention. »

Ceux qui traînaient avec lui l'entendirent parler de s'engager dans l'armée pour devenir pilote de chasse et plus tard astronaute. On lui faisait remarquer qu'il avait tout juste le brevet des collèges, on l'appelait Neil Armstrong ou Skywalker pour se moquer de lui, mais il n'en démordait pas : il allait décrocher tous les diplômes requis, il exploserait les tests de sélection physiques, on ne pourrait pas se priver d'un élément si prometteur. Et ensuite il parlait des trois années de formation, puis des missions dans la station spatiale. « On le laissait dire, confie un voisin de Nanterre qui le fréquentait à l'époque. Parce qu'il pouvait monter vite en pression si tu lui faisais des objections. »

Il ne semble pas qu'il ait, de quelque façon que ce soit, tenté de donner corps à ce rêve astronautique. L'année suivante, en 2007, il contracta un emprunt pour monter un commerce de restauration rapide qui périclita au bout de quelques mois. Puis il rejoignit l'entreprise de serrurerie d'un de ses oncles, s'y montra sérieux et en assuma seul la direction trois ans plus tard, quand le patron prit sa retraite. Il étendit l'activité à d'autres métiers du bâtiment et se fit une réputation dans le secteur des rénovations haut de gamme. Douze ans plus tard, marié, père d'un petit garçon et résidant à Saint-Ouen, il était connu comme un jeune entrepreneur énergique, parfois trop rigide, mais carré. Il avait pour seules fréquentations des couples d'amis que connaissait sa femme. Il ne voyait plus ni ses parents ni son frère. Nanterre paraissait oublié.

Ses capacités s'étaient manifestées trois jours après celles de Jean-Baptiste et Grégory, alors qu'il serrait la main d'un maire onctueux dont il espérait obtenir un chantier. Au contact de ses doigts chauds et mous, il sut que l'homme ne lui ferait pas ce cadeau.

Au tout début, selon les rapports militaires que j'ai pu consulter, il ne parvenait à saisir que des états d'esprit comme l'inquiétude, la colère, la satisfaction ou l'abattement. Et encore fallait-il que ces affections atteignent une certaine intensité pour qu'il soit en mesure de les apercevoir. Les autres cibles qu'il sondait étaient « grises », disait-il[1].

Ses progrès furent spectaculaires. Au bout de quelques jours, il n'avait plus besoin d'être en contact physique avec ses cibles ; les voir lui suffisait. Bientôt, il parvint à suivre le cours d'une réflexion en déchiffrant des mots-clés, un phrasé brut dont il pouvait le plus souvent restituer le sens. Un peu plus tard, Mickaël accédait à la mémoire de ses sujets. Il affirmerait que la plupart des gens étaient très émouvants de l'intérieur, même ceux qu'habitaient la rancune ou la frustration. Lire les pensées d'un inconnu, disait-il, c'était comme regarder dans un microscope

1. S'il employa un code chromatique pour décrire son activité, il ne fut jamais certain que les pensées d'autrui lui apparaissaient bien sous forme de couleurs. Des conseillers en communication ont pu lui suggérer de telles équivalences afin que le public se représente comment fonctionnait son pouvoir.

et apercevoir, sous la surface des visages, un monde infiniment complexe et captivant.

Parmi les limitations qui demeuraient, il n'est pas vrai que les Gémeaux étaient immunisés contre son pouvoir, ni qu'il lui était impossible de lire dans les pensées de celles et ceux qui portaient un couvre-chef ou qui fermaient les yeux. Toutefois, pour une raison que nul n'expliqua jamais, les esprits de certains sujets lui restaient impénétrables, et une cible en mouvement, ou éloignée de plusieurs dizaines de mètres, était plus difficile à ausculter, tout comme une cible réfractaire ou même seulement consciente d'être sondée. Malgré cela, Mickaël disposait d'une faculté d'un intérêt inestimable pour les autorités françaises. Elles tenaient avec lui le meilleur des espions. Le *Washington Post* affirme par exemple que la chancelière allemande fut sondée au cours du premier été après le 19-Janvier, Mickaël ayant discrètement intégré le personnel de l'ambassade à Berlin afin de se trouver à deux reprises en sa présence. Mais la geste des 83 ne s'accommode pas de telles allégations, que la France a toujours contestées.

Le masque de lynx que porta Mickaël pendant quelques mois lui fut apparemment proposé par Rochelle. Pour sa communication, associer un animal à un super-héros semblait une bonne idée, simple et frappante. Les autorités françaises allèrent jusqu'à parler de l'Homme-Lynx, mais le nom ne prit pas. En septembre, juste après l'annonce de son divorce, c'est sans prévenir personne qu'il enleva de lui-même son masque et annonça qu'il s'appelait Mickaël Pereira. Les tabloïds anglais le surnommèrent un temps Mental Mike. Puis « Mickaël » seul resta.

Bien qu'il en ait été après coup malheureux, il n'exprima jamais le remords d'avoir exploré l'esprit de sa propre épouse, Vanessa, pendant qu'elle dormait. Il découvrit ce qu'il était venu chercher :

comment elle le voyait, quels étaient ses véritables sentiments pour lui, si elle avait eu des aventures.

Elle l'aimait et lui était toujours restée fidèle. Mais il apprit aussi qu'elle le trouvait trop musclé depuis qu'il soulevait des poids. Elle aurait préféré un autre cadeau que la bague voyante qu'il lui avait offerte pour leurs dix ans de vie commune. Et elle n'aimait pas trop quand, certains soirs, il l'embrassait dans le cou en soufflant plus fort par le nez, avant de glisser une main dans sa culotte pour lui pétrir les fesses. Elle aurait voulu, elle, que le désir les prenne par surprise.

Il fut presque déçu de ne repérer dans les pensées de Vanessa aucune tentation adultère – alors qu'il lui était arrivé, à lui, de convoiter d'autres femmes et même de contenter son désir entre deux visites de chantier. En compensation, il s'estima autorisé à satisfaire la curiosité que lui inspirait depuis toujours Anthony Mestaller, un moniteur d'auto-école que son épouse avait aimé, deux ans avant le début de leur histoire, et dont elle ne voulait jamais parler. Ce refus apparaissait à Mickaël comme un demi-aveu, le signe qu'un trouble persistait, une passion pas tout à fait éteinte peut-être, et le plongeait chaque fois qu'il y pensait dans le tourment des jalousies rétrospectives. Anthony Mestaller, qui parlait à l'époque d'ouvrir une auberge de jeunesse à Bali et chantait magnifiquement *Creep* de Radiohead (c'étaient à peu près les deux seules choses que sa femme avait bien voulu révéler), menait aujourd'hui une existence sans relief dans le Morbihan, où il avait commencé de perdre ses cheveux. Mickaël inspectait régulièrement sa page Facebook et n'y trouvait rien qu'il puisse lui envier. Il fut d'ailleurs soulagé de constater en explorant son esprit que, du point de vue de Vanessa, son ancien amoureux était considéré comme un raté.

Il tressaillit, en revanche, lorsqu'il accéda au souvenir de la première fois où, dans la voiture-école arrêtée sur le parking presque désert d'un hypermarché, Anthony s'était penché pour l'embrasser. Au bout de même pas trois minutes, sa main s'était aventurée sur la cuisse de Vanessa et l'avait malaxée avec une assurance qui parut grossière à Mickaël, mais que sa future femme – elle avait alors dix-neuf ans – trouva très excitante. Un peu après, dans les dunes landaises, en août ou en septembre (elle ne s'en souvenait plus très bien), Anthony l'avait forcée à s'allonger dans l'ombre, lui avait ôté le bas de son maillot et l'avait prise là, par-derrière, à quatre pattes. Le sable gris, fin comme de la poudre, était si frais sous ses doigts qu'il semblait humide. Elle avait peur qu'on les voie depuis le chemin, elle avait peur de ce qu'on penserait d'elle, mais c'était délicieux (la situation, la honte, la brutalité semi-feinte d'Anthony) et elle avait commencé à gémir, et il lui avait soufflé d'une voix rauque qu'elle pouvait crier, qu'il avait envie de l'entendre, et il agrippait ses seins à lui faire mal, et elle avait élevé la voix comme il le lui demandait. Mickaël n'avait pas imaginé que son épouse puisse crier ainsi.

Le 83 n'admit jamais que cette incursion dans l'esprit de Vanessa ait pu motiver son divorce, qu'il présenta comme une décision commune alors qu'il l'avait prise seul. Il invoqua l'usure obligatoire de toutes les histoires d'amour et la difficulté de concilier son emploi du temps, ses responsabilités, son statut nouveau avec sa vie d'avant.

Quelques semaines plus tard, il rencontra une animatrice, dont on apprit qu'elle était hermétique à son pouvoir. Un jour qu'il était en visite d'agrément au Brésil, peu après l'annonce de son remariage prochain, un journaliste lui demanda si ce n'était pas cela, justement, qui lui avait plu chez sa nouvelle compagne : cette impossibilité de la connaître tout à fait. Mickaël haussa les épaules et tourna les talons.

Dans les mois qui suivirent, il déclara souvent qu'il n'était pas heureux. Lorsqu'on lui en demandait la raison, il fournissait selon les jours deux explications différentes. Soit il disait qu'il n'en savait trop rien et invoquait son âge, le fait qu'à trente-six ans (il les avait eus en juillet) peu d'illusions résistent encore devant toutes les déconvenues de l'existence. Soit il affirmait, sans un mot de commentaire, qu'on l'avait « coupé au montage » et il laissait ses interlocuteurs méditer cette réponse sibylline en lui donnant valeur de métaphore. Voulait-il dire qu'on ne lui accordait pas assez de place dans le groupe des 83 ? Que les médias en faisaient trop sur le Capitaine, le Prophète et Virginie ?

J'ai retrouvé un entretien, publié au Mexique, qui contient à ma connaissance les seuls éclaircissements qu'il ait jamais donnés. À un journaliste du *Porvenir* de Monterrey[1], il raconta que, pendant son adolescence, une équipe de télévision avait filmé le quotidien de son club de foot et qu'il avait fini par se confier au réalisateur. Il lui avait parlé de son impression qu'il n'arriverait à rien, pas seulement dans le travail – ça, c'était secondaire –, mais dans la vie en général. Il avait peur de ne pas trouver sa place. Un jour, à la mi-temps d'un match que son équipe était en train de perdre, l'entraîneur lui avait reproché son positionnement « erratique », et cet adjectif qu'il n'avait jamais entendu auparavant l'obsédait depuis lors. C'était très exactement le mot qui lui manquait pour nommer ce qu'il éprouvait : il errait, il n'était rattaché à rien, même pas à lui-même, puisqu'il ne se connaissait pas vraiment, puisque sa vie intérieure, il lui avait tourné le dos. Il se sentait dériver, il avait le sentiment qu'il

1. Pourquoi le quotidien mexicain eut-il droit à cette exclusivité ? À partir du premier automne après le 19-Janvier, on trouve de plus en plus souvent trace, dans le comportement de Mickaël, de décisions en apparence immotivées – et le *Porvenir* fut sans doute choisi parce qu'il n'existait pour Mickaël aucune raison particulière de se confier à lui.

s'éloignait du centre à la façon d'un satellite éjecté de son orbite, vers les profondeurs vides de l'espace. Il dit cela au réalisateur et crut qu'il l'avait touché, car à la fin de l'entretien (lui, ses yeux étaient rouges) il régnait dans le vestiaire où la séquence avait été tournée une atmosphère recueillie, lourde comme après certains discours réussis. Mais on ne l'avait pas gardé au montage, et Mickaël ne s'en était aperçu que le soir de la diffusion.

De lui, il n'était resté qu'une silhouette dans une troupe d'adolescents qui couraient autour du terrain et, un peu plus tard, un visage renfrogné écoutant les consignes avant un match décisif.

Il avait, affirmait-il vingt ans plus tard, perçu cette coupe comme la « confirmation » de tout ce qu'il craignait. Il n'y aurait pas de place pour lui. Et il présentait au journal de Monterrey cet épisode humiliant comme l'origine de son malheur. Tout aurait pu être différent s'il avait, à quinze ans, figuré dans ce film, s'il s'était trouvé quelqu'un pour contredire cette impression qui le terrifiait. Si au moins le réalisateur l'avait appelé pour le prévenir qu'il n'apparaissait pas dans le montage final, pour lui en donner les raisons, peut-être aurait-il pu dévier de sa trajectoire. Mais le téléphone des Pereira n'avait pas sonné, ni avant ni après la diffusion.

Et si d'aventure quelqu'un lui faisait observer que cet événement n'avait pas pu déterminer entièrement son parcours, que c'était sans doute beaucoup plus compliqué, il secouait la tête et répondait que les gens, bien sûr, avaient le droit de penser autrement. Lui, il savait que son destin s'était joué là, selon sa certitude qu'on vivait tous, dans notre jeunesse, un événement qui entraînait le reste, qui donnait à la vie entière sa forme et sa tonalité. Ensuite, les joies et les peines s'empilaient, chacune dans leur colonne, mais le sentiment général restait le même. Plus rien ne pouvait être changé.

VIII

Vers sept ans, Jeanne, assistant devant la télévision aux victoires de Steffi Graf, avait demandé à entrer sur un court de tennis, ce à quoi ses parents ne virent aucune raison de s'opposer. Ils s'inquiétèrent cependant lorsqu'ils découvrirent avec quel acharnement leur fille se dévouait au jeu. Jeanne adorait la répétition bienfaisante des gammes, l'inviolabilité des règles et le retour des mêmes problèmes : passer son premier service, remettre la balle dans le court, déplacer l'adversaire, l'user. Elle adorait aussi la sensation que procurait le coup droit parfait, celui dont on savait avant même de frapper qu'il n'aurait pu être mieux exécuté, que tout était en place, le corps si précisément positionné, à juste distance de la balle, et en même temps si relâché qu'il donnait au mouvement de la raquette un air de négligence et d'abandon.

Devenue joueuse professionnelle, mais limitée aux tournois de seconde catégorie en raison d'un revers trop faible, Jeanne avait atteint le sommet de sa carrière aux jeux Olympiques d'Athènes, où elle fut appelée pour remplacer, à la faveur d'une blessure, la partenaire habituelle d'une des meilleures joueuses françaises de double. Puis, à vingt-cinq ans, ses gains ne lui permettant plus de vivre sur le circuit, elle quitta les courts et trouva un emploi dans l'immobilier. Par la suite, elle ne fit jamais état de la moindre nostalgie. « Je n'avais plus le niveau, et du coup j'ai perdu l'envie», expliqua-t-elle un jour dans un entretien. Elle se bornait à constater que «c'était une vie très simple, on savait toujours ce qu'on avait à faire».

On sait que Raphaël aima tout chez elle, même et surtout son goût du rangement, ses chignons stricts et son absence proclamée de toute fantaisie. À cette époque, il confiait à ses proches qu'il en avait assez des histoires sans lendemain avec des filles un peu barrées, qui voulaient surtout savoir à quoi ressemblait le Prophète, et qu'il décevait en gardant même au lit son masque.

Quand il dresse pour le magazine *Elle*, en novembre, le portrait-robot de la femme idéale, on croirait distinguer l'épouse de Grégory – et peut-être Raphaël était-il déjà amoureux d'elle au moment où il fit cette confession: «Une fille bien dans sa peau, qui sait où elle va, pas une originale à tout prix, plutôt quelqu'un qui aime le quotidien et qui sait vous le faire aimer.»

La compagne rêvée – c'était ainsi que Grégory parlait de Jeanne. Raphaël écoutait sans un mot les confessions bienheureuses de son meilleur ami, qui n'était jamais aussi prolixe qu'au sujet de sa femme et du contentement dans lequel sa tranquillité, sa clairvoyance, sa loyauté le plongeaient chaque jour.

De son côté, le Prophète notait à la même période:

> Dans le dernier métro, un couple sur les strapontins. Ils dorment, leurs têtes appuyées l'une contre l'autre dodelinent en cadence. Envie douloureuse d'être l'un d'eux. Et peur qu'il soit trop tard, qu'il ne reste plus personne, que des lots de consolation.

Et, plus loin, l'un des passages le plus souvent cités de son journal:

> Feuilleté aujourd'hui l'album de voyage de Jeanne et Grégory en Équateur. Ils ont l'air de sourire à tout, tout le temps. Une

photo s'était décollée. On voit Jeanne de trois-quarts dos, les bras appuyés contre la fenêtre d'un train. Elle est en débardeur, bronzée. La peau douce et tiède, le plaisir que ça doit être de la tenir dans ses bras, de respirer son odeur. J'ai eu envie de garder la photo pour moi.

Lorsqu'il passait un week-end dans le duplex marseillais des Marville, Raphaël s'exaltait en secret de voir Jeanne descendre l'escalier à huit heures du matin, son bébé dans les bras, mais déjà habillée pour sortir, les cheveux rassemblés en chignon au-dessus de son cou délié, les yeux imperceptiblement maquillés.

Il aimait sa moue dédaigneuse et le froncement de ses sourcils lorsqu'elle consultait la messagerie de son portable. Quand les messages étaient trop longs, elle agitait la tête d'un côté et de l'autre en lui souriant d'un air mi-amusé mi-contrarié.

Une fois, le nom de Jacques Brel entra dans la conversation : elle dit que c'était très beau, que c'était peut-être le plus grand poète du vingtième siècle, personne n'avait aussi bien parlé des sentiments humains que lui. Et Raphaël, qui n'avait jamais beaucoup aimé la diction maniérée du chanteur belge, se surprit à penser qu'elle avait raison.

Il prenait la froideur de Jeanne pour de la retenue et son ignorance pour de l'humilité. L'amour, au commencement, s'abstient de faire le tri.

Tout porte à croire que, de son côté, Jeanne aimait beaucoup Raphaël. On ne sait l'impression qu'il lui fit lorsque, le jour du baptême de Marianne, il se présenta pour la première fois à elle sous le nom de François Perrin. Très vite, elle fut mise dans la confidence par Grégory : c'était lui qui portait le masque du Prophète. Parfois, son visage prenait une expression mélancolique, qui laissait deviner un accès de tristesse. Il intimidait Jeanne quand, simplement parce que c'était sa conviction, il affirmait que Magritte et Dalí avaient été surestimés ou que, de tous les écrivains américains, Joseph Mitchell restait son préféré. Grégory vantait sans cesse ses mérites et Jeanne pensait que son mari ne se trompait jamais sur les gens.

Peut-être avait-elle également appris comment, une nuit que les deux hommes aidaient à évacuer les passagers d'un ferry en perdition [*le 28 octobre, le gouvernement norvégien avait appelé les 83 à la rescousse, des vagues immenses déferlaient au large de Stavanger depuis bientôt vingt-quatre heures, les secours ne pouvaient approcher du navire et, à l'intérieur du* Silja Star *en partie disloqué, gîtant à plus de trente degrés, des êtres humains rendus à l'état sauvage rampaient, se piétinaient, s'entre-tuaient pour accéder aux derniers canots*], Raphaël s'était jeté dans l'eau glacée afin de secourir Grégory, qu'un conteneur, qui chassait de droite et de gauche sur le pont supérieur, avait assommé et projeté par-dessus bord.

« C'est resté secret, les autorités voulaient pas qu'on puisse seulement soupçonner l'un d'entre nous d'avoir une défaillance – et encore moins le Capitaine, me confie Virginie Mathieu-Brun. Mais Grégory en était tellement reconnaissant à Raphaël… Je suis presque sûre qu'il l'a raconté à sa femme. »

Jeanne aimait dire que le parrain de sa deuxième fille faisait partie de la famille. Elle s'inquiétait des risques qu'il prenait, de son manque de sommeil, de sa vie amoureuse. Malgré des conquêtes occasionnelles, que Raphaël évitait d'ailleurs de leur présenter, on voyait bien qu'il n'était pas heureux. Jeanne cherchait à lui faire rencontrer quelqu'un, mais ses amies encore célibataires paraissaient trop sages pour plaire à cet homme sans attaches, qui devait aspirer à une vie moins rangée que la leur. Et puis c'était une célébrité, maintenant : il lui fallait une partenaire qui brille du même éclat, une chanteuse, une princesse de Galles, quelqu'un d'exceptionnel, et à Marseille, disait-elle, les gens comme ça n'existent pas.

Plusieurs fois, devant lui, elle se moqua d'elle-même en s'accusant de banalité. S'il protestait, elle insistait en l'assurant qu'elle était ennuyeuse et trop coincée. Raphaël se prit à penser qu'elle craignait de ne pas lui plaire, que son jugement lui importait.

Un jour, elle lui envoya un sms : « Avec plaisir dimanche après-midi. Je t'embrasse. » Il le compara aux messages qu'il avait déjà reçus d'elle ; ils se concluaient tous par « Bises ». Dans ce « Je t'embrasse » inédit, Raphaël devinait un élan, une envie commençante. Il aperçut le visage gracile de Jeanne dressé vers le sien dans un demi-sourire et sentit contre ses joues des lèvres qui se pressaient un peu plus fort, qui voulaient s'attarder.

Comme en témoignent plusieurs passages de son journal, il lui arrivait maintenant de l'imaginer chez elle dans son lit, nue peut-être, les yeux fermés – il était presque sûr qu'elle faisait l'amour les yeux fermés, avec docilité, et il se représentait ses mains fraîches appuyant sur la nuque de Grégory, son visage d'abord placide, presque résigné, puis, sous le martèlement régulier du Capitaine, se crispant, grimaçant, gagné enfin par un plaisir désordonné qui lui arrachait de petits cris, des miaulements dont elle avait sans doute honte. Parfois, il l'accroupissait, nue toujours, devant la bite redressée de son mari (qu'il ne savait imaginer qu'énorme et triomphale, comme un fétiche de fertilité en bronze ancien) et il la regardait le sucer avec empressement, sans jamais changer de rythme, un peu scolaire. C'était cette gaucherie, cette envie de bien faire qui l'excitaient plus que tout.

Le moment où il se déclara n'est pas précisément connu. Jeanne a supprimé tous les messages que Raphaël lui envoya durant cette période et le Prophète, de son côté, a toujours refusé de raconter la scène. Il faut l'imaginer.

Depuis le mois de septembre, les 83 sont plus souvent sollicités. Les succès qu'ils engrangent, attentats déjoués, criminalité en baisse, sauvetages inouïs, ont conduit les autorités à étendre leur zone d'intervention à l'étranger. Le Président, dit-on, aime les appeler « mes ambassadeurs ». Un week-end de décembre, Grégory est retardé par le débriefing d'une mission qu'il vient d'accomplir sur les hauts plateaux de Libye. Il ne sera pas rentré avant le lendemain, explique-t-il à Jeanne au téléphone, et il lui demande de l'excuser auprès de Raphaël, qui doit les rejoindre pour passer la journée du dimanche avec eux. Raphaël vient quand même. Il est le parrain de leur deuxième fille après tout.

Samedi en fin d'après-midi, le ciel est tempétueux, le vent souffle dans les rues de Marseille, on annonce des pluies diluviennes. Jeanne conduit, Raphaël est assis à ses côtés. Ils vont chercher Lucille à un goûter d'anniversaire. Ou bien ils font le trajet du retour, les deux filles de Grégory et Jeanne endormies à l'arrière.

Raphaël vient d'avoir trente-six ans. Il les a fêtés dans la maison de ses parents, près de Fontainebleau. Alors que certains 83 laisseront entendre que le 19-Janvier a compliqué les relations avec leurs proches, le Prophète a toujours affirmé, au contraire, que sa famille était son seul refuge depuis le début des événements. Ses parents et ses sœurs ne savent toujours rien. Pour eux, Raphaël est resté ce garçon pas pressé de s'engager, qui mène sa vie comme il l'entend, « un peu poète », dit sa mère. Dans la maison des Zabreski, on parle plus du monde tel qu'il va que des problèmes de chacun, et Raphaël aime retrouver sa place en bout de table, où il sera comme toujours le contradicteur de son père, lequel, goguenard, ne manquera pas de prendre son air outré de patriarche qu'on trahit. Cependant, ce jour-là, Raphaël ne parvient pas à apprécier la compagnie, le vin ni le rôti de veau. Il écrit dans son journal que son âge s'est « révélé » à lui tandis que, juste avant le dessert, il est sorti fumer une cigarette sur la terrasse avec Judith, la sœur dont il est le plus proche. À trente-six ans, estime-t-il, on a tous construit quelque chose. Pas lui. Il pourrait s'en moquer, il a suffi d'un jour de janvier pour que sa vie devienne légendaire, mais son nouveau statut lui pèse de plus en plus et il ne se résout pas à l'idée que ces dix ans ont été comme perdus puisqu'il était juste avant la révélation de ses capacités le même homme qu'à vingt-cinq ans, jouissant jour après jour des mêmes plaisirs étroits, écoutant la même musique, prononçant les mêmes jugements, regrettant de ne rien comprendre à l'économie de marché ni de parler trois langues au moins, mais sans manifester la moindre intention d'y remédier.

Le lendemain de son anniversaire, il a écrit dans son journal : « Ne plus faire les choses à moitié. »

Est-ce la respiration régulière des enfants qui sommeillent, cette image convenue de l'innocence qui souligne par contraste les affres secrètes où ils se débattent, ou bien le silence dans la voiture, ce silence qu'épaissit le va-et-vient des essuie-glaces maintenant que la pluie tambourine sur le pare-brise, ou le frôlement de la main de Jeanne au moment de passer une vitesse, ou au contraire le soin si voyant qu'elle met à ne pas le toucher, à éviter tout geste qui risquerait de les égarer ? Raphaël perçoit un trouble. Il se convainc que Jeanne lutte elle aussi contre ce désir interdit, désastreux, mais qui la tient en éveil.

Il finit par lui dire quelque chose. On peut imaginer que, malgré sa détermination, ce quelque chose ne se formule pas clairement. Raphaël n'a jamais été doué pour ces scènes qui réclament, comme dans les films, une parole nette et assurée. Ou bien il préfère, par pudeur, les expressions à moitié abouties, celles qui disent mieux que d'autres la confusion que les passions vous infligent.

C'est suffisamment intelligible pour que Jeanne comprenne qu'il est amoureux d'elle. On ne sait pas comment se traduit l'horreur que lui inspire cet aveu. Il est probable qu'au sentiment d'une trahison, d'une agression commise contre son mari, et dans son dos, s'ajoute la pensée intolérable de Raphaël imaginant qu'elle nourrissait des sentiments pour lui, qu'elle était ce genre de femme – tout ce qu'elle regarde avec dégoût : la déloyauté, l'inconstance, les coucheries qui ne mènent nulle part, le malheur des appétits débridés.

Jeanne blêmit, elle suffoque sous l'emprise de la fureur, des mots de révolte se bousculent dans sa bouche, à moins que, tout au contraire, elle demeure très calme, visage fermé, parce qu'elle sait exactement à cet instant ce qu'il ne faut pas faire (réfuter, expliquer, s'apitoyer, entrer plus avant dans l'intrigue où l'on veut l'entraîner) et ce que, dans pareille situation, une femme comme elle doit exiger.

Raphaël demande une autorisation de décollage à 18 h 47 et s'envole pour Paris avant même qu'elle lui soit accordée. Jeanne lui a ordonné de partir sur-le-champ. À la date du lendemain, il note dans son journal, sans plus d'explication : « Effondrement. »

Avant de s'en aller, il a cependant obtenu qu'elle ne dise rien à Grégory de ce qu'il vient de lui avouer. Et, trop rapidement sans doute, Jeanne a accepté, avec dédain, avec hauteur, ou au motif que ce qu'il venait de faire était de toute façon trop méprisable pour que le Capitaine en entende parler. Mais elle regrette presque aussitôt une décision qui la lie par un secret à cet homme qu'elle voudrait maintenant expulser de leur vie. Quand son mari rentre de sa mission en Libye, elle tolère mal qu'il demeure dans l'ignorance de ce qu'a tenté son prétendu meilleur ami. Elle doit probablement lui mentir lorsqu'il demande pourquoi Raphaël est reparti si vite. Maintenant elle se découvre piégée : soit elle garde le silence, mais il lui faudra supporter d'être en quelque sorte la complice du Prophète, soit elle ne respecte pas sa promesse, mais alors elle aura manqué à la parole donnée – et Jeanne met un point d'honneur à être, en toutes circonstances, une femme irréprochable.

IX

Le premier anniversaire du 19-Janvier donna lieu à une cérémonie grandiose. Un peu avant la tombée de la nuit, ils étaient près d'un million à se presser autour des Champs-Élysées avec l'espoir d'assister au long défilé de danseurs, comédiens et acrobates rejouant dans un son et lumière somptueux les meilleurs moments de l'épopée nationale – dont, après Vercingétorix, Louis XIV, Napoléon et Jean Moulin, les 83 incarnaient le lustre nouveau.

Lorsqu'ils apparurent au loin dans le ciel fauve, volant en formation serrée, et qu'ils passèrent à pleine vitesse sous l'Arc de triomphe, une clameur victorieuse monta dans les rues de Paris. (Beaucoup plus tard, on apprendrait que Jean-Baptiste et Saïd avaient jusqu'au dernier moment plaidé pour une entrée en scène un peu moins orgueilleuse.)

De mémoire de Français, on n'avait pas vécu pareille allégresse depuis la Coupe du Monde de football remportée vingt ans plus tôt. Il y avait eu, ces dernières années, trop d'humiliations et d'espoirs déçus pour bouder sérieusement, au nom de la raison et du bon goût, le plaisir d'être enfin dans le camp des vainqueurs. Sur la scène géante installée devant la tour Eiffel, chanteurs, acteurs, sportifs et personnalités se succédèrent pendant cinq heures d'affilée. Des messages de paix universelle furent prononcés. On évoqua le modèle français. On se laissa même aller à prédire qu'il inspirerait aux autres peuples des progrès moraux. Le président de la République en personne vint donner l'accolade aux sept super-héros avant d'entonner l'hymne national. Il chanta magnifiquement.

Une dizaine de jours plus tard, le quotidien *Le Figaro* rendit publique une nouvelle qui circulait sur Internet depuis la veille : la police soupçonnait le père de Mickaël Pereira d'être impliqué dans un trafic de métaux volés. On le mettait en examen. Les accusations étaient sérieuses et s'aggravèrent d'heure en heure à mesure que des indiscrétions filtraient. Le réseau dans lequel Joe avait fait office d'intermédiaire entre un ferrailleur malhonnête (le client) et des petits délinquants de son quartier (la main-d'œuvre) ne se contentait pas d'arracher des câbles de cuivre et de piller des transformateurs le long des voies ferrées ; il avait pris la manie de dépouiller aussi les cimetières de la banlieue ouest. Même si ce n'était pas tout à fait exact, il fut donc assez vite question de tombes profanées, et que ces agissements soient principalement l'œuvre d'enfants d'immigrés, dont certains étaient de confession musulmane, acheva de donner à ce fait divers un parfum de sujet de société, dans lequel se trouvaient jetés pêle-mêle des problèmes aussi divers que la hausse brutale des cours du cuivre et de l'acier, la surveillance des lignes de chemin de fer, les méfaits supposés de l'islam et la question de savoir si Mickaël Pereira pouvait ignorer les combines dans lesquelles trempait son père.

Ils ne se voyaient plus depuis des années. Les infidélités de Joe et son goût de plus en plus prononcé pour la boisson avaient poussé sa femme au divorce. Ses fils s'étaient éloignés dès qu'ils en avaient eu l'âge légal. Après de longues hésitations, Mickaël l'avait malgré tout invité à son mariage, mais lorsque Joe apparut devant l'hôtel de ville avec son visage morose et cet air de tout désapprouver, il se promit de ne plus jamais le revoir. En septembre de l'an I, quand il avait convoqué la presse pour révéler son identité et que Joe s'était rappelé à lui, Mickaël n'avait pas cédé. Il pensait que son père voulait de l'argent et n'accordait aucun crédit à la lettre affectueuse que pour la première fois de sa vie il avait reçue de lui.

Joe croupissait dans un studio de Nanterre, entre son travail mal payé au centre de contrôle technique et des virées, le week-end, au volant d'un vieux coupé. Ses chemises à carreaux et ses traits creusés par l'alcool lui donnaient l'air d'un cow-boy ravagé, ce qui lui valait encore de faire quelques conquêtes, des femmes parfois très jeunes qu'il emmenait dans des boîtes assourdissantes où il les regardait danser. Pour garder l'une d'entre elles auprès de lui, une vendeuse qu'il aimait éperdument, il avait décidé de se lancer dans le vol de métaux après avoir lu un article à ce sujet. Il connaissait les bonnes personnes, c'était un business simple et pratiquement sans risque, grâce auquel il espérait améliorer son train de vie et « avoir l'air de quelque chose » – ce sont les mots qu'il prononça au cours de son procès. Puisqu'il lisait dans les pensées, Mickaël pouvait-il être au courant des activités de son père ? Rien n'indique qu'il se soit à cette époque préoccupé de savoir ce qui passait par la tête de Joe. Mais il ne fut sans doute pas surpris lorsque ses errements lui furent rapportés.

On le pressait de clarifier sa position. La hargne qu'y mirent de nombreux commentateurs, français comme étrangers, doit ici retenir notre attention. Car il semble évident que certains voulaient qu'il soit – qu'un 83 soit, d'une manière ou d'une autre, coupable de quelque chose. Était-ce le contrecoup de la fête nationale, comme un regret différé après l'enthousiasme un peu trop plein qui s'y manifesta ? Je crois plutôt qu'une forme de rancœur, qui faisait son chemin depuis le 19-Janvier, trouvait avec l'affaire des métaux volés l'occasion de se donner libre cours.

Saïd Mechbal va plus loin : « À un moment donné, les gens ont commencé à en avoir marre. Les médias, surtout. Trop d'exploits, trop d'amour. Trop tout le temps la même chose. Zéro péripétie. Il fallait que ça se passe mal parce qu'il fallait de la nouveauté. »

Le ministre de l'Intérieur et les proches de Mickaël lui conseillèrent de publier un communiqué pour bien marquer qu'il condamnait les agissements de son père. Aux uns et aux autres, il répondit que cette affaire ne le concernait pas. Joe lui était étranger désormais et sa réprobation, de toute façon, allait de soi : qui pouvait un instant penser qu'il soutenait son père ? Il garda donc le silence, ce qui ne manqua pas d'envenimer le débat, Mickaël devenant la cible d'attaques de plus en plus ouvertes. « Délit de sale gueule », tranche Saïd Mechbal. « Partout où il allait, il faisait mauvaise impression. »

Il était dans son caractère de refuser qu'on lui dicte la conduite à tenir. Sans doute aussi les jugements à l'emporte-pièce qui accablaient Joe finirent-ils, quoi qu'en dise Mickaël, par blesser son amour-propre.

Il supporta mal de voir exhumée, quelques jours après le début de l'affaire, une vidéo dans laquelle apparaissait son père. Un mois après que Mickaël eut enlevé son masque, Joe avait participé à un obscur talk-show sur une chaîne du câble, dont le thème était « Ma vie avec les super-héros ». À l'époque, Mickaël n'avait pas pris la peine de le regarder. Des parents, des amis d'enfance ou encore d'anciens professeurs de collège avaient été invités à témoigner. Vêtu d'une chemise à large col d'un gris brillant, qui le faisait ressembler à un barman de boîte de nuit ringarde, s'exprimant dans un français plus laborieux encore qu'à l'accoutumée, sans doute parce qu'il était intimidé, Joe racontait de pseudo-souvenirs de leur vie de famille, tendres et bêtifiants. Mais qu'est-ce qu'il était allé foutre dans cette émission ? se demandait maintenant Mickaël. Espérait-il en retirer un gain quelconque ?

Se pouvait-il qu'il ait simplement voulu dire sa fierté d'être le père d'un des héros que le monde célébrait ?

Lorsque, deux jours après l'arrestation de Joe, son avocat expliqua au journal de 20 heures que le prévenu pensait surtout à son fils et regrettait amèrement les torts qu'il pouvait lui causer, ce n'était sans doute plus le rugueux cow-boy à l'œil mauvais que voyait Mickaël en pensée, mais un pauvre bougre d'immigré portugais offert en pâture aux sarcasmes et aux verdicts sans appel de gens qui ne savaient rien de leur vie.

La pression s'accentuant, il finit pourtant par approuver le communiqué qu'on lui soumit. Il ne s'y était résigné qu'avec colère, avec dépit. Et ce dépit s'accrut lorsque se firent entendre d'autres voix, qui lui reprochaient sa dureté et son ingratitude. Maintenant que le fils était puissant, riche et célèbre, il n'avait bien sûr que faire d'un père à la dérive, acculé par sa pauvreté à des petits larcins, et qu'il avait répudié en quelques lignes lapidaires.

Ils avaient raison, pensait Mickaël, il n'aurait jamais dû céder. C'est d'ailleurs l'une des dernières choses que, avant sa neutralisation, il affirma ne pas pouvoir se pardonner. Car il était resté hanté par l'idée que son père, depuis la maison d'arrêt où il attendait son procès, avait dû souffrir d'apprendre qu'en ces heures les plus sombres son fils aussi le condamnait. Il n'y avait plus personne à ses côtés.

X

Jeanne n'avait pas tenu parole. Elle ne supportait plus de voir son mari, lorsqu'il rentrait de mission, lui raconter ce qu'avait fait Raphaël, et ce qu'il avait dit, et de quoi ils avaient ri tous les deux. Elle avait l'impression que le Prophète remportait une victoire chaque fois que Grégory, par un compliment qu'il formulait à son sujet, réaffirmait son ignorance de ce qui avait eu lieu et consolidait en quelque sorte le lien secret qui la reliait à Raphaël.

Plus sourdement, aussi, elle n'aimait pas ce qu'elle pensait de son mari quand il lui parlait du Prophète. Comment pouvait-il à ce point s'aveugler sur un type qui voulait lui piquer sa femme ? Jeanne était convaincue que Grégory excellait dans son métier de magistrat parce qu'il possédait la faculté de voir ce qu'il y avait au fond des gens. Il démasquait au premier regard les hypocrites. Il ne se trompait jamais.

Lorsqu'il apprit ce qu'avait fait Raphaël, Grégory s'emporta. Il parla peut-être de lui téléphoner sur-le-champ. D'aller le trouver à Paris pour lui casser la gueule. C'est Jeanne qui s'effraya et dut le raisonner. Elle avait trahi la promesse faite à Raphaël, il lui en restait un regret, elle ne voulait pas de scandale. Mais Grégory s'entêtait. Il fallait une réparation.

On sait cependant qu'il admirait, et qu'il enviait, le jugement toujours mesuré que Raphaël portait sur les gens. Il n'était pas comme ça, lui ; il sentait qu'il manquait trop souvent de nuance. Alors, prenant exemple sur le Prophète, il s'appliquait depuis quelque temps à prononcer des paroles nouvelles. Elle est en colère contre le monde entier, disait-il d'une secrétaire d'État qui se montrait toujours déplaisante avec les 83. On lui a lavé le cerveau, rappelait-il à propos d'un jeune bagagiste interpellé juste avant son départ en Syrie. Il assurait que même le point de vue des salopards, il faut tenter de le comprendre, et il lui semblait qu'il s'élevait, qu'il démontrait sa grandeur d'âme chaque fois qu'il parvenait à cette disposition d'esprit.

Alors, au bout de quelques jours, il se reprocha sa première réaction. Jeanne avait eu raison de vouloir museler sa colère. Il connaissait bien Raphaël, qui devait se sentir affreusement coupable. Sur l'amour, l'esprit n'exerce aucun contrôle. On fait des conneries, on ne s'appartient plus. Rien de grave. Malgré tout, Grégory désapprouvait la conduite de Raphaël à l'égard de sa femme, la gêne dans laquelle il l'avait mise en lui déclarant qu'il l'aimait. Tout ça créait de l'embarras, ce qu'il appelait un « voile ». Raphaël et lui ne pouvaient plus être amis comme avant. Il était décidé à le voir le moins possible. Leurs relations, dans son esprit, se distendraient sans heurt, comme avec ces vieilles connaissances qu'on ne souhaite plus trop fréquenter et qui finissent par le comprendre.

Jeanne était soulagée. C'est cela qu'elle voulait, oui : écarter Raphaël de leur vie, sans effusion. Tout allait rentrer dans l'ordre.

Le 15 février de l'an II, à la fin d'un dîner où il parut soucieux, Grégory lui parla de son entrée en politique. Il y réfléchissait depuis pas mal de temps, affirma-t-il. Depuis les premiers jours peut-être.

Au début, il avait pensé apporter son soutien à un parti ou à un homme dont c'était le métier. Mais des politiciens français, il en avait croisé pas mal au fil des mois. Aucune vision, et pas de flamme, sauf pour la basse tactique. Plus personne n'osait dire des choses comme : *il faut en finir avec la pauvreté*. Partout, du défaitisme, des mesurettes, « l'acquiescement plus ou moins consenti au monde tel qu'il va », comme il l'écrirait bientôt dans sa profession de foi de candidat. Sur ce terrain déserté ne prospéraient que les cyniques. Et lui, il n'allait plus accepter ça.

Il avait fini par se convaincre que sa notoriété, sa popularité et son propre charisme, l'immense espoir dont les 83 étaient porteurs, lui donnaient l'occasion, non, le devoir, de faire entendre une autre voix. Les élections municipales, c'était la seule fenêtre de tir qui se présenterait avant longtemps. Il fallait y aller. À Paris, aucun des candidats ne parvenait à convaincre. Ce serait son tremplin.

Les lecteurs les plus informés, ceux qui ont lu l'un des nombreux ouvrages consacrés au Capitaine, diront peut-être que je simplifie. Dans la version des faits la plus répandue aujourd'hui, le sens du devoir joue un rôle moins important que l'opportunisme et l'appétit. Beaucoup affirment que le désir de se lancer en politique était, chez Grégory, bien antérieur au 19-Janvier. Qu'après la mort de sa mère, il parlait déjà de briguer un mandat local. Pour certains de ces auteurs, il est aussi évident que les discours du Capitaine, cet assemblage si particulier (ce salmigondis, disent-ils) de grands mots désuets, d'élan patriotique et, il faut l'admettre, de naïvetés ou d'imprécisions, ne furent jamais que des simulacres destinés à le positionner sur le créneau porteur de la vertu révoltée.

Je m'en remets, comme souvent, à l'opinion des témoins les plus proches. Peu suspect de complaisance vis-à-vis du Capitaine, Saïd est catégorique : « Tu l'écoutais, tu avais l'impression qu'il allait tous nous sauver. Et à mon avis, il s'en croyait vraiment capable. » Thérèse raconte que, le jour où Grégory les avertit de ses intentions, elle avait été frappée par son ingénuité, « cette manière dont il parlait de la souffrance dans le monde… On aurait dit que Mère Teresa venait de se réincarner. C'est une des seules fois où je l'ai vu trembler. Il était livide, l'émotion l'étranglait. C'était embarrassant, je crois qu'on s'est tous dit ça. »

On peut bien sûr estimer que, comme tant d'autres, Thérèse et Saïd furent abusés par le numéro d'acteur du Capitaine. Et on pensera peut-être que je veux à tout prix le défendre. Il me semble juste que, chez lui, tout était plus simple qu'on a coutume de le dire. Qu'il ait été grisé par son propre prestige, que le calcul et même la mauvaise foi aient pu parfois orienter son action, cela ne fait aucun doute – qui pourrait s'y soustraire ? Mais il y croyait vraiment, c'est du moins ma conviction. Il croyait à ce qu'il voulait être.

En mars, les Marville déménagèrent à Paris en vue des élections. Les autres candidats accusaient le Capitaine d'être un « parachuté » (l'expression le faisait sourire et il la rectifia dans une émission de radio : « J'ai sauté sur Paris, c'est vrai, mais le parachute, je l'ai laissé dans l'avion. »). Il n'était pas envisageable qu'il fasse campagne dans la capitale sans y résider à plein temps.

Jeanne n'avait jamais vraiment aimé Marseille, mais elle jugeait que continuer à vivre dans la même maison, voir sa fille aînée, même si c'était sous protection désormais, se rendre dans la même école maternelle, fréquenter les amis d'avant, tout cela préservait sa famille des effets du 19-Janvier. Grégory pouvait s'absenter plusieurs jours d'affilée et risquer sa vie dans des opérations dont il ne dirait pas un mot, s'entourer d'une équipe d'inconnus en charge de sa communication, de sa forme physique, de ses déplacements, serrer la main du pape ou de David Beckham et fendre, bien sûr, des foules passionnées dans lesquelles se trouvaient des femmes plus jeunes qui ne manqueraient pas d'offrir au Capitaine leur sourire de groupies prêtes à tout, rien ne changerait vraiment tant que rien ne changeait à Marseille.

Et Jeanne dut être rassurée de voir que Grégory lui-même mettait un point d'honneur à entretenir les rites de la vie d'avant. Il continuait de préparer le dîner en écoutant du Nat King Cole et en se déhanchant pour la faire sourire. Il s'obstinait à porter, quand il avait une matinée libre, les tenues de sport fatiguées qu'il conservait depuis ses années d'études et qu'elle menaçait de jeter dès qu'il aurait le dos tourné. Ils avaient refusé d'engager des employés de maison et de voir plus d'un véhicule de police posté devant chez eux. Et ils s'enchantaient de vérifier que, malgré la nouvelle vie du Capitaine, il leur était toujours possible de coucher les enfants et de manger des spaghettis bolognaise sur la table basse en regardant d'un œil distrait une série policière à la télévision.

En quittant Marseille, Jeanne laissait derrière elle son travail d'agent immobilier. Elle ne s'y était jamais montrée très à l'aise, peinant à conclure des ventes d'appartements qu'elle-même n'avait aucune envie d'acheter. Mais un métier lui manquerait. Elle avait été, très jeune, une femme autonome ; elle ne voulait en aucun cas devenir l'aimable et insipide épouse du héros national.

Et puis, quand bien même sa raison lui rappelait sans cesse que son mari ne pouvait faire autrement, elle acceptait mal que ses nouvelles ambitions les ramènent vers Raphaël, qui résidait à Paris. Au dire d'une de ses proches amies, elle finit d'ailleurs par confier son malaise à Grégory. La conversation fut pénible. Il ne voyait pas du tout le problème. Jeanne avait-elle peur de revoir Raphaël ? Se sentant soupçonnée, elle répondit qu'elle ne voulait plus avoir affaire à lui, c'est tout. Grégory l'assura qu'elle n'avait aucune raison de le croiser plus souvent parce qu'ils habitaient à Paris. La ville était immense.

S'il avait semblé perdre ses moyens devant les autres 83, les premières sorties du Capitaine dans la peau d'un candidat révélèrent un homme éloquent et maître de lui. Pour son meeting de lancement, dans le parc des Buttes-Chaumont, le 22 mars, la foule n'était pas nombreuse, en raison du froid et aussi probablement du lieu, inhabituel pour ce genre de réunion publique. Mais quelques célébrités figuraient déjà dans les premiers rangs, dont le chanteur Patrick Bruel. « Il a un truc qui ne s'apprend pas, déclarait-il la semaine précédente à une journaliste du *Monde*. C'est un leader. Il arrive quelque part et vous avez envie de le suivre. »

Le Capitaine monta sur l'estrade en tenant la main de son épouse et de leur fille aînée. Il applaudit longuement le public puis parla de Paris, des problèmes de circulation et des loyers trop chers. Une demi-heure plus tard, son discours sans notes avait dérivé vers l'avenir du pays et les rêves abandonnés de la Révolution française. Lévitant à quelques mètres au-dessus de son pupitre, il cita Mirabeau ainsi que Bob Dylan (« j'ai entendu dix mille chuchotements que personne n'écoutait »). Cette rhétorique savante et pop devint sa marque de fabrique. Il était encore jeune et invraisemblablement beau, sympathique, neuf, d'une charité véhémente. NOTRE BARACK OBAMA, titra, un peu moqueur, l'un des quotidiens nationaux dans l'édition du lendemain. La photo de une le montrait souriant, bras écartés au-dessus de la foule, le ciel bleu au-dessus lui. Il faisait oublier la politique.

XI

Sur ce qui s'est passé la nuit du 12 avril de l'an II dans la région d'Agadez, au Nord-Niger, la plupart de mes informations proviennent du témoignage de Thérèse Lambert, dont je me rends compte qu'elle est pour l'instant restée aux marges de ce livre, peut-être parce que je crains de manquer quand je dois parler d'elle de la distance dont mon récit a besoin. Il est temps de préciser que j'ai connu Thérèse avant le 19-Janvier, à l'occasion d'un séjour linguistique qu'elle faisait à Santiago du Chili, en 2004. Je me souviens que sa petite taille, la maigreur de sa silhouette un peu voûtée, ses cheveux qui tombaient platement sur un visage mangé par de vieilles lunettes ne laissaient rien deviner de l'esprit tranchant, érudit et souvent provocateur qui était le sien. Je voulais à l'époque être poète ; elle écrivait bien mieux que moi et, après avoir lu quelques-uns de mes textes, ne se priva pas de formuler des jugements sans appel qui refroidirent mes ambitions. Nous étions devenus amis malgré tout. Je l'admirais, j'ai même été un peu amoureux d'elle. Sans doute est-ce l'une des raisons qui m'ont conduit à suivre de si près l'actualité des super-héros français, au point d'y consacrer l'essentiel de ma carrière journalistique.

Le Nord-Niger est l'une de ces régions qu'on dit instables, pour signifier que nul ne comprend bien ce qui s'y joue. Des forces spéciales françaises y défendent plus ou moins officiellement les intérêts stratégiques de leur pays, et notamment l'exploitation de gisements d'uranium que menacent des groupes de combat islamistes, des rebelles séparatistes, des trafiquants maquillés en rebelles, des trafiquants maquillés en islamistes, et des réseaux d'affaires semi-clandestins dont les appétits entretiennent une longue chronique de coups tordus. La sécheresse du paysage est ici comme relevée par la nébulosité des alliances et la luxuriance des intrigues, si touffues que même leurs protagonistes ne peuvent en débrouiller les fils. On épargna donc un exposé trop détaillé à Jean-Baptiste Fontane et Thérèse Lambert avant de les envoyer participer à la libération d'un ingénieur d'Areva, le grand groupe nucléaire français, qu'une katiba avait kidnappé trois mois auparavant et qu'elle s'apprêtait à exécuter, officiellement pour protester contre les opérations des croisés français dans l'Azawad islamique, en réalité parce que l'otage souffrait gravement d'un rein et qu'il devenait trop ardu pour ses ravisseurs de le garder en vie. Un assistant de Jean-Baptiste compléta cette présentation par des recherches sur Internet et lui remit un dossier d'une vingtaine de pages avec les articles qu'il avait pu trouver.

Rien ne permet d'affirmer, comme on put le lire plus tard, que Jean-Baptiste refusa dans un premier temps de prendre part à la mission – Thérèse elle-même conteste cette version des faits. Mais les deux 83 éprouvaient des réticences à l'idée de s'y engager. Ils devinaient bien qu'elle aurait pu se conduire sans eux, et les officiers des forces spéciales ne se privaient pas de leur faire sentir que, le terrain leur étant inconnu, de même que le mode opératoire de l'unité qu'ils allaient rejoindre, c'était davantage pour des raisons de communication que deux super-héros les accompagnaient. Ils étaient les sauveurs officiels désormais, sans lesquels plus aucune opération d'envergure ne pouvait être envisagée.

Trois jours avant le départ au Niger, une dispute avait éclaté entre Saïd et Grégory dans une pièce hermétique de leur quartier général, qui abritait toutes leurs réunions confidentielles. Saïd affirmait que, par glissements successifs, les 83 s'étaient mis au service des possédants. Pour justifier leurs salaires, pour satisfaire aussi l'envie bruyamment exprimée de les voir plus souvent à l'œuvre, il avait bien fallu ajouter aux actions de prestige, aux plans de la dernière chance, des interventions plus routinières. Et Saïd ne supportait plus d'aller interpeller à l'aube de jeunes dealers planqués dans des quartiers pourris de la petite couronne, où leur trafic était la seule activité rentable. On faisait des opérations de basse police, on confortait l'ordre établi. Le Capitaine l'admettait volontiers, la France avait besoin d'une refondation, mais il refusait que leur action puisse être assimilée à la défense du « système ». Jean-Baptiste était plutôt de l'avis de Grégory. Les procès d'intention de Saïd, cette jubilation aigre qui l'animait quand il s'emportait contre leur servilité tandis que lui, seule conscience intransigeante, se flattait d'y voir clair – mais le Septième était rémunéré par l'État tout comme eux et s'acquittait diligemment de toutes les missions qu'on lui confiait –, tout ça finissait par excéder Jean-Baptiste. Or voici que, trois jours plus tard, on lui demandait d'aller neutraliser des brigands sahéliens qui, sans doute, professaient un rigorisme religieux pour lequel il n'éprouvait aucune sympathie, mais dénonçaient aussi les conditions dans lesquelles Areva, et à travers elle son actionnaire majoritaire, l'État français, exploitait l'uranium dans l'un des deux pays les plus pauvres du monde. Juste avant de s'envoler, Jean-Baptiste lut des articles accablants au sujet de réserves d'eau souillées par la radioactivité, de mines à ciel ouvert dont le vent emportait les poussières de radium et de plomb vers les villes avoisinantes, de pièces de métal contaminées qu'on retrouvait sur les marchés, où elles étaient vendues comme matériaux de construction. Accablantes aussi les dénégations répétées des porte-parole du groupe industriel, cette rhétorique lénifiante pour laquelle ils étaient sans doute grassement rétribués.

Ils se ruèrent hors de l'hélicoptère tandis que les projectiles crachés par une mitrailleuse lourde installée sur le toit de la ferme martelaient le sol autour d'eux. Leur raid nocturne n'avait pas pris l'ennemi au dépourvu, s'avisèrent-ils à regret (mais fallait-il s'en étonner alors que, à leur arrivée à Niamey trois jours auparavant, les deux 83, laissant les membres de l'unité rejoindre incognito la base militaire, avaient été accueillis dans un grand hôtel du centre, où les attendaient les meilleures suites, avec baignoire en granit gris, salle de fitness et majordome à disposition, après quoi ils furent invités à dîner par une délégation de hauts gradés et assurèrent devant des journalistes locaux, complaisants mais pas idiots, qu'ils n'étaient là que pour rendre visite aux troupes exilées et saluer la résolution des autorités à combattre le terrorisme ?).

Avec leur sac de quarante kilos sur le dos, ils coururent en se dandinant vers les portes de la ferme fortifiée et Jean-Baptiste, soit qu'il n'entendît pas les consignes dans le chaos du raid, soit qu'il voulût apporter la preuve de son utilité, bondit sur le toit plat pour éliminer l'artilleur. Il fut en un instant à distance de frappe et le tranchant de sa main s'écrasa sur le sinus carotidien de l'adversaire, comme son instructeur lui avait appris à le faire dans ses cours de kyusho jitsu. Mais il ne vit pas derrière lui qu'un berger de quinze ou seize ans, armé d'un fusil d'assaut, l'ajustait malgré sa terreur. La vie de Jean-Baptiste ne fut sauvée que parce qu'au même instant une explosion en contrebas les jetait tous les deux au sol.

La ferme était piégée, le premier fantassin français entré dans la cour venait de sauter sur une mine, et il apparut bientôt aux assaillants que les ravisseurs étaient sans doute un peu plus fanatiques que brigands, davantage décidés à mourir, en tout cas, que l'officier de renseignements ne l'avait estimé au cours de leur briefing à Niamey.

Une seconde déflagration à l'intérieur du bâtiment principal le confirma. Le feu dévorait maintenant la façade en banco. Touché par un tir au niveau du rotor de queue, l'hélicoptère qui les avait transportés s'éloignait en tournant sur lui-même, un pick-up incendié dans la cour (par qui ?) vomissait une épaisse fumée noire, des enfants réveillés hurlaient, des chèvres apeurées jaillissaient en tous sens, une grenade airburst explosait derrière eux et le chef de section hurlait dans la radio qu'on passait au plan B. C'était mal embarqué, pensa Thérèse.

Elle se souvenait dans leurs moindres détails du plan de l'édifice et des manœuvres que les forces spéciales y prévoyaient. Mais, comme chaque fois qu'on l'expédiait en mission, un sentiment d'incertitude l'avait gagnée, ses jambes étaient devenues cotonneuses dès sa montée dans l'habitacle du Puma et un état de faiblesse diffus, écœurant, l'engourdissait tandis qu'elle observait sans trop y croire le déroulement des combats. Les autres super-héros confessaient éprouver eux aussi, parfois, de l'appréhension, mais c'était à la manière des comédiens avant d'entrer en scène. Sur le terrain dominaient l'allégresse et le plaisir enivrant de contempler leur supériorité, réaffirmée à chaque geste comme, dans un jeu vidéo, lorsqu'un joueur expérimenté sélectionne le mode débutant pour y faire un carton. Thérèse, elle, restait le plus souvent paralysée. Un sifflement perçait sa tête, la sueur dégoulinait le long de ses flancs puis serpentait sur ses cuisses, elle ne pouvait plus agir, et les séances de coaching personnel qu'elle suivait depuis six mois n'y avaient rien changé.

Il était déjà patent que sa capacité spéciale, cette faculté de se souvenir de tout qui lui avait valu d'être baptisée « Miss

Memory » – surnom qu'elle avait en horreur, peut-être parce que le « Miss » soulignait avec insistance ce qu'elle percevait comme la faillite de sa vie sentimentale –, n'était pas le plus indispensable des pouvoirs que possédaient les 83. Amusant et même étonnant, oui, mais d'un intérêt stratégique limité à l'époque du stockage infini de toutes les données et de la surveillance étendue, alors que l'examen des antennes relais de téléphonie permettait de reconstituer le parcours d'à peu près n'importe quel humain sur la planète et qu'un drone placé à huit mille mètres d'altitude pouvait identifier le modèle d'un fusil en bandoulière sur le dos de chaque moudjahid rampant dans un rayon de quinze kilomètres. Thérèse, après une journée passée à l'angle d'un carrefour parisien, vous décrivait de manière infaillible l'aspect de chaque véhicule et de chaque piéton apparus dans son champ de vision. Amusant et même fantastique, oui, mais pas très éloigné de ce que pouvait enregistrer une caméra de bonne qualité placée au même endroit.

Ses autres capacités s'étaient également révélées inférieures à celles de ses compagnons. Les tests d'évaluation que les super-héros français passaient toutes les six semaines lui rappelaient crûment qu'elle courait moins vite et que ses coups faisaient moins mal. Le Capitaine, celui qui présentait les performances physiques les plus impressionnantes, avait une détente verticale supérieure à la sienne de quarante-trois centimètres et il soulevait des poids trois fois plus lourds. La seule autre femme du groupe, Virginie, obtenait elle aussi des résultats bien meilleurs que les siens. Comme devait l'écrire le journaliste américain Shawn Blanchard, auteur de la biographie la plus sérieuse qui lui fut consacrée, « Lambert était un super-héros, c'est sûr, mais de seconde catégorie ».

Et même si elle surpassait depuis le 19-Janvier les athlètes les plus accomplis, elle se faisait l'effet, chaque fois qu'elle mobilisait ses aptitudes, de jouer mal, à contre-emploi. Ses parents regardaient le sport comme un passe-temps crétin où l'on risquait de surcroît des blessures, elle avait grandi dans un appartement rempli de livres et de discussions politiques, les garçons et les filles qu'elle avait aimés étaient malingres et cultivés comme elle. « Il faut que tu croies en toi », répétait, en lui massant le cuir chevelu, l'espèce de gourelle aimable qu'elle consultait chaque semaine. C'était tout le problème : elle n'y croyait toujours pas.

Avant même d'assister au briefing à Niamey, elle avait bien compris que, si on l'envoyait dans cette unité spéciale, c'était précisément parce qu'elle n'aurait rien à y faire. Regarder une escouade de soldats surentraînés désarmer des ravisseurs à la petite semaine ne comportait aucun danger. Sa prévisible défaillance ne ferait encourir aucun risque à ceux qui combattraient à ses côtés. Le commandement avait trouvé un point de chute à l'embusquée, un triomphe assuré qui entraînerait un déferlement de dépêches avantageuses et retarderait d'autant la découverte de ce qu'elle était – une vieille fille, pensait-elle, dotée de talents extraordinaires mais trop angoissée pour être jamais capable de les exploiter.

Elle chercha du regard Jean-Baptiste à travers la fumée, dont les volutes noires bouillonnaient maintenant dans la cour. Sur le toit d'un bâtiment, elle aperçut un fantassin qui brisait le bras de son frêle adversaire puis prenait appui sur la margelle et bondissait une vingtaine de mètres plus loin jusqu'à l'entrée en feu de l'édifice principal. C'était lui. Un instant, devant la splendeur assurée de ses gestes, elle eut un sursaut de jalousie, qu'un remords aussitôt réprima.

Jean-Baptiste était, de tous les 83, celui qu'elle préférait. Le goût des livres les rapprochait, et ils s'étaient deviné comme une histoire commune à la Bibliothèque nationale où, quelques années avant qu'il y soit employé, elle faisait des recherches pour son doctorat. Avec Jean-Baptiste, elle partageait l'expérience de journées entières passées au sous-sol de ce bâtiment crépusculaire où les lecteurs, enfermés dans un silence de mausolée, empilant autour d'eux des volumes qu'ils n'auraient jamais le temps de lire, l'air fiévreux ou bien catatonique, ressemblaient à des aliénés méditant des plans d'évasion. Jean-Baptiste et Thérèse pouvaient dresser ensemble la liste de tout ce qui leur était devenu là-bas insupportable, du sèche-mains des toilettes projetant un air glacial au reniflement obstiné des lecteurs enrhumés, que les règles du savoir-vivre défendaient d'interrompre en leur offrant un mouchoir en papier.

Elle aimait par-dessus tout, chez Jean-Baptiste Fontane, l'esprit de dérision qui ne le quittait pas. Depuis le 19-Janvier, il avait beaucoup changé – la musculature abondante, les cheveux rajoutés, ses péripéties amoureuses exposées dans les magazines –, mais il était resté, comme elle, convaincu de son imposture. Il y avait eu erreur sur la personne, affirmait-il. C'était Jean-Baptiste Fontang que les dieux de l'Olympe avaient au départ sélectionné, et il la faisait rire avec la vie imaginaire de ce pauvre Fontang, beau, brillant, athlétique et bon patriote, qu'une bête coquille dans le listing avait privé d'un destin héroïque. « À un moment, ils vont me rappeler », ajoutait-il.

L'hélicoptère Puma qui avait déposé l'unité s'écrasa contre le flanc de la montagne. La boule de feu qu'il dégagea en explosant illumina un bref instant la cour, suivie avec retard par une déflagration moelleuse. Quand Thérèse regarda de nouveau l'entrée du bâtiment qui brûlait, Jean-Baptiste ne s'y trouvait plus. Elle fit quelques pas dans la cour et manqua trébucher sur le cadavre d'un Touareg, dont elle distingua le visage dilaté par le choc d'une balle à expansion. Une substance noirâtre et grumeleuse s'écoulait de sa cage thoracique.

Épouvantée, Thérèse rampa derrière une rangée de barils rouillés. Les hoquets de sa respiration cognaient dans ses oreilles. Il lui semblait que sa poitrine était comprimée ; elle sentait l'air, prisonnier de son corps, durcir comme du métal et s'enfoncer peu à peu dans sa chair.

Elle allait mourir là de suffocation, crut-elle, le crâne lourd et bourdonnant. Après avoir relevé la jumelle de vision nocturne fixée à son casque, elle s'allongea sur le dos.

Des cris et des gémissements, ponctués par le jeu perlé des armes automatiques, la renseignaient sur l'assaut en cours. Une fois passées les mauvaises surprises de la séquence d'ouverture, l'unité française retrouvait le fil du scénario écrit à Niamey. Les bras en croix, les genoux relevés, Thérèse s'apaisait peu à peu. Une sueur tiède irritait sa nuque et elle se voyait, comme si ses yeux avaient pu surplomber son corps, massive dans son attirail de combat, grotesque, bovine. Le capitaine Franchi l'appelait dans son communicateur, mais elle avait peur qu'en lui répondant ses spasmes ne reprennent. Elle écoutait les échanges des soldats murmurés dans son oreille. L'otage était retrouvé ; le super-héros l'avait extrait d'une cache au sous-sol ; il progressait maintenant à travers l'incendie pour regagner la sortie (oh, elle imaginait Jean-Baptiste Fontane, silhouette noire devant un mur de feu, héros de bande dessinée dont des flammèches rouges soulignaient les contours).

Le capitaine Franchi voulut l'aider un peu plus tard à se remettre debout. On fouillait maintenant la ferme, à la recherche de terroristes retranchés. « Mais vous êtes blessée… », lui dit-il doucement, presque avec gêne. Thérèse se redressa et remarqua les larges auréoles sombres qui souillaient son pantalon treillis. La transpiration, pensa-t-elle, honteuse de se découvrir toute trempée d'angoisse. Puis la douleur entra en elle, une brûlure si intense qu'elle lui coupa le souffle, avant de lui arracher un long hurlement.

C'était son dernier souvenir de la mission : sa bouche grande ouverte sur un cri qui lui échappait, un cri dont elle ne voyait pas venir la fin, cependant qu'elle contemplait, tout proche, le beau visage maculé de suie du capitaine Franchi, dont les yeux s'écarquillaient. Je suis un monstre, pensa-t-elle avant de s'évanouir.

En attendant que les rapports militaires soient un jour déclassifiés, il faut s'en remettre pour la suite aux livres qu'ont publiés plusieurs participants à l'opération et dont les témoignages concordent à quelques détails près.

Sur les toits, des snipers de l'unité avaient pris la place des Touareg et surveillaient les environs. Un soldat, dans un coin de la cour, tenait en respect une vingtaine d'hommes, de femmes et d'enfants, leurs mains serrées dans des liens en plastique. L'ingénieur d'Areva patientait sur une chaise, drapé dans une couverture de survie comme un coureur après un marathon, alors que de la vallée montait le vrombissement de plusieurs hélicoptères alliés. On les évacuerait bientôt.

Il semble bien que Jean-Baptiste Fontane aperçut le premier, au bout de la cour encore enfumée par l'assaut, un jeune homme qui émergeait d'un bâtiment, sans doute un grenier ou une étable. C'était un adolescent aux cheveux hirsutes et aux pieds nus, vêtu d'une tunique déchirée ; il écartait les bras.

Quelques jours plus tard, l'otage affirmerait que l'inconnu souriait. Mais l'expression muette de la peur étire bien souvent les lèvres fermées des autochtones, avaient appris les soldats au fil de leurs missions. Dans le témoignage qu'il a par la suite publié, l'un d'eux va même jusqu'à certifier que le jeune Touareg ne souriait pas, que ce détail fut inventé pour donner une apparence de logique à ce qui allait suivre, et que personne n'avait anticipé.

Jean-Baptiste avança, fléchi et lent, son semi-automatique pointé en direction de l'adolescent. Plusieurs soldats le virent procéder à la fouille – prudemment, dirent-ils, mais ils omirent de préciser par respect pour le super-héros qu'une fouille corporelle se conduit en binôme, l'un tenant le suspect en joue tandis que l'autre s'en approche pour la palpation.

Puis certains eurent l'impression que les deux hommes s'étreignaient. Ils étaient pressés l'un contre l'autre, et on aurait dit que le jeune Touareg s'escrimait à déloger quelque chose qui était pris dans la tenue de combat du héros. Sa main droite tressautait, tandis que Jean-Baptiste laissait échapper ce qui ressemblait à un soupir de fatigue ou de contentement. Il s'effondra de tout son long, poignardé.

Au cours des conférences qu'elle donnerait par la suite, Thérèse ne dirait rien ou presque des trois jours passés dans l'unité de soins intensifs où ils furent transportés. Elle prétendrait que, isolée dans sa chambre, oscillant entre un état de veille aveuglé par la fièvre et de longues plages d'inconscience, elle n'avait eu aucun contact direct avec Fontane.

Elle ne raconterait pas que, quoique encore intubée, elle avait obtenu d'entrer dans la chambre de son ami à la fin du deuxième jour. Jean-Baptiste lui parut très amaigri. Les cernes sous ses yeux étaient foncés, sa peau blême et luisante. On aurait dit qu'une maquilleuse avait eu la main lourde au moment de peindre sur son visage un masque d'agonie.

Agité, Jean-Baptiste trouva la force de lui adresser un sourire. Son souffle était saccadé et son corps dégageait une odeur acide, que lui-même sentait peut-être car il dit : « Je pue la mort. » Thérèse lui prit les mains et les trouva glacées. Le tube dans sa gorge la gênait pour parler, alors elle lui caressa le dessus de la main et la joue.

Elle ne dirait pas que Jean-Baptiste pleurait ce soir-là, tandis que, paniqué à l'idée que la mort pouvait le prendre, il passait continuellement sa main sur son visage blanc et murmurait, le regard fixe, qu'il voulait voir sa mère, qu'il aurait tant voulu qu'elle soit encore en vie. Thérèse ne raconterait pas non plus que, le lendemain vers midi, elle l'avait entendu gémir depuis sa chambre, et même hurler de terreur alors qu'on l'emportait une dernière fois au bloc. Et si elle taisait tout cela, ce n'était pas pour protéger un secret, mais parce que personne ne tenait à l'entendre. Jean-Baptiste était mort une heure après. La nouvelle fut officialisée dans la soirée.

Des veillées funèbres s'organisèrent un peu partout. On vit des foules innombrables sur toutes les grandes places, mais aussi à Bayeux où il était né, le long de l'autoroute où il avait probablement acquis ses pouvoirs et autour de la station Réaumur-Sébastopol, qu'il avait survolée le 19-Janvier. En hommage aux métamorphoses de Jean-Baptiste, beaucoup s'étaient déguisés. De loin, on aurait dit des bals costumés, mais les larmes coulaient. À Paris, au milieu des bougies, des bouquets de fleurs et des dessins d'enfants, des mains anonymes déposèrent le DVD du film *Un héros très discret*. [*L'histoire n'avait aucun lien avec celle du 83, mais le titre semblait approprié. Les jours suivants, ses ventes décollèrent.*]

Il n'y eut presque pas de place pour la polémique sur les conditions exactes de la mort de Jean-Baptiste et le quasi-fiasco de l'opération, qui avait vu mourir deux pilotes d'hélicoptère ainsi qu'un fantassin, et dont Thérèse était sortie grièvement blessée.

Le récit des ultimes exploits du 83 dans l'assaut, le visage paraît-il souriant de son jeune assassin, l'admirable résolution dont le super-héros avait fait preuve dans ses dernières heures à l'hôpital attisèrent sans aucun doute l'ardeur qui caractérisait ces rassemblements. Il s'y disait que, sur son lit de mort, Jean-Baptiste avait prononcé plusieurs paroles capitales, mantras qui orneraient bientôt des tee-shirts, des tasses, des posters : « Life is simple» («La vie est simple»), «Stop overanalyzing» («Arrête de ressasser») et «Do what you love» («Fais ce que tu aimes»).

À beaucoup, il apparut qu'était mort trop tôt un homme qu'ils avaient toujours aimé, qui n'était pas différent d'eux, qui avait su rester vrai. Mais on sentait aussi que, dans ces veillées improvisées, un fond de culpabilité remontait. On avait eu la dent dure avec Jean-Baptiste Fontane. Et maintenant des éditorialistes accusaient: en aurait-il fait autant si on l'avait laissé tranquille? Ne s'était-il pas mis en danger afin de répondre aux critiques, qui n'en finissaient pas de railler ses pathétiques efforts pour ressembler à un super-héros de film hollywoodien? Leurs billets d'humeur déploraient en conclusion cette singulière maladie moderne qui consiste à brûler ses idoles, ce penchant pour le dénigrement que les Français, plus encore que les autres peuples, manifestaient sans retenue chaque fois que l'un d'entre eux s'élevait au-dessus du lot.

XII

Raphaël ne dort plus, on l'aperçoit dans les fêtes les plus mondaines, il lui arrive de boire trop, il aime la femme de son meilleur ami et il se hait. C'est comme une malédiction, un rôle qu'il n'a pas voulu dans une pièce qu'il ne peut plus quitter maintenant que la représentation a commencé. Pour éviter de penser à elle, il réclame de partir en mission le plus souvent possible, il accepte de raconter leur avenir à ceux qui le demandent et descend parfois dans la rue proposer ses services au premier venu ; il veut s'abrutir de travail. Chaque matin, il espère qu'il va se réveiller guéri. Les jours se traînent, accablants, vides, et il continue de guetter sur son téléphone un message qu'elle ne lui enverra jamais.

Les funérailles de Jean-Baptiste obligent Jeanne à le revoir. Dans un premier temps, elle croit pouvoir échapper à la cérémonie, mais les conseillers de Grégory la persuadent que cette absence, qui ne pourra passer inaperçue, fera du tort à son mari.

Pendant qu'un million de personnes noircissent les rues du centre de Paris, que des chapelles païennes s'élèvent sur les trottoirs et que les haut-parleurs installés autour de Notre-Dame diffusent les hommages prononcés dans la nef, Jeanne s'oblige à regarder droit devant elle pour ne jamais voir le Prophète, qui est assis, elle le sait bien, sur le même banc qu'elle, à quelques mètres sur sa droite.

Elle a vu en entrant que Thérèse, Saïd et Virginie pleuraient. Les visages convulsés sur les trottoirs, le trémolo du Président prononçant l'oraison, tout l'indispose. Son mari est resté le plus digne. On lui a proposé de prendre la parole mais il a refusé. En période électorale, il ne veut pas qu'on soupçonne le candidat de s'offrir là une tribune.

Jeanne ignore que Raphaël a été choisi pour le remplacer. Elle devine soudain, sur sa droite, la haute silhouette qui gravit les marches en direction du pupitre et la tache claire que fait son masque sous la lumière du chœur maintenant qu'il se tient devant l'assemblée.

Comme Raphaël cherche ses mots, envahi par l'émotion, le regard de Jeanne se porte durement sur lui. Peut-être espère-t-elle le désarçonner maintenant, et lui faire subir devant des millions de téléspectateurs le même genre de trouble qu'il lui a infligé quelques semaines auparavant. Mais son masque blanc protège le Prophète. Il ne regarde pas dans sa direction. Et sa voix, s'élevant d'un ton, gagne en force dans la nef, comme si, pense-t-elle avec dégoût, il venait de trouver une sorte perverse de récompense : elle a enfin tourné son visage vers lui.

Maintenant que Grégory a décidé de prendre ses distances avec Raphaël, Jeanne peut donner libre cours à sa colère. Et tout la révulse dans la personnalité du Prophète. Cet aplomb, cette morgue, le plaisir qu'il prend à entretenir son mystère. Comment ses admirateurs peuvent-ils s'y laisser prendre ? Son masque lui semble le plus arrogant de tous. Est-elle la seule à trouver inconvenant, et même parfois cruel, ce visage indifférent qu'il a choisi de présenter au monde ?

Lorsque le Prophète confie à la foule que, si sa capacité de prédiction avait pu sauver une seule personne, il aurait aimé que ce soit Jean-Baptiste, Jeanne, amère, émet un petit bruit de gorge. Elle l'a plusieurs fois entendu, à Marseille, s'amuser du pauvre Fontane, ce garçon si bien convaincu d'être un perdant que tous ses choix paraissaient guidés par la nécessité d'échouer. Il annonce son mariage avec une jeune actrice anglaise, et trois mois plus tard elle est photographiée sur un yacht, en Croatie, dans les bras tatoués d'un ancien footballeur… À présent, le Prophète se lamente : on ne l'a pas pris au sérieux. *Je* ne l'ai pas pris au sérieux. *Il* ne s'est pas pris au sérieux. Mais si c'était, justement, la plus belle leçon qu'il nous ait donnée ? Jean-Baptiste était drôle, était droit. Il refusait les hommages, il se méfiait des consécrations.

Jeanne doit s'asseoir, elle étouffe.

Mais Raphaël va mieux, annonce Grégory à sa femme quelques semaines plus tard, il s'est trouvé quelqu'un.

Elle ne devrait pas s'en préoccuper, elle s'est juré de ne pas le faire, puis elle regarde sur Internet qui est Sonja Bachmann. Une ancienne mannequin allemande, née en 1990 ; un temps animatrice ; une de ces jet-setteuses. Jeanne l'examine de photo en photo. Les seins évidemment refaits, les sourcils crayonnés, un goût marqué pour les robes impossibles à l'heure des photocalls : à peu près aussi distinguée qu'une actrice porno, tranche-t-elle. Cela ne fait que confirmer ce qu'elle pense de Raphaël, dit-elle à l'une de ses amies. Un type très en dessous des grands airs qu'il se donne. « Un queutard », suggère son amie. Jeanne rit, mais avec gêne. Elle n'aime pas ce mot.

« On devrait les inviter à dîner », propose Grégory, un soir.

Il plaisante, bien sûr. Raphaël avec une fille pareille, cela paraît tellement improbable. De quoi peuvent-ils se parler ?

« Ils ne doivent pas se parler beaucoup », réplique Jeanne.

À la fin du mois d'avril, elle rend visite, dans une maternité près de Nation, à une amie qui vient tout juste d'accoucher.

Noëllie et Jeanne ont connu ensemble les galères de la vie sur le circuit, les heures d'attente résignée dans des aéroports sans nom, les hôtels minables avec des types ivres qui cognent la nuit à votre porte. Elles ont passé des matinées entières à échanger des balles, des après-midi à s'encourager depuis des tribunes vides. Pourtant Jeanne n'a jamais réussi à aimer Noëllie. Elle a toujours trouvé que cette fille était mauvaise langue, pas très maligne aussi.

Depuis qu'elles ont mis fin à leur carrière, Noëllie multiplie les marques d'affection. Elle est la première à lui envoyer un message pour souhaiter son anniversaire à Jeanne. Elle s'est même mise à l'appeler « ma sœur ». Comme Jeanne s'est arrangée depuis un an pour ne pas la voir et ne jamais lui parler au téléphone plus de quelques minutes, elle se sent obligée d'aller à la maternité. Noëllie lui en voudra sinon. Dans l'esprit de Jeanne, il faut être irréprochable même avec les gens qu'on passe son temps à éviter.

Une quinzaine de minutes s'écoulent en compagnie de Noëllie, dans une chambre surchauffée qui sent la chair moite et les plateaux-repas. Le nouveau-né dort mais Noëllie insiste pour le réveiller. On fait une photo, le bébé hurlant, apoplectique, dans les bras de Jeanne. Noëllie donne des nouvelles de gens qu'elles ont connus, une ancienne joueuse est devenue énorme depuis qu'elle a divorcé, l'un des dirigeants de la Fédération trompe sa femme avec une fille de dix-huit ans à peine, sa femme le sait mais ne dit rien.

Noëllie fait aussi des compliments à Jeanne, qui a gardé la ligne, qui ne se néglige jamais. Jeanne hausse les épaules pendant que Noëllie le répète. Juste avant d'accoucher, elle a regardé un discours de son mari sur YouTube, elle votera pour lui. Elle ajoute que Grégory est beau, qu'ils sont si beaux tous les deux, et subitement des larmes se mettent à rouler le long de ses joues roses.

Qu'est-ce que je fais là ? pense Jeanne. Tandis que Noëllie sanglote, le menton renfoncé dans son cou, Jeanne murmure qu'elle se sent mal, et ce n'est pas loin d'être vrai. Souriant faiblement, son amie ouvre les bras pour l'étreindre, mais Jeanne s'entend ajouter qu'elle doit sortir parce que la chambre sent mauvais. Elle aperçoit le regard abasourdi de Noëllie, il faudrait rectifier, mais elle quitte la pièce sans pouvoir dire un mot de plus.

Elle traverse en courant presque le hall de l'hôpital. Le téléphone glissé entre sa tête et son épaule, elle appelle une compagnie de taxis. Il y a une cafétéria sur sa droite, quelques tables de bistrot, un présentoir à journaux. Et le Prophète est là, assis seul à une table, un gobelet en plastique devant lui.

Elle voudrait croire que c'est un fan déguisé comme son idole – le masque blanc est celui qui se vend le plus, et de loin –, mais un jeune infirmier s'approche du Prophète, doigt pointé sur son téléphone portable, l'air de lui demander s'ils peuvent prendre une photo ensemble. Et même derrière son masque sans expression, Jeanne reconnaît à coup sûr Raphaël lorsque son corps s'anime, grand et mince, soigneusement impassible, ses longues mains jointes sur la table, l'ovale blanc qui lui tient lieu de visage à peine incliné vers son admirateur.

Elle s'est figée au milieu du hall, une main sur la gorge. Il s'est donc mis à la suivre. Il est venu jusqu'ici. Il l'a attendue dans ce hall pour qu'elle le voie sur son passage. Jeanne voudrait marcher droit vers lui, plaquer ses deux mains sur la table et lui assener un « maintenant c'est fini, tu nous laisses tranquilles », ou une autre de ces phrases définitives, exaltantes, qui le ravagerait. Mais ses jambes vacillent et la portent à peine.

Qu'il soit là, tout entier là, qu'il ait cette audace et cette immodestie la frappe d'une sorte de vertige où se marque la peur. Oh, elle voit bien que Sonja Bachmann, la grotesque Allemande exhibée en public depuis quelques semaines, n'était qu'un leurre pour la rendre jalouse – ce qui a presque fonctionné, elle pourrait maintenant l'admettre.

À cet instant, un homme en costume-cravate fait son apparition dans le tableau. Il rejoint le Prophète, qui se redresse, le salue, lui emboîte le pas. Ils vont sortir de la cafétéria.

Dans les semaines suivantes, plusieurs journaux évoqueront les discrètes visites du Prophète à des enfants malades, deux ou trois fois par mois. C'est sa sœur, Judith, infirmière dans cet hôpital, qui l'a poussé à s'engager. On trouvera forcément quelqu'un, sur les réseaux sociaux, pour insinuer que le Prophète joue les samaritains afin de corriger sa réputation de froideur. Jeanne pensera que les Français sont malveillants.

Pour l'heure elle se sent imbécile, qu'est-ce qu'elle fait là, frémissante et les bras ballants, à l'espionner comme ça. Elle reprend sa respiration avec difficulté. Il lui semble que le hall vibre autour d'elle, comme un décor peint sur le point de s'effondrer.

Le Prophète et l'homme s'éloignent. Jeanne n'est pas sûre qu'il l'a vue. Puis il jette un œil par-dessus son épaule, tressaille et se penche vers l'autre homme pour lui glisser un mot. Enfin, il revient sur ses pas. Il revient vers elle.

« Qu'est-ce que tu fais là, tout va bien ?

– C'est ton frère ? demande-t-elle, le souffle court.

– Non, c'est le directeur de l'hôpital.

– Et Sonja… Sonja… »

Raphaël doit ouvrir largement les yeux, sans doute, derrière son masque blanc.

Affolée, Jeanne recule en remuant l'air de ses mains. Elle s'enfuit. Dans le taxi, des sanglots la secouent sans relâche.

Grégory ne pensait pas que les occasions seraient si nombreuses, mais sa campagne a besoin des 83. Ses conseillers le disent, ils ont raison : sans eux, c'est tout de suite plus banal, ça ressemble à ce qu'on connaît. Lorsque, tout prêt à s'excuser, son mari lui annonce qu'il faut s'attendre à croiser Raphaël dans les jours à venir, Jeanne ne manque pas d'étouffer un soupir de résignation ou de plisser la bouche avec dépit. Grégory cherche des solutions pour lui éviter de le voir. Elle trouve chaque fois de bonnes raisons de s'y contraindre.

Maintenant, croyant faire plaisir à sa femme, Grégory se force à dire un peu de mal de Raphaël. Il doit brusquer son caractère, la médisance ne lui vient pas facilement. Elle écoute en hochant la tête.

Jeanne et Raphaël se côtoient au local de campagne du Capitaine, dans les coulisses d'un meeting, aux inaugurations et aux premières où doivent se montrer les candidats. Dès qu'elle arrive, elle cherche le masque blanc parmi les invités. Et quand elle le repère, c'est toujours le même sursaut (stupide, pense-t-elle après coup), que prolonge un frisson d'effroi. Elle baisse les yeux et s'oblige à lui tourner le dos. En rentrant, elle se félicitera de l'avoir ignoré.

Il suffit d'un peu de discipline, comprend-elle. La nuit, surtout, quand plus rien ne fait obstacle à ses divagations. Elle sera son propre juge et se montrera inflexible : des enfantillages, des idées vides qui ne mènent à rien, voilà ce qui la remue. Mais ce ne sont que des pensées, se défend-elle aussitôt. Des émois, mais flottants. Un tourment, mais passager.

C'est Jeanne qui plaide maintenant la cause de Raphaël auprès de son mari. Elle s'est montrée trop sévère. Elle prend toujours les choses avec tellement de gravité. Alors que. Qu'est-ce qu'on y peut si. Cela lui est passé, non ? Grégory acquiesce : ce serait plus simple si elle pardonnait. On tirerait un trait sur l'incident, tout continuerait comme avant.

Raphaël et Jeanne se réconcilient. Des textos s'échangent, formules prudentes et retenues, toujours lointaines. On les attend avec nervosité. On s'écrit « Je t'embrasse » sans avoir l'air d'y penser.

Et Sonja ? demande peut-être encore une fois Jeanne, que ce prénom obsède, que sa vulgarité éprouve et fascine à la fois.

Oh, l'Allemande n'est rien, rien qu'un essai pour s'en sortir, et ça ne pouvait pas marcher. Elle perdait son temps, il a fini par le lui dire.

Maintenant on se voit un peu, en famille chez les Marville ou au Q.G. des 83. À l'abri du public, sans son masque, Raphaël réapparaît. Dans ces moments-là, Jeanne ne se lasse pas d'observer son visage, qui le reste du temps lui demeure caché. Ses cheveux noirs aux boucles épaisses, indolentes, tombant sur son front et son cou, ce regard scrutateur sous ses sourcils épais, cette moue incrédule sur ses lèvres charnues, tout cela reste sans effet, juge-t-elle. Certaines femmes le trouvent beau, peut-être, mais pas elle. Et elle tient fermement à cette idée.

Le plaisir de se parler est plus vif qu'avant puisque pendant ces quelques mois de brouille on a bien cru se perdre. Elle ignorait qu'il avait étudié pendant deux ans aux États-Unis. Il l'écoute lui parler de son père, qu'elle n'a revu qu'une seule fois depuis qu'il a quitté sa mère. On évoque l'ennui des jeunesses provinciales et, depuis qu'on a trente ans, le sentiment que tout passe plus vite.

Mais ce n'est rien, continue de croire Jeanne. Rien qu'un peu d'agitation. Une épreuve, comme tout le monde en traverse. Ses amies le lui confirmeront. Bienvenue dans le monde réel, Jeanne Marville. Elle rit de honte et de soulagement, elle les écoute révéler des troubles similaires, des tentations, quelques écarts parfois. Le plus souvent, ça disparaît tout seul. C'est bien ce qu'elle pensait, conclut Jeanne, qui tremble de joie maintenant que l'apaisement est en vue.

Au milieu de la nuit, elle caresse le poignet de son mari endormi. Elle écoute sa respiration, très basse, tout contre son oreille.

C'est le meilleur homme du monde, pense-t-elle. Elle aimerait qu'il la prenne dans ses bras et qu'il l'emporte là-haut, au-dessus des nuages. Qu'on ne redescende jamais ici, dans cette ville crasseuse où tout est en désordre. S'ils étaient loin de Paris, elle oublierait Raphaël et rien n'arriverait.

XIII

Les détails de son programme, le Capitaine évitait d'y entrer. Ils étaient à peu près inexistants, affirmaient la plupart des observateurs. Mais c'est aussi, sans doute, que sa candidature était un « acte de vision », comme il le répétait lui-même.

À la tribune, il finissait souvent, emporté dans son discours, par s'élever à quelques pas du sol. Son regard couvrait alors la foule et sa voix l'entraînait vers le monde à venir. Une autre France apparaissait. Dans des écoles rénovées, des professeurs mieux payés formaient des enfants mieux compris. Les banques alimentaires et les prisons se dépeuplaient, tandis que dans les hôpitaux, où se bâtissaient des annexes, on embauchait. Les jeunes aidaient les vieux, les vieux aimaient les jeunes. La bêtise et le racisme reculaient. Des ruines de l'industrie jaillissaient des usines propres, où se fabriquaient des objets vertueux qui restaient à imaginer. Enfin on redistribuait. Et Paris serait tout simplement le poumon de la révolution nouvelle, son carrefour, son forum, sa tête de pont, son phare.

Ce sera difficile, prévenait-il. Ils ne nous laisseront pas faire. Mais chaque génération française a relevé de grands défis. Le nazisme. Mai 68. L'avortement et la peine de mort. Les droits des homosexuels. Chaque génération a triomphé. On va se retrousser les manches. Ce n'est pas ma campagne, c'est la vôtre.

Il citait Martin Luther King, Saint-Just, Lou Reed. Un faisceau de lumière descendait sur les auditeurs.

C'est très beau, articulaient quelques journalistes en plissant les yeux, mais ça nous coûterait combien ? Et pour les transports franciliens, il avait prévu quoi ? Sur la hausse des loyers, quelle analyse faisait-il ?

Il y avait eu des cafouillages. Lorsqu'il donnait des chiffres, souvent il s'embrouillait, confondant milliard et million ; l'économie n'était pas son point fort. Ses principaux adversaires recensaient les incohérences et raillaient la candeur de Grégory Marville. Ils faisaient de la politique à l'ancienne, leur rétorquait-on. Les chiffres, on leur fait dire ce qu'on veut. Ce qu'il nous faut, ce sont les grands principes. Le Capitaine le disait : il donnerait des impulsions, puis les spécialistes plancheraient sur les solutions techniques. La France était un pays riche, oui ou non ? L'argent, on savait bien où il était. Et à ceux qui insistaient sur son inexpérience, il faisait remarquer que l'expérience des autres, elle ne nous avait pas menés bien loin.

Les enquêtes se contredisaient. Moins de la moitié des sondés le jugeaient capable de tenir toutes ses promesses. Mais plus des trois-quarts le voyaient jouer un rôle de premier plan dans les prochaines années. Et la même proportion estimait qu'il « inspirait confiance », qu'il « avait l'air honnête », qu'il « donnait une bonne image de la France ». Il plaisait aux idéalistes, aux jeunes, aux retraités, à tous ceux qui réclamaient de nouveaux visages, aux rédacteurs en chef et même aux désenchantés que son excursion politique, à tout le moins, divertissait.

L'équipe autour de lui était légère : des bénévoles pour la plupart, exaltés mais brouillons. Le soutien des célébrités et des 83 faisait forte impression, seulement c'était lui qu'on réclamait sur scène. Lui qu'on voulait entendre citer une chanson de rock et scander le « Plus forts ensemble » qui lui tenait lieu de slogan.

Il eut une extinction de voix. Quelquefois son verbe hésitait. Alors, sur la ligne d'horizon, les grands espoirs pâlissaient.

Un jour, lors d'une visite dans une école publique, la pluie battante poussa sous un préau le candidat, son équipe et la cohorte de correspondants qui le suivaient partout. La phrase avait-elle été préparée par un de ses conseillers ou surgit-elle, inopinée, dans un moment d'épuisement, ce ne fut jamais clair. Et pourquoi la prononça-t-il ? Le plus probable est qu'il répliquait à une nouvelle attaque : la veille, une députée de Paris l'avait qualifié d'« anormal », déclenchant l'habituel concert croisé d'indignations et de protestations contre l'hypocrisie des indignés. Le Capitaine voulait-il suggérer qu'il fallait, pour faire vraiment bouger les choses, des hommes d'exception ? Avec sa conviction coutumière, il assura : « Les gens normaux ne seront jamais extraordinaires. »

La mer ne sera jamais terrestre, *le feu ne nous mouillera pas*, *les roues ne doivent pas être carrées*, déclamèrent aussitôt sur Internet des comiques improvisés, qui imitaient le ton sentencieux du Capitaine. En soi, ce n'était pas bien grave. Des moqueries, il y en avait toujours eu au sujet des super-héros. L'idée que Grégory était naïf, et même un peu niais, ne datait pas d'aujourd'hui. Mais de ce jour le Capitaine fut sous pression. Un doute le saisissait. Chacun de ses discours serait scruté. On lui conseillerait de s'en tenir aux messages prévus. Il s'était jusqu'ici persuadé qu'il suffisait d'exposer avec ce qu'il faut d'énergie les idées limpides qu'il défendait. Désormais, il ne parlerait plus qu'en se surveillant. Il chercherait le mot juste, la bonne traduction.

XIV

Saïd ne soutiendrait pas la campagne du Capitaine. Leurs relations s'étaient encore détériorées depuis la mort de Jean-Baptiste. Le Septième était apparu dans un cortège de citoyens en deuil qui réclamaient une enquête sur les circonstances du drame. Il avait évoqué des « négligences probables » de la part du commandement. Les autres 83 lui reprochaient d'alimenter la controverse et Grégory déplorait qu'il ne les ait pas consultés. On fit une réunion pour aplanir le différend ; on en sortit brouillés.

Thérèse luttait dans un centre de rééducation pour retrouver l'usage de ses jambes. Elle publia toutefois une tribune appelant à voter Marville. Elle le fit dans son style, toujours suspect d'ironie, en louant notamment l'« innocence » et la « foi » du Capitaine.

Virginie s'affichait aux côtés du candidat dans les occasions importantes, mais elle ne restait pas longtemps. Tout l'ennuyait très vite, et elle vivait avec un ancien athlète une passion agitée, dont les péripéties l'appelaient de l'autre côté de l'Atlantique.

Mickaël était plus disponible, cependant on ne s'empressait pas de le solliciter – il passait mal. Chaque fois qu'il se penchait vers Grégory pour lui glisser un mot, vous vous demandiez s'il ne venait pas de repérer dans votre esprit une pensée secrète, une envie un peu basse qu'il divulguait à son ami. On se sentait nu devant lui.

Le Prophète figurait plus souvent aux côtés du Capitaine. Ensemble, ils sillonnaient les marchés, serraient des mains au comptoir des cafés, apparaissaient sur le quai du métro, animaient dans des gymnases ou de petites salles de spectacle les réunions-débats où leurs supporters s'époumonaient, et ils se pressaient obligeamment autour des électeurs pour la photo.

Dans l'entourage de Grégory, Raphaël était celui qui dispensait les paroles les plus affectueuses, les encouragements les plus doux. Mais il arrivait aussi qu'il montre de la déception ou de l'agacement. Il aurait fallu dire ceci, on négligeait cela. Cette campagne ressemblait à celles des autres, regrettait-il. Les tracts, les meetings, les sorties sur le terrain : on avait déjà vu tout ça. Au début, Grégory prit en bonne part les remarques du Prophète. Il était pénétrant, on devait l'écouter. En plusieurs occasions, néanmoins, il perçut dans le ton de Raphaël une pointe agressive, l'éclat d'une exaspération qui se portait sur sa personne. Il a l'air malheureux, confiait-il à sa femme. Et peut-être aussi Raphaël lui en voulait-il, pour une raison ou pour une autre. Est-ce qu'il ne l'enviait pas un peu ? J'ai tellement de chance, songeait le Capitaine.

On a dit que Raphaël se montrait désagréable avec Grégory parce qu'il avait toujours, au fond, méprisé ce héros austère et sûr de lui, ou encore parce qu'il ne rêvait que d'une chose, depuis qu'il couchait avec sa femme, c'était de le voir disparaître.

Après avoir lu son journal, je crois tout le contraire. Consumé par le remords, il multipliait les gestes d'attention dans l'espoir confus de se racheter. Mais il ne supportait plus ni le cours paisible de leur amitié ni le sourire tranquille qu'affichait Grégory lorsqu'il le regardait, avec ses yeux bleu pâle qui n'apercevaient rien. Maintenant, dans les voitures qui les transportaient vers une promenade militante ou un meeting de soutien, le Capitaine aimait rejeter la tête en arrière et, la joue appuyée contre la banquette, lui parler doucement du bon temps qu'ils prendraient après cette campagne. Il avait pour leurs échanges une intonation spéciale, un frémissement grave au fond duquel roulait une gaieté de vieux complice. Raphaël voulut ruiner cela. Il cherchait querelle à Grégory pour ternir leur relation et, à défaut d'oser lui dire la vérité, l'en rapprocher un peu.

Virginie en témoigne : « Raphaël était bouleversé. Pas heureux du tout. » Il semble que le Prophète lui ait régulièrement parlé à cette époque. Elle mettait, de son côté, une application nouvelle à entretenir de bons rapports avec les autres 83. Son addiction à la vitesse lui avait causé une première frayeur lorsque, par une nuit de février, elle s'était sentie obligée d'emprunter une voiture à un inconnu pour rouler sur le périphérique à près de cent quatre-vingts kilomètres heure.

Depuis la révélation de ses capacités, elle avait participé à une quarantaine de missions, parcouru le ciel en tous sens, connu une vingtaine d'amants et grappillé quelques dixièmes au cent mètres, qu'elle courait au début de l'an II en un peu moins de sept secondes. Il y avait désormais quelque chose de pathétique à voir des sprinteurs professionnels se démener, balourds, pour passer sous les dix secondes. Les performances de ces athlètes n'intéressant plus grand monde, les stades se vidaient, et le sultanat d'Oman, qui devait accueillir les prochaines Olympiades, venait de déclarer forfait. Un syndicat de sportifs en colère mettait en cause Virginie. On lui reprochait notamment d'avoir disputé une course, dans une soirée de gala, contre une Lamborghini Centenario. Elle ridiculisait tous les records, elle compromettait des carrières, elle brisait des vies. Pour désamorcer la polémique, Virginie avait rencontré le porte-parole du syndicat, Clayton Moore, un décathlonien abandonné par ses sponsors, dont elle s'était amourachée. Il la traitait mal, elle n'arrivait pas à partir, et personne ne comprenait bien ce qui l'en empêchait.

À présent, dans les suites d'hôtel où elle logeait, lui revenaient en mémoire les souvenirs ordinaires mais plus si déplaisants de la vie qu'elle menait avec sa fille Emma et son mari Julien, de leur appartement trop encombré à Daumesnil, des promenades pacifiques au parc, où elle s'agaçait de voir Julien si facilement content, tournant autour d'Emma avec son appareil photo ou bien marchant à son bras d'un pas traînant, dans un manteau gris sans forme et piqueté de poils blancs. Elle le revoyait s'endormant devant *Dexter* et, dans les restaurants pas trop chers où ils allaient de temps en temps, concluant après avoir trop mangé : « C'était basique, mais c'était bon. » Elle se rappelait des dîners entre amis, dans lesquels ils parlaient des films qu'ils avaient vus et du jour où ils quitteraient Paris pour connaître en province une vie plus simple, plus saine, plus intense.

Maintenant, sa fille Emma, prenant le parti de son père, refusait de la voir. Dévastée, Virginie voulait se convaincre qu'il fallait l'accepter, qu'elles se retrouveraient plus tard. Autour d'elle, il n'y avait plus qu'une assistante effacée, une coiffeuse visagiste, une habilleuse-styliste, des chauffeurs de taxi, des réceptionnistes, des hôtesses, des serveurs diligents, des flatteurs, des hommes qui voulaient coucher avec elle, des visages d'inconnus médusés lorsqu'ils la reconnaissaient, personne à qui parler.

Virginie envoyait presque chaque jour aux 83, même à Saïd et Mickaël qu'elle n'aimait pas vraiment, des messages et des photos prises avec son téléphone. Ses seuls proches, c'étaient eux dorénavant.

Le Prophète ne lui dit pas toute la vérité, mais il évoqua son histoire avec une femme qui était mariée. Leurs mains se rencontraient dans la pénombre des couloirs, sur la banquette d'un taxi, et des frissons les parcouraient chaque fois qu'ils se trouvaient l'un près de l'autre. La clandestinité augmentait la griserie de l'étreinte et le rythme où battaient leurs cœurs.

Raphaël loua un appartement sous un faux nom, dans un immeuble à deux entrées qu'abritait en plein cœur de Paris le Quartier de l'Horloge, un de ces îlots urbains aménagés dans les années 1970 où ne subsistaient, en lieu et place des commerces de luxe prévus à l'origine, que des ateliers de reprographie, des cybercafés borgnes et un ou deux magasins de prêt-à-porter en voie de liquidation. Les passants, peu nombreux, y marchaient d'un pas rapide, comme poussés par leur instinct à quitter au plus tôt la zone.

Le temps de leurs rencontres était compté et il filait toujours, laissant tomber sur les jours un poids d'ennui qui les frappait d'hébétude. Les rendez-vous empêchés à la dernière minute causaient des déceptions qu'ils vivaient comme des malheurs, mais des malheurs resplendissants. Leur secret diffusait le parfum violent des existences romanesques, des vies d'espions. Ils haletaient.

« Seulement Raphaël traînait ce fond de mauvaise conscience qui lui venait de son éducation juive », croit savoir Virginie. La 83 se souvient d'un homme en perdition, hâve comme un junkie cherchant à décrocher. « La culpabilité le bouffait, physiquement. Mais ça n'avait rien à voir avec le mariage ou la monogamie. Tout ça, il s'en foutait. » Virginie avait compris que son malaise était causé par le mari, qu'il connaissait et estimait. « J'aurais jamais pensé que ça puisse être Grégory. Entre eux, tout paraissait si simple. Si serein. Et Raphaël, à sa manière, était très droit, *très* sérieux sur l'amitié. C'est vraiment le dernier type que j'aurais imaginé coucher avec la femme de son meilleur ami. »

Jeanne s'est toujours refusée au moindre commentaire, mais on ne manque pas de témoignages à son sujet. Ses anciennes amies semblent toutes avoir une idée précise de ce qu'elle vivait et surtout des raisons qui l'ont poussée dans les bras du Prophète. Le nombre d'articles, d'essais et de discussions sur les forums à ce sujet est également considérable. Dans ce catalogue hétéroclite, le lecteur reconnaîtra les mobiles attendus de la femme adultère : le désir de tromper son ennui bovaryen, de fuir la perfection asphyxiante du Capitaine, de remédier au néant sexuel de sa vie de couple. Il est manifeste que le public s'est délecté des explications les plus sordides, et qu'il les attendait. La beauté même de Jeanne et sa froideur bourgeoise y invitaient. Les paradoxes tirent leur force de persuasion du sentiment d'intelligence qu'ils procurent à celui qui se les formule. Une épouse modèle mais qui avait le feu au cul : c'était d'une évidence à peu près imparable.

XV

D'anciens collègues ont dit de Grégory Marville qu'il faisait un médiocre magistrat. En dépit du temps qu'il y passait, et bien qu'il ait toujours été convaincu du contraire, ses enquêtes se révélaient bâclées. Il laissait de côté les preuves qui contredisaient sa première opinion, il n'entrait pas dans les détails.

S'il perçut quelque signe de la liaison qu'entretenaient sa femme et son meilleur ami, il choisit de l'interpréter selon sa conviction. Sans doute, le désir de Raphaël pour Jeanne, ou ce qu'il en restait, affleurait encore dans certains regards, certains sourires qui lui échappaient. Mais que son épouse puisse plaire aux autres hommes et susciter leur convoitise, c'est une idée que Grégory faisait mieux qu'endurer. Dans l'immensité de son bonheur, il aimait être jalousé.

Un mois avant le premier tour des élections, il se lança dans une intense campagne de proximité. Dédaignant les ascenseurs et bondissant dans les escaliers d'un pas léger que lui enviaient ses conseillers hors d'haleine, il frappait aux portes, s'éclaircissait la gorge et c'était une apparition. Parfois, la rumeur de ses visites impromptues s'étant amplifiée, on l'attendait sans trop y croire, et cette impatience mêlée d'incrédulité donnait lieu à des scènes touchantes, larmes d'émotion, rires embarrassés, petits cris de terreur délicieuse, mains devant la bouche comme lors des coups de théâtre dans les émissions de téléréalité. Photographes et caméramans ne se lassaient pas de ces tableaux bien composés, le super-héros illuminant une moitié du cadre tandis que, dans l'autre, se tenaient des Parisiens aux traits tirés, moches comme on l'est souvent là-bas à la fin de l'hiver : femmes au cheveu terne et plat, vieilles rubicondes et nerveuses, pères de famille clignant des yeux, l'air fragile et enfantin maintenant que la puissance du Capitaine rayonnait devant eux.

À la fin, c'est en volant qu'il s'élevait jusqu'aux fenêtres et aux balcons des électeurs. On l'encourageait à privilégier ce registre spectaculaire, il illustrait mieux que tout sa promesse d'incarner la politique autrement. Ses rivaux protestaient, condamnant l'esbroufe. Ils invoquaient l'interdiction faite aux 83 d'utiliser leurs dons en dehors des missions. Les autorités fermant les yeux sur ces infractions, on les accusait de complaisance avec le tricheur. Ce n'était qu'en partie vrai. L'Élysée observait sans plaisir l'ascension de cet indépendant.

Pour faire taire les critiques sur son incompétence, ses conseillers avaient décidé que Grégory serait concret. Il annonçait des places en crèche, de nouveaux couloirs de bus, des jardins arborés. Sur le seuil de leur porte, les Parisiens hochaient la tête. Comme on les y invitait, ils évoquaient des problèmes de voisinage et formulaient timidement des suggestions pour le quartier, puis on passait avec davantage d'entrain aux photos, aux autographes, aux anecdotes et enfin aux bises sonores sur lesquelles on se quittait. Dans ces moments-là, le Capitaine paraissait devoir l'emporter.

Les derniers sondages le plaçaient dans une position plus délicate que prévu. Il fallait faire élire, dans chaque arrondissement, des candidats qui le représentaient. C'était pour la plupart des gens sérieux mais des novices, manquant de ruse et de notoriété. Ils bénéficiaient certes du charisme du Capitaine, qui se dépensait sans compter pour les soutenir sur le terrain ; cependant, face à des routiers de la politique, capables de débiter d'intimidantes séries de statistiques et connaissant les commerçants par leurs prénoms, l'issue demeurait incertaine.

Les partis traditionnels concentraient maintenant leur feu sur Grégory. Puisqu'il n'était pas possible de l'attaquer sur son passé, désespérément vertueux, puisque sa méconnaissance de la capitale ne dérangeait personne et que les procès en inexpérience demeuraient sans effet, on répétait qu'il était juste trop éloigné de la vie des Parisiens. Trop différent, trop puissant, trop séduisant. C'était sans doute plus habile. Depuis son premier vol dans le ciel marseillais, le Capitaine semblait tombé d'un autre monde. Il était difficile de le nier, son quotidien n'avait rien de commun avec celui des hommes et femmes auxquels il s'adressait. Il allait au travail *en volant* ! Et cela produisait son effet sur l'électeur méfiant, celui pour qui le succès rend forcément suspect.

Un jour qu'il sortait d'une maison de retraite à Belleville, accompagné pour l'occasion par Mickaël et le Prophète, il décida de visiter quelques immeubles proches. On y trouva comme on l'espérait des pauvres, des femmes, des immigrés, ravis de cette surprise, souriants et décidés à voter pour la liste Marville.

Au milieu de l'expédition, alors que, galvanisé par l'accueil, le Capitaine plaisantait avec ses conseillers, un journaliste s'aperçut qu'on venait d'entrer dans le hall où, trois jours plus tôt, un policier avait été blessé dans une échauffourée avec des jeunes du quartier, dont l'un sortait tout juste de prison.

« J'ai essayé de faire machine arrière, se souvient François Scherwiller, l'un des conseillers de Grégory. Mais trop tard. Depuis sa petite phrase sur les gens normaux, certains journalistes attendaient l'occasion de le piéger. Ils guettaient. »

Les micros se tendirent, une question fut posée. Grégory se souvint sans doute des consignes de prudence qui lui avaient été données après le premier incident. Selon plusieurs témoins, son sourire disparut et un pli de concentration se forma entre ses sourcils froncés.

En France, à cette époque, il aurait fallu répondre : que l'on condamnait fermement toutes les formes de violence ; que l'on ne transigerait jamais sur la sécurité des Parisiens ; qu'il était pour le moins étonnant qu'un juge ait anticipé la libération d'un individu manifestement porté à la récidive. En France, à cette époque, on aurait pu ajouter, pour s'assurer la pleine approbation des auditeurs : qu'il fallait arrêter d'excuser l'inexcusable ; qu'il y en avait marre de la racaille, des jeunes qui ne font rien et des Français qui n'en sont pas vraiment.

Au lieu de quoi, le Capitaine murmura : « Pour eux aussi, c'est compliqué… Vivre ici… La stigmatisation en permanence… Il faut se mettre à la place de ces gamins. »

Plus tard, il devait laisser entendre que la présence du Prophète, l'influence que son ami exerçait sur lui, sa manière nocive de vouloir tout nuancer étaient probablement à l'origine de cette réponse désastreuse.

Tout alla très vite ensuite. Plutôt que de faire machine arrière, il tenta de se justifier. La droite, qui l'accusait déjà d'être un irresponsable, clama qu'il devenait dangereux ; il encourageait le passage à l'acte ; pour un supposé défenseur de l'ordre public, n'était-ce pas inquiétant ? Alors, cherchant à les faire mentir, il s'emporta contre les campements illégaux le long du périphérique et regretta le déficit d'autorité dans les familles. La gauche s'enflamma : derrière les discours humanistes, il n'y avait qu'un superflic. Il crut pouvoir échapper à la meute en affirmant qu'il fallait en finir avec les vieux clivages. Droite et gauche ne voulaient plus rien dire. Le mot « dépolitification » lui échappa. On le reprit au vol. Dans chaque article à son sujet, à côté des lapalissades, on fabriquait à présent des mots-valises. Les célébrités qui le soutenaient se firent plus furtives. Même parmi ses supporters loyaux, on secouait la tête. Le pauvre. Qu'est-ce qu'il est allé faire là ? Ses adversaires, fades mais profil bas, se contentaient de dire que la politique a besoin de professionnels ; c'est décevant, mais c'est comme ça. L'improvisation, à ce niveau, ne pardonne pas, concluaient les commentateurs.

Dans son dernier discours, prononcé devant une assistance clairsemée, Grégory bute sur les mots. On a l'impression que chaque phrase est une corde raide sur laquelle il avance en vacillant.

Au rythme où vont les nouvelles, puisqu'il était donné battu depuis dix jours maintenant, l'élimination des listes du Capitaine au soir du premier tour passa inaperçue ou presque. Elle n'était jamais que dans l'ordre des choses. Un non-événement. Une erreur de parcours, dont personne en vérité ne lui tiendrait rigueur.

Le scrutin ne passionnait pas grand monde. La participation avait été très faible. Sur les plateaux de télévision, la soirée électorale était sans cesse interrompue par des bulletins d'information. Car c'est le même jour, ce 10 juin de l'an II, qu'aux environs de dix-huit heures Mickaël Pereira, déprimé par la séparation d'avec sa nouvelle épouse, ne supportant plus rien, se dégoûtant d'être ce qu'il était, acheta un ticket de métro à la station Trocadéro, descendit sur le quai, laissa passer trois rames et se jeta sous la suivante.

XVI

« La période naïve »

Saïd Mechbal : La révolution, elle viendra pas des petits étudiants d'extrême gauche qui se laissent pousser la barbe sur les campus. Ça m'ennuie de le dire, parce que ces gamins-là me sont sympathiques. Je me suis donné beaucoup de mal pour leur ressembler quand j'avais vingt ans et que je traînais à la fac de Saint-Denis. Julien Coupat, c'est mon héros. C'est lui, pas moi, l'homme invisible. Mais enfin, c'est pas en faisant dérailler des trains qu'on va en finir avec le capitalisme. Les gens qui peuvent vraiment changer des choses, c'est les entrepreneurs malins de la Silicon Valley ou les milliardaires en quête de respectabilité. Encore aujourd'hui, je les trouve infréquentables. Suspects, vous voyez : leur bonne conscience, j'ai du mal à y croire. Mais, sur les actes, il faut bien reconnaître que ces types-là, parfois, font de grandes choses presque malgré eux. La ruse de l'Histoire… c'est bien comme ça qu'on dit, non ?

Je ne vois pas très bien comment vous faites le lien entre votre participation à une campagne publicitaire et un quelconque projet révolutionnaire…

Parce que c'est l'idée même de publicité qui vous bloque. Saïd qui se met à faire de la pub pour un produit alimentaire, c'est forcément très mal.

Vous avez été très bien payé pour la faire, cette campagne.

Et alors ? En quoi c'est un problème ? L'argent que j'ai touché, il était volé ? Il était sale ? Si vous avez des preuves de ça, ok. Sinon, il faut arrêter avec cette morale anti-fric à deux balles. Ce que j'essaie de vous dire, c'est qu'Ambrosia, c'était la révolution en marche.

[*Ce jour-là – il s'agit de la deuxième série d'entretiens qu'il m'accorde, cette fois dans un hôtel de Nijni Novgorod au luxe encore plus outrancier que le Grand Hôtel de Kinshasa –, Saïd et moi évoquons son engagement personnel dans la commercialisation d'Ambrosia, un substitut alimentaire complet mis au point par un étudiant californien du nom de Josh Quanton. Ce produit, associant protéine de riz, farine d'avoine, maltodextrine, huile de colza et une vingtaine d'autres composants chimiques – zinc, magnésium, acide folique, vitamines, etc. –, capable de couvrir tous les besoins nutritionnels du corps humain, n'envisageait rien de moins que le remplacement de toute autre forme d'alimentation.*]

Josh Quanton était-il conscient de la portée révolutionnaire que vous attribuez à Ambrosia ?

Lui, ce qui lui plaisait, c'était l'idée qu'avec Ambrosia, vous alliez économiser de l'argent et surtout gagner du temps. Quand il a commencé à préparer lui-même sa mixture, en commandant sur Internet les produits chimiques non conditionnés, il a divisé par cinq son budget alimentation. La facture est descendue à cinquante euros par mois. À l'époque, c'était un étudiant fauché mais surtout un dingue de travail. Il finissait sa thèse en biochimie et ce qui lui plaisait, dans le projet Ambrosia, c'était le geste, la simplicité du geste : en ajoutant de l'eau aux nutriments et en secouant bien fort, même pas besoin d'un mixeur, vous vous faites à manger en trois minutes et vous avez de quoi tenir pour toute la journée. C'est quand même mieux que d'avaler une pizza surgelée.

Sauf que ça n'avait aucun goût.

Et alors ? Vous préférez l'espèce de goût de rat crevé qu'un McDo laisse dans la bouche ? Je les ai vues venir de loin, moi, ces critiques-là. Surtout en France : vous allez pas attendre longtemps avant de voir quelqu'un se pointer pour vous expliquer que la nourriture, quand même, c'est tout un art de vivre, on ne va pas sacrifier ça, etc. Et j'étais content que ces remarques arrivent, parce que pour moi elles permettaient d'aller au cœur du débat. Ça coûte combien, aujourd'hui, de manger bien, de manger sainement ? Du poisson frais, du poulet pas industriel, des bons légumes, c'est à la portée de qui ? Le pseudo-honnête homme qui vous raconte son dernier repas chez un grand chef, content de lui parce qu'il a l'impression que bien manger, c'est comme aller au musée, c'est la preuve de son raffinement, il a dépensé quoi ? Elle lui a coûté combien, la preuve de son raffinement ? Soixante, cent, cent cinquante euros ? Il est là, le problème. Pour les pauvres, et même pour les familles nombreuses pas si pauvres que ça, il reste toute la merde des hypermarchés : les graisses saturées, les fruits bourrés de pesticides, le jus d'orange dégueulasse, les produits trafiqués. Ça n'a pas très bon goût et c'est mauvais pour la santé. Le voilà, votre raffinement. Avec Ambrosia, ce qui s'annonçait, c'était la fin de tout ça. Maintenant, les pauvres allaient s'alimenter correctement, donc aussi réduire une partie de leurs dépenses de santé, et ils allaient économiser de l'argent pour d'autres achats. Une révolution.

Mais vous avez cru sérieusement qu'on pourrait s'arrêter de manger de la vraie nourriture ?

Josh le croyait. Parce que lui et ses amis, c'était ça qu'ils faisaient : boire chaque jour leur bouteille d'Ambrosia, et c'est tout. Et ils étaient dans une forme resplendissante, vraiment. Moi, je me disais qu'il y aurait d'un côté, de temps en temps, les repas-détente, les bons repas en famille, pour le plaisir d'être à table et de manger, parce que je ne nie pas que c'est un plaisir parfois, et puis de l'autre, 90 % du temps, les repas Ambrosia. Pas mal de gens ont caricaturé le projet parce que bien sûr, expliquer qu'on allait supprimer la nourriture, ça rendait Ambrosia plus inquiétant, ça faisait de nous des espèces de fachos de la bouffe.

Comment expliquez-vous l'échec du projet ?

D'abord, il y a eu l'erreur de dosage des premiers lots mis sur le marché. [*Dans les premières rations d'Ambrosia qui furent commercialisées, au mois de mai de l'an II, le soufre était surdosé.*] Et vous voyez, j'ai beau être conspirationniste, je vous parle d'erreur, pas de sabotage : il y a eu un gros plantage, et comme la campagne de presse était déjà plutôt contre Ambrosia, l'effet a été désastreux. Les consommateurs pétaient à longueur de journée, et les pets comme ça, pardonnez-moi de rentrer dans les détails, mais c'est vraiment insoutenable. Vous faites évacuer un cinéma entier en moins de cinq minutes avec ça. Moi, je suis resté trois jours chez moi sans voir personne. Et puis, plus profondément, ça fait des millions d'années que les hommes ont appris à mâcher de la viande, à se mettre des baies ou des racines dans la bouche, et c'est pas une habitude que vous allez changer comme ça. Vous avez beau dire au public que ce n'est pas du lait qu'il a besoin, c'est des lipides et des acides aminés qu'il contient, le lait, culturellement, comme le pain, ça reste une espèce de besoin… Les gens, il leur faut leur dose. J'ai été très naïf. Comme Grégory, qui croyait dur comme fer qu'il allait changer la manière de faire de la politique. C'était, disons, la période naïve dans l'histoire des super-héros français.

Pour Grégory et sa campagne malheureuse aux municipales, vous faites quel diagnostic : erreur ou sabotage ?

Ce qui est sûr, c'est qu'ils ont plus ou moins réussi à installer l'idée qu'il n'était pas dans son rôle, qu'il n'avait rien à faire là. Les super-héros, c'est formidable, mais tant qu'ils restent à leur place. Je n'ai jamais cru au bonhomme, son côté père la morale, ses grands discours, mais sur la campagne, j'ai presque envie de le défendre, ce pauvre Marville. Tout le monde lui a savonné la planche. Parce que l'ordre établi ne voulait pas des 83. Est-ce qu'il aurait changé le monde ? Sûrement pas. C'était un social-démocrate, un gentil modéré. Mais sa tête en haut de l'affiche, maire de la capitale, un mec sans étiquette, ça aurait quand même foutu un beau bordel. Les autres partis à terre, les règles du jeu complètement changées… La ruse de l'Histoire, encore une fois. J'aurais aimé voir ça. Seulement, ces trucs-là n'arrivent jamais. Jamais.

Il n'y aura pas de révolution ?

Des émeutes, à la rigueur. De plus en plus d'actes violents, mais isolés, suicidaires, comme les tueries dans les lycées américains. Pas de soulèvement à partir d'un projet, non. Il faut parler la même langue pour construire un projet. Et on l'a perdue. Ou elle n'a jamais existé, je ne sais pas. En tout cas, quand on parle, on ne s'entend pas vraiment. On ne se comprend pas. Il n'y a plus de communauté, seulement de la coexistence. Dans des zones de plus en plus hermétiques. Dans des rapports de plus en plus tendus.

Qu'est-ce qu'il reste à faire, alors ?

À part jouir, je ne vois pas… Jouir du temps qui reste. Jouir égoïstement avant la fin du monde. Moi, c'est ça que j'ai décidé de faire, en tout cas. On me fait des procès d'intention : comme quoi je suis devenu gros, et vulgaire, avec tout mon pognon, la Cadillac Escalade que j'ai offerte à mon petit frère, le sound system à 3 000 watts, mes copines qui ressemblent à des putes, mes amis qui sont des oligarques et des seigneurs de guerre. J'ai serré la main de Vladimir Poutine, j'ai failli me marier avec la fille de Chevtchouk [*Evgueni Chevtchouk, actuellement président de la Transnistrie, ou République moldave de Dniestr, État autoproclamé à l'ouest de l'Ukraine*], je mets mes capacités au service de régimes policiers, je suis infréquentable. Très bien. Si vous préférez Barack Obama, si vous aimez mieux vous convaincre que le Bien est du côté des Américains, que les assassinats par drones approuvés par Obama, ça n'a pas existé, que la façon dont le capitalisme américain est en train de foutre en l'air la planète, ça n'est pas si grave, que ce qui compte, ce sont les intentions, les apparences de l'intention, tant mieux pour vous. Moi, je crois pas qu'il y ait une grande différence entre tous ces gens-là. Et je ne crois pas non plus que nos actes comptent vraiment, en fait. Je n'y crois plus. Alors maintenant, oui, je fais des publicités pour du whisky et des bagnoles. Je prends l'argent là où on m'en donne. Et j'arrange mon temps libre du mieux que je peux. Vous avez un problème avec ça ? Pas moi. Vous pensez que c'est à cause de gens comme moi que votre vie est pathétique ? Tant mieux pour vous. Si je peux vous rendre ce service, si être votre bouc émissaire vous aide à supporter un peu mieux ce que vous êtes, j'en suis sincèrement ravi. C'est la preuve que je peux encore rendre service à mes frères humains.

Troisième partie

XVII

Au milieu des cris d'horreur, des hoquets et des vomissements, certains avaient aperçu, lorsqu'il s'était relevé, son visage dégoulinant de sang, son ventre ouvert et un bras pas tout à fait sectionné qui pendait à son flanc. D'autres assuraient que Mickaël n'avait rien, pas la moindre éraflure, lorsqu'il s'était éloigné dans le tunnel en courant. Plus tard, une caméra de surveillance l'attesta : quelques secondes seulement après sa tentative de suicide, son corps s'était régénéré.

Pendant les heures qui suivirent, on le chercha dans les souterrains du métro et il fut signalé un peu partout. Une dizaine de Parisiens courtauds aux cheveux bruns durent à cette battue sans ordre d'être appréhendés par erreur.

Saïd était celui des 83 qui s'entendait le mieux avec Mickaël. Il fut prié de collaborer. Ses dernières diatribes contre les autorités faisaient craindre un refus. On fut soulagé d'apprendre qu'il décollait dans l'heure de Miami, où il avait emmené d'anciens copains de son quartier faire la fête avec des filles rémunérées. Il voulait éviter le pire à Mickaël, mais il est probable aussi que, tandis qu'il s'apprêtait à porter son cas devant les tribunaux (il réfléchissait déjà, avec son conseil juridique, à une manière de rompre le contrat d'exclusivité qui le tenait pieds et poings liés à la disposition de l'État français), il ait eu la prudence de se montrer irréprochable chaque fois qu'on le sollicitait.

Vers vingt-deux heures, Mickaël s'immola et sauta sur le périphérique, où une camionnette de livraison le percuta. Une demi-heure plus tard, il nageait dans la Seine et plongeait sous des péniches touristiques, dont les passagers témoignèrent qu'il avait répondu à leurs salutations par des insultes. À minuit, hilare, il se jetait la tête la première du sommet de la tour Eiffel.

Qu'essaie-t-il de nous dire ? se demandaient, sur les plateaux où on les avait appelés, experts supérologues, psychanalystes et intellectuels tout-terrain, cependant que, craignant de nouveaux actes déments, le préfet de police recevait à minuit l'ordre de l'appréhender.

Après s'être écrasé au pied de la tour Eiffel, le visage encore boursouflé par l'impact, Mickaël s'empara du téléphone d'une jeune femme horrifiée, lui reprocha sèchement de n'avoir pas filmé sa chute et exécuta un selfie, ses doigts formant à l'avant-plan le V de la victoire, qu'il tweeta aussitôt sous la mention « IMMORTEL !!!! ». Puis il arrêta une voiture quai Branly, prit le contrôle du conducteur et encore une fois disparut.

Au petit matin, une dépêche annonçait sa mort. Elle fut très vite démentie : une source proche de l'enquête avait seulement déclaré que le 83 ne donnait plus signe de vie depuis le milieu de la nuit.

De quoi l'accusait-on au juste ? objectaient ceux qu'indignaient cette chasse à l'homme et la fièvre qui l'entourait. Il n'avait fait de mal à personne. On venait de retrouver en grande banlieue, sur le parking d'une station-service où Mickaël l'avait déposé, le conducteur de la voiture empruntée près de la tour Eiffel. Quoique sonné, le jeune homme était tout prêt à raconter les trente-cinq minutes passées en compagnie du super-héros – un moment d'une incroyable intensité, disait-il. Ils avaient à peine parlé pourtant ; Mickaël s'était montré doux et compréhensif. Le conducteur se déclarait très content de lui avoir prêté sa voiture. Il voulait maintenant la lui donner.

On apprit qu'il y avait malgré tout quelques raisons de s'inquiéter. Les milieux informés disposaient d'éléments dont le grand public découvrait qu'on avait, comme souvent dans ce genre d'affaire, jugé prudent de le priver. Depuis de longues semaines, le comportement de Mickaël s'était révélé « dysfonctionnel », affirmait un article du *Guardian* publié sur son site en milieu de journée. Le 83 avait annulé plusieurs fois sa participation à des missions cruciales, sans donner de raison, parfois même sans prévenir. Embarqués dans une patrouille au long cours, les sous-mariniers du *HMS Vanguard* avaient eu la surprise de détecter sa présence, par quatre cents mètres de fond, sur la coque de leur navire, où il grava, avec l'humour spécial qu'il affectionnait, les mots « MICKAËL WAS HERE ». Dans les trois derniers mois, il avait pris huit kilos. Il se droguait probablement. Et surtout, on soupçonnait qu'en plus de pouvoir lire dans les pensées d'autrui, il pouvait désormais les orienter. Ses dons n'avaient cessé de se développer.

Emmanuelle Mercier, cette députée sortie de l'anonymat depuis qu'elle avait qualifié Grégory d'« anormal », était devenue la championne de tous ceux qui, en France, estimaient que les super-héros représentaient une menace pour leur sécurité – un sondage établissait qu'ils étaient déjà 28 % avant que Mickaël ne saute sous la rame à Trocadéro. Mercier s'emporta contre ceux qui « savaient », les ministres et le Président, les journalistes, les magistrats. On avait laissé en liberté un déséquilibré et il était hors de contrôle. Citant Montesquieu en le sortant de son contexte, elle conclut que le pouvoir absolu corrompt absolument. Elle relayait alors l'opinion générale : les capacités de Mickaël lui avaient fait péter un plomb.

On le localisa. Grâce à la signalisation de sa voiture et l'analyse des enregistrements sur le réseau routier, il fut possible de suivre son itinéraire jusqu'à la commune de Trégastel (Côtes-d'Armor) où, sans qu'il sache très bien pourquoi, Mickaël était entré dans un pavillon de bord de mer. Deux ressortissants britanniques l'occupaient, une mère et son enfant, que l'intrusion du 83 réveilla. Il leur ordonna de rester allongés dans leur lit et de fermer les yeux, mais l'injonction n'eut pas d'effet sur le garçon, qui ne parlait pas un mot de français. Mickaël le savait, c'était la limite de sa capacité de suggestion. Il avait essayé sans succès d'obtenir les faveurs de danseuses brésiliennes accostées quelques semaines plus tôt à Praia do Sonho. Pour lui obéir, il fallait le comprendre. Alors il attacha l'enfant, puis tapa sur une tablette trouvée dans le salon « anglais tais-toi » et répéta « Be quiet ! » avec son très médiocre accent jusqu'à ce que le garçon comprenne et se soumette enfin.

Assis près de la fenêtre, le super-héros regardait la plage de sable noyée par le crachin dans un demi-jour gris. La mer s'était retirée, exposant de grands rochers aux formes molles parmi les flaques et les bancs d'algues échoués. Depuis son poste d'observation, derrière la vitre épaisse que des gouttes d'eau salée avaient constellée d'éclats pâles, l'immobilité du paysage semblait plus complète et son silence plus pénible. De temps en temps, une ou deux silhouettes apparaissaient au loin, musardant sur les rochers ou les pointant du doigt, occupées par on ne sait quelle pensée, allant vers on ne sait quelle aventure. Et Mickaël s'engourdissait, vaguement ahuri par tant de tranquillité.

Cinq heures plus tard, la maison était encerclée, deux hélicoptères survolaient la côte et des tireurs d'élite s'allongeaient dans les dunes environnantes. Un négociateur approcha. Il parlementa quelques minutes avec le 83 à travers un volet fermé puis revint auprès du préfet pour l'informer que le super-héros réclamait un biographe.

Sur la commune voisine de Perros-Guirec habitait depuis quelques années un jeune professeur d'histoire, Hugo Desprez, auteur de trois romans de science-fiction et jugé fiable d'après les quelques informations qui furent collectées à son sujet. Il entra dans le pavillon avec un ordinateur portable équipé d'un microphone furtif, d'une caméra espion et même d'une charge explosive, ce qu'il n'apprendrait que plus tard – Mickaël lisant dans les pensées, on ne pouvait rien dire à Desprez des manœuvres en cours.

Le 83 ne lui apparut pas incohérent et agité, comme on l'a parfois rapporté. Hugo Desprez se souvient de la poignée de main moite et des cernes bleus d'un homme à l'air épuisé. Mickaël prétendait qu'il n'avait pas dormi depuis dix-neuf jours, ce qui était sans doute faux, mais il aimait avoir en tout l'air surhumain. Or, avant de se reposer un peu, il souhaitait faire le point. Sa vie, confia-t-il à Desprez, s'était pas à pas obscurcie. « Comme toutes les vies… », finit-il par ajouter.

Une moue dubitative allongea ses lèvres. Peut-être soupçonnait-il ce qu'il venait de dire d'être banal ou contestable. Desprez fut en tout cas frappé par les fréquents signes d'indécision qui entrecoupaient ses propos : joues gonflées d'air, sourcils arrondis, phrases inabouties qui se criblaient de points de suspension. « Il paraissait complètement paumé », résume Desprez d'une voix posée. [*Lorsque je le rencontre – à son invitation, nous nous retrouvons chez lui pour évoquer cet épisode –, il me semble être sorti à peu près indemne de sa relation avec Mickaël. Son visage un peu plus plein qu'à l'époque dégage une impression de gravité et de contrôle, mais à l'entendre parler de sa vie retrouvée d'enseignant à peu près anonyme, on peine à croire qu'il ait pu être la personne la plus proche du 83 pendant quatre semaines.*]

Mickaël lui expliqua qu'il avait besoin de quelqu'un pour l'aider à mettre de l'ordre dans le fil des événements, en repartant du tout début peut-être – il refusait, on le sait, de considérer le 19-Janvier comme autre chose qu'une étape dans le parcours étrange et malheureux qui lui avait été assigné par quelque puissance supérieure, Dieu peut-être, ou la main du destin. Et, comme les anciens rois disposant de chroniqueurs officiels, Mickaël souhaitait qu'une sorte de journaliste appointé puisse le suivre au jour le jour.

« C'est là que j'ai compris qu'il voulait vivre, qu'il avait des projets, affirme Hugo Desprez. Même si je pense que, dans son esprit, c'était encore assez confus, un peu tout ou rien : soit il trouvait un moyen de mourir avant la fin de la journée, soit il accomplissait de grandes choses, des exploits, pour lesquels il voulait avoir à ses côtés un observateur à peu près digne de confiance. »

À aucun moment Mickaël n'entra dans son esprit, assure Desprez. Ils parlèrent ce jour-là des ambitions perdues de vue, des renoncements informulés, des vies ratées sans bien s'en rendre compte. Mickaël déboutonna sa chemise et lui montra la forme pointue de ses seins sur son buste alourdi. Il voulait expliquer, à propos de ces kilos en trop, quelque chose qui dépassait selon lui les problèmes de surpoids. « Mais ce n'était pas très clair ce jour-là, ça s'est vraiment précisé plus tard », rappelle Hugo Desprez.

Cette conversation annonçait le *pacte de légèreté*, dont Mickaël formulerait les préceptes dans les jours suivants. En vieillissant, faisait-il remarquer, les humains s'alourdissaient à tous les sens du terme. Tandis que leurs corps devenaient des masses adipeuses de plus en plus difficiles à remuer (c'est en faisant l'amour dans son lit qu'on s'en rendait le mieux compte, chaque mouvement exigeant un effort, arrachant un soupir, donnant à regretter la gangue de chair en surplus dans laquelle on se trouvait pris), leurs esprits se lestaient de ruminations moroses, de jugements arrêtés, ou plus rarement ployaient sous la certitude de leur propre importance. Pourquoi les rires ne rendaient-ils plus le même son aérien ? Quand avions-nous renoncé aux courses agiles sur l'herbe des jardins ? Où était passée la sensation d'apesanteur qui nous soulevait l'âme dans les jours insouciants ? On voulait chasser de son esprit l'image du bovin. Elle finissait par s'imposer.

Vers vingt-trois heures, à la demande des forces de police, Mickaël laissa sortir la mère et l'enfant. Ils furent étreints sous l'œil des caméras par le Premier ministre. Quelqu'un se mit à applaudir, aussitôt imité par les sauveteurs, les policiers et même quelques journalistes. Mais des huées les recouvrirent, fusant du parking de la plage où l'on avait repoussé la foule des badauds.

Ils avaient parfois traversé la France pour se masser le long des barrières, d'où l'on ne voyait rien sinon les allées et venues de quelques policiers mutiques. C'était un rassemblement disparate de voisins, de retraités, d'étudiants engagés, de curieux équipés de jumelles, de motards libertaires, d'adolescents séchant les cours et arborant sur leurs tee-shirts le slogan LIFE IS SIMPLE, de vendeurs ambulants proposant frites, chichis, galettes bretonnes et petites bouteilles d'eau. Beaucoup étaient venus témoigner leur soutien à ce super-héros qu'on voulait mettre aux arrêts. Très peu d'entre eux auraient pu affirmer qu'ils éprouvaient pour Mickaël une affection ancienne, mais ils avaient été bouleversés, sans doute, par sa tentative de suicide dans le métro parisien et, à présent que la police le cernait, il leur semblait qu'une fois de plus une injustice menaçait. Quelques autres, cependant, s'inquiétaient à voix haute de la déviance du 83 et espéraient qu'on allait le capturer. Dans les deux camps, les esprits s'échauffaient.

Les applaudissements qui saluèrent la sortie de la mère et de son fils déclenchèrent les hostilités. Tenus au courant des événements par leurs téléphones connectés, les pro-Mickaël s'insurgeaient contre les journalistes et leurs comptes rendus partiaux. Pourquoi parlaient-ils de « libération » ? On savait quoi, au juste, de ce qui avait eu lieu dans la maison ? Qui pouvait dire que le 83 avait maltraité quelqu'un ? Les anti-Mickaël leur opposant des arguments, on s'empoigna. Les barrières furent renversées, et les policiers reculèrent tandis que des manifestants bien organisés les harcelaient de projectiles divers en s'abritant derrière des véhicules incendiés.

Il fallut déployer une compagnie de CRS. Tournant en boucle à la télévision, les images des policiers en armure et des émeutiers aux visages dissimulés dans des écharpes rappelaient des incidents qu'on croyait cantonnés à Paris et ses environs. À cela s'ajoutaient des aperçus désolants de camping-cars en flammes et de retraités en pleurs dans le brouillard lacrymogène. Les Côtes-d'Armor s'embrasent, annonçaient les dépêches.

Desprez obtint de Mickaël la permission de se rendre aux toilettes. Là, il put communiquer avec les forces de l'ordre. [*Pour des raisons de confidentialité stratégique, il n'est pas autorisé à expliquer par quels moyens.*] On lui rappela qu'il était en danger et pouvait invoquer l'heure tardive pour demander à Mickaël l'autorisation de le quitter. « Pas une seconde je n'ai pensé qu'ils allaient donner l'assaut. Et c'est curieux, parce qu'en fait c'est souvent comme ça que ça se termine. Mais j'étais peut-être déjà tellement sous l'emprise de Micka, tellement bien à discuter avec lui… Je m'imaginais que tout le monde pensait comme moi, qu'ils le laisseraient tranquille, qu'ils n'oseraient pas le déranger. »

Hugo Desprez s'approcha du 83, dont les yeux fatigués papillotaient. Il lui demanda s'il pouvait rentrer chez lui et Mickaël sourit, avant de le raccompagner jusqu'à la porte d'entrée. Qu'il aille prendre un peu de repos, oui. Le lendemain serait une journée chargée.

Enfin seul dans le pavillon, Mickaël alluma la télévision. Il vit les manifestants dispersés, les casques de la police, l'horizon rouge et jaune des flammes derrière les envoyés spéciaux. Peut-être cela donna-t-il au 83, comme on l'a dit parfois, le sentiment d'avoir la multitude derrière lui, et d'être désiré.

Il confierait plus tard à Desprez qu'il ne comprenait plus très bien, à cette heure-là de la nuit, ce qui l'avait conduit dans cette location de bord de mer. Les événements de la veille composaient dans sa mémoire une suite trouble et fragmentée. Il y manquait des transitions, des étapes. Julie, sa deuxième épouse, l'avait appelé dans la matinée pour lui annoncer que, après le délai de réflexion qu'ils s'étaient accordé, elle ne reviendrait pas. Il avait, ce qu'il ne faisait jamais, sorti un carnet pour noter sur le vif ce qu'elle lui disait : *elle l'aimait ; c'était trop compliqué ; toute sa vie, des regrets la poursuivraient ; ça aurait pu marcher ; il fallait se reconstruire ; mettre un terme à leur vie commune paraissait la seule solution*. Comment avait-il réagi ? S'était-il efforcé de la faire changer d'avis ? Il ne se souvenait que des mots qu'elle avait prononcés.

Ensuite ses joues le cuisaient, et il pleura longtemps, la tête dans ses mains. Puis une torpeur l'envahit. Et c'est vers son premier amour que ses pensées le conduisaient. C'était elle, Fanny, la Fanny de ses quinze ans, qu'il n'aurait jamais dû quitter. Il chercha sur Internet ce qu'elle devenait. Une seule photo, trop petite, et floue si on l'agrandissait, lui apprit qu'elle portait maintenant les cheveux courts. Elle travaillait au ministère des Transports, selon le site LinkedIn. Elle n'avait pas changé de nom, elle n'était pas mariée, le bonheur l'avait peut-être fuie, elle aussi, et il pourrait la faire venir, et elle s'allongerait auprès de lui, elle poserait sa tête sur ses genoux et ils s'aimeraient comme il y a longtemps.

Il se souvint de la petite caravane, derrière le pavillon des parents de Fanny, où ils avaient dormi pendant l'été. Toute la nuit, ils se frottaient l'un contre l'autre, ils soupiraient de plaisir dans leur demi-sommeil et se réveillaient vers midi, trempés de sueur, la tête lourde. Le patchouli parfumait jusqu'aux livres et aux CD qu'elle lui prêtait. Les livres, il ne les ouvrait pas. Les CD, oui : elle écoutait Renaud, Bob Marley, Noir Désir et Manu Chao.

Décidé sur-le-champ à renouer, il passa quelques coups de téléphone et finit par obtenir le numéro de Fanny. La vie est pleine de surprises, pensait-il en contemplant cette série merveilleuse de chiffres qui allait annuler le temps perdu. La gorge serrée, il lui laissa un message affectueux (*Il avait repensé à elle ce matin*). Vingt minutes plus tard, il précisa dans un nouveau message sa pensée (*Était-elle disponible aujourd'hui pour un café ?*). La troisième fois, comme Fanny ne décrochait toujours pas, il voulut lui dire qu'il était déçu (*Elle avait choisi de l'ignorer, très bien*).

Elle ne rappellerait plus maintenant. Et pour se faire aimer d'elle, ce serait accablant, il faudrait la forcer.

Avant de descendre sur le quai du métro, il avait passé la fin de l'après-midi à regarder sur YouTube des clips de son adolescence. Une mélancolie l'enveloppait, qui lui semblait venir de loin, de vexations anciennes, d'attentes trompées, de changements qui n'avaient pas eu lieu.

Vers cinq heures du matin, la décision fut prise de le neutraliser. Les images du parking incendié avaient jeté la consternation jusqu'au sommet de l'État. Il devenait impératif d'agir avant le point du jour et le retour des caméras.

On n'avait à aucun moment tenté d'obtenir la reddition du forcené. Mickaël, dans l'état où il était, et vu son comportement au cours des derniers mois, refuserait toute coopération. Mais, après qu'ils eurent atteint la façade sud de la maison, les trois premiers membres du groupe d'intervention se retournèrent vers leurs collègues, déposèrent leurs fusils d'assaut, remontèrent leurs cagoules et se figèrent, les bras le long du corps, le visage arrêté sur une expression neutre, bouche entrouverte, des mannequins.

Au lieu de les rejoindre, deux de leurs collègues pointèrent leurs armes vers le ciel et vidèrent leurs chargeurs sans un mot. Derrière les véhicules de police, des agents se déshabillaient. Les journalistes, alertés, téléphonaient aux rédactions : on filmait ça ? on diffusait ? Puis, à leur tour, ils passèrent sous le contrôle de Mickaël, qui leur ordonna de se taire et de se dévêtir.

Des policiers mirent le feu à leurs véhicules. Une fois nus, les présents se prenaient la main et tournaient d'un pas traînant autour des bûchers. Leurs traits étaient creusés, leurs yeux fixes et légèrement exorbités, comme incrédules. Une mélopée sinistre s'échappait de leur gorge. On y reconnaîtrait, grave et très étiré, le leitmotiv de Dark Vador dans *La Guerre des étoiles*. Mickaël avait déjà manifesté son penchant pour l'humour grinçant. Il en donnerait d'autres preuves bientôt.

Au milieu du chaos, quelques esprits se découvrirent hermétiques. Le 83 n'avait pas prise sur eux, ils étaient libres d'agir. Parmi les forces de l'ordre, deux hommes du groupe d'intervention, Julien Brard et Gauthier Corduroy, se consultèrent à l'abri d'un véhicule. C'étaient deux jeunes policiers d'exception, vaillants au-delà du raisonnable et décidés, par sens moral autant que par goût de l'action, à mettre Mickaël hors d'état de nuire.

Ils contournèrent une ronde qui chantait et toussait autour d'un bûcher de pneus, puis rampèrent le long de cars de CRS tout juste embrasés, dont les vitres éclataient dans un grésillement de graisse fondue. Ayant repéré leur avancée, Mickaël jeta sur eux deux collègues pugnaces, dont Brard et Corduroy se débarrassèrent après quelques minutes d'une éprouvante lutte au sol. Par miracle, ils roulèrent enfin dans un fossé au moment où, actionnée derrière eux, une mitrailleuse leur tirait dessus.

Ils n'étaient plus qu'à une vingtaine de mètres de la maison occupée par Mickaël lorsque, alertés par des grincements métalliques, ils tournèrent la tête et aperçurent quatre voitures de police en flammes qui s'arrachaient du sol. Un vertige les saisit. Avec lenteur, le capot incliné vers le bas, les voitures fendirent les voiles de fumée pour se diriger en procession vers eux, comme poussées par la main d'un titan invisible. Bientôt, ces créatures de métal et de feu se balançaient en tournant au-dessus de leurs têtes, moteurs grondants. Alors, rattrapés par le sens des réalités, Brard et Corduroy déposèrent leurs armes, écartèrent les bras et s'agenouillèrent face contre terre pour bien marquer leur soumission.

XVIII

Xavier Fischer, conseiller à l'Élysée[1] : L'abattement. La peur. Une peur immense. Et pas l'ombre d'une idée. C'est de ça dont je me souviens, le premier jour.

Stéphane Huyghe, directeur central opérationnel à la DCRI : Le tuer, on y a pensé tout de suite. Mais techniquement, on allait faire comment ? Il se recomposait. On savait ce qui ne marcherait pas : une balle dans la tête, un coup de couteau… Ça allait l'énerver, c'est tout ce que ça allait faire. Alors, dès le lendemain, on est partis sur deux pistes : l'empoisonnement et la pulvérisation. Mais c'est toujours resté très spéculatif. On n'avait aucune idée de ce qui pourrait fonctionner. Le Président nous a simplement dit : « Il faut tenter quelque chose. »

Cédric G., vendeur : Les vingt-sept plus beaux jours de ma vie. Je devrais avoir honte de le dire, vu ce qui s'est passé, un bordel comme on n'en avait jamais vu, sauf dans les films catastrophes : les voitures abandonnées sur la route, les gens qui fuient en Allemagne, en Espagne, les rues très vite pleines de déchets…

1. J'indique la fonction ou la situation de mes interlocuteurs à l'époque des faits.

La panique, c'est sûr. Et même nous, ça nous arrivait de flipper. Dès le deuxième ou le troisième jour, on a vu des bandes qui pillaient les boutiques, qui entraient dans les appartements, qui attendaient les voitures devant des barrages improvisés. C'est clair qu'il y a eu des dérapages. Et en même temps, pouvoir faire un peu n'importe quoi, pas méchamment, mais un peu n'importe quoi quand même, c'était extraordinaire. Pour nous aussi, je veux dire : nous aussi, on y avait droit. Vous comprenez, ça ? Avec des amis, on a repéré un aérodrome déserté, dans le 78, et on a forcé les cadenas pour pouvoir entrer de nuit avec nos voitures. La piste faisait à peu près six cents mètres de long, on éteignait les phares et on fonçait.

MATHILDE HENRY, substitut du procureur à Bobigny : Le moindre gars qui se faisait arrêter en train de piller un supermarché levait les mains en l'air et expliquait qu'il était manipulé par Mickaël. Même chose avec les types violents : tous sous son emprise, si on les écoutait.

JEAN-PIERRE GUYARD, président de l'association Surveiller les pouvoirs : L'adresse du Président aux Français, c'est la chose que je ne pardonnerai jamais à Mickaël. Vous pouvez me dire qu'il a fait bien pire, qu'il y a eu des morts, directement ou indirectement, c'était sa faute, et puis des dégradations qui ont coûté des milliards d'euros. Mais ce qu'il a infligé au Président, saboter son discours, le faire bégayer, lui faire dire des choses parfaitement salaces, des phrases sans queue ni tête, c'était tellement de mauvais goût, tellement gratuit… À travers le Président, c'est tous les Français qu'il a choisi d'humilier.

HUGO DESPREZ, chroniqueur officiel : Lui, il a toujours été très clair là-dessus. Dès le premier jour, il l'a dit : « Je vais être un tyran africain. » Il voulait que ça ressemble à ça, une grande farce, quelque chose d'assez démesuré, avec pas mal de mauvais goût.

Constance Heltz, chercheuse en sciences politiques, auteur de plusieurs articles sur les Vingt-Sept Jours : Il y avait une vision, quand même, une sorte de programme. Après, bien sûr, on peut dire que son pacte, c'était n'importe quoi parce que ça ne ressemblait à rien de connu. Mais si vous analysez de près les décrets qu'il fait passer dans sa Nouvelle République, c'est assez cohérent. Les cours de gymnastique obligatoires, la liposuccion gratuite, les projets d'usines pour fabriquer des deltaplanes et des montgolfières, le cerf-volant comme emblème national… Tout ça est organisé autour d'une pensée qu'il théorise de manière assez rudimentaire et qu'il essaie de faire appliquer dans à peu près tous les domaines. Un problème est identifié, la pesanteur, et des réformes sont envisagées pour le corriger. La légèreté devient son projet de société.

Emmanuel Dreyer, avocat, membre fondateur de la Ligue de défense des héros français : Et au milieu de tout ça, il promulgue quand même plusieurs décrets révolutionnaires, comme la suppression pure et simple de l'héritage. Plus de transmission du patrimoine, l'État récupère tout ce qui reste à votre mort. Ce que Mickaël appelle le « socialisme posthume ». Pour la première fois en France, on va tous naître égaux. Vous me direz qu'il y a encore des différences, des familles plus éduquées, du capital culturel qui continue de se transmettre des parents aux enfants. Ok, mais c'est quand même plus d'égalité qu'avant. Tant qu'il y a des héritages, tant qu'il y a des gens qui se sont juste donné la peine de naître au bon endroit, avec leur nom sur le bon compte en banque, la démocratie, ça reste une fiction. Avec Mickaël, ça commençait vraiment.

Brieux Férot, journaliste à Super-H : D'accord, il a demandé à des juristes de travailler sur une nouvelle Constitution, il a signé plein de décrets et il a fait imprimer du papier à en-tête, mais en vingt-sept jours, il n'a pas eu le temps d'aller très loin. Rien n'a été appliqué. Et même si ça avait duré plus longtemps, je ne suis pas persuadé qu'il voulait vraiment aller au-delà de ses déclarations d'intention. À aucun moment il n'a essayé de contrôler le territoire, par exemple. L'Île-de-France et les départements limitrophes sont devenus une espèce de no man's land chaotique, pas mal de gens ont fui le pays et le gouvernement s'est réfugié à Bordeaux, mais lui, s'il avait voulu, il aurait pu imposer sa loi partout, avec des flics et des soldats dont ils pouvaient très bien prendre le contrôle. Il aurait aussi pu éliminer, ou du moins essayer d'éliminer, le Président et ses adversaires, à commencer par les 83. Mais il n'a rien fait de tout ça. Je crois que ce qui le faisait triper, fondamentalement, c'était d'être dans le salon des Arcades à l'Hôtel de Ville, de regarder sa cour et de donner des interviews. Le reste, le travail politique en lui-même, c'était trop concret, trop laborieux pour lui.

Andres Koepp, réalisateur du documentaire *Micka* : Est-ce qu'il y a des personnes qui ont sincèrement soutenu Mickaël, ou est-ce qu'il les a toutes manipulées ? Aujourd'hui, vous n'allez trouver pratiquement que des victimes. Mais scientifiquement, ça ne tient pas la route. On pense que Mickaël n'a jamais été capable de prendre le contrôle de plus de dix mille personnes en même temps. Donc quand, le 15 juin, vous vous retrouvez avec près d'un demi-million de gens dans les rues de Paris, entièrement nus, qui crient des espèces de slogans dadaïstes, qu'on voit par exemple prier pour la résurrection de Coluche, vous êtes tout simplement hors format. Il y a eu un effet d'entraînement, et un effet d'adhésion. Il est clairement arrivé à un moment où la société française avait besoin de chaos.

Michel Sabard, psychiatre à l'Hôpital d'instruction des armées Percy : C'est plus compliqué que ça. Dans le pouvoir de suggestion de Mickaël, il faut distinguer deux phases. La phase de contact, pendant laquelle il prend possession de votre esprit : là, vous ne pouvez plus rien faire. Il vous dit de vous jeter par la fenêtre, vous vous jetez, c'est tout. Le libre arbitre est anéanti. Et puis il y a la phase qu'on a appelée de « post-présence », où le jugement est encore très altéré. Mickaël est parti, il ne vous contrôle plus, mais vous continuez d'éprouver de l'attachement, qui peut aller jusqu'à une forme d'amour, et même occasionner des symptômes de manque, une mélancolie assez violente. On a parfois rapproché cette expérience du syndrome de Stockholm, et je suis assez d'accord avec cette analyse.

Séverine F., étudiante en droit : Le bruit courait qu'il organisait des espèces d'orgie à l'Hôtel de Ville, qu'il se passait des trucs de dingue, et j'ai eu envie de voir ça. Je me souviens de la force avec laquelle je l'ai voulu. Moi, à cette époque, j'étais vraiment le modèle de la jeune fille toute sage, les études avant tout, pas beaucoup de fantaisie, sexualité hyper-normée. Et donc cette théorie comme quoi on a aimé Mickaël parce qu'on avait envie de désordre, parce qu'on était trop coincés, trop corsetés, je sais pas ce qu'elle vaut au fond, mais pour moi, c'est sûr que ça s'applique.

Le métro était déjà hors service, alors j'ai marché vers l'Hôtel de Ville. Au niveau de la Seine, des flics voulaient nous empêcher d'aller plus loin, mais toutes les trente secondes, il y en avait un qui commençait à se déshabiller, à chanter, à sauter dans tous les sens, alors c'était pas très compliqué de passer en courant à travers le cordon de sécurité.

Je ne sais pas à quel moment je me suis mise toute nue. Il y avait une foule énorme de l'autre côté de la Seine, presque tout le monde à poil, des corps emmêlés, des gens qui faisaient l'amour, et c'était assez choquant pour quelqu'un comme moi. Ça ne m'a pas fait envie, mais c'est parce que ce n'est pas ça que je voulais. Moi, je voulais qu'il me prenne. Et à un moment, parce que j'étais jolie à cette époque, vraiment au-dessus du lot, on m'a laissée arriver jusqu'à l'espèce de salle du trône qu'il s'était fait aménager à l'Hôtel de Ville.

Il m'a vue, il m'a regardée. Rien que ça, c'était… J'ai écarté les bras et je me suis mise à pleurer. Mais après, il n'y a rien eu. Rien. Il ne pouvait pas entrer dans ma tête. Son regard s'est durci. Deux ou trois vigiles m'ont plaquée au sol et puis on m'a mise dehors. Ensuite, j'ai traîné dans la rue. J'avais tellement honte de moi. De ma nudité, aussi, tout d'un coup. Et je me souviens que je suis entrée dans le magasin Gap de la rue de Rivoli, qui avait été complètement dévalisé, et que j'ai ramassé les vêtements que j'ai pu trouver. Je sais tout ce qui s'est passé ensuite. Tout le mal qu'il a fait. Mais moi je me suis sentie infirme.

Stéphane Huyghe, DCRI : Il y a eu cette fille, il y en a eu d'autres… Il pouvait exercer son contrôle sur à peu près 90 % des gens – combien précisément, on ne le saura sans doute jamais. Mais 10 % de la population qui vous échappe, ça fait quand même encore beaucoup de monde. Et puis, on l'avait vu avec la prise d'otages à Trégastel, comme son pouvoir passait par le langage verbal, c'était très difficile pour lui de dominer des étrangers qui ne comprenaient pas le français.

Dès le troisième jour, il a montré des signes de paranoïa. De quoi avait-il peur, puisqu'il était sans doute immortel ? D'être espionné. D'être empoisonné, aussi : il était persuadé qu'un poison pouvait le tuer. Et puis c'était dans son tempérament. Depuis tout petit, il ne voyait les choses que comme ça, lui contre le reste du monde. Il fallait pas le pousser beaucoup pour qu'il se mette à voir des ennemis partout. Donc le climat a changé. Après deux jours de liesse, c'est devenu plus policé. En tout cas autour de lui, dans le cœur de Paris. Nous, c'est sûr que ça a compliqué notre approche, même si on a pu continuer à travailler. La tentative d'empoisonnement avait eu lieu la veille et le fiasco total que ça a été nous a incités à prendre un peu plus de temps avant la prochaine tentative.

John Conyngham, consultant en intelligence stratégique : L'empoisonnement, pour vous dire à quel point ça a foiré : encore aujourd'hui, on pense que Mickaël ne s'est même pas rendu compte que la fille avait versé des sels de cyanure. Son organisme était si résistant aux substances toxiques qu'il n'a tout simplement rien senti.

Michel Sabard, psychiatre : Tous les témoignages des hermétiques mentionnent une tentative d'intrusion qui se solde par un échec. L'image qui revient le plus souvent est sexuelle. Les sujets ont conscience que quelque chose – certains disent un « doigt », d'autres sont plus vagues et parlent d'une « force » – essaie de pénétrer leur esprit. Je me souviens d'avoir assisté au débriefing du Prophète après la tentative que Mickaël a faite sur les autres 83, qui étaient tous hermétiques, heureusement. Il avait, lui, eu l'impression que la gueule d'un chien fouaillait dans sa tête et rencontrait une surface « élastique » qu'il ne parvenait pas à déchirer.

Virginie : Mais à aucun moment je n'ai eu le sentiment de résister. Ça ne dépendait pas de vous. Il faut le préciser parce qu'il y a des gens qui culpabilisent exactement comme des filles violées. Ceux que Mickaël n'a pas réussi à prendre étaient juste incompatibles, comme les pôles opposés d'un aimant. Il n'y a pas d'un côté ceux qui ont lutté et de l'autre ceux qui ont baissé les bras. Juste ceux qu'il a pris et ceux qu'il n'a pas pu prendre.

Stéphane Huyghe, DCRI : Que les 83 se révèlent hermétiques, oui, ça a été un soulagement parce que personne n'aurait aimé les voir sous ses ordres. Mais ça ne réglait pas le problème Mickaël. Cette fois, ils étaient aussi impuissants que nous.

Steven Erlanger, journaliste au *Boston Globe* : Il y a plusieurs raisons pour expliquer l'entrée en scène des États-Unis. D'abord, une incontestable supériorité technologique. Et puis, après le 11-Septembre, on était revenus en pointe pour les éliminations ciblées. C'est quelque chose que nos unités d'élite pratiquaient de façon régulière, partout où les djihadistes avaient des bases arrière. Côté français, ça restait très exceptionnel. Donc au niveau du savoir-faire, avantage aux Américains. À moyen terme, c'est aussi toujours utile pour une puissance comme les États-Unis de rendre ce type de service. On sait que ça va impliquer des contreparties, des accords commerciaux avantageux, etc.

Mais la raison principale, pour moi, elle est ailleurs : entre le 19-Janvier et le coup de folie de Mickaël, vous noterez que, chez nous, on a très peu parlé des 83. Les exploits du Capitaine ou de Virginie à travers le monde, ça faisait rarement une ligne dans nos journaux. Et pas une seule fois Washington n'a demandé à Paris l'appui des super-héros français. Quelqu'un comme Saïd, par exemple, avec son invisibilité et sa maîtrise de l'arabe, aurait été très utile dans certaines opérations antiterroristes. Mais non, jamais nos responsables politiques n'ont demandé quoi que ce soit. Et c'est à mon avis parce que l'existence même des 83, on ne la vivait pas très bien. C'était une idée insupportable, vous comprenez, qu'ils ne se soient pas révélés *chez nous*. On est les plus puissants, oui ou merde ? Mais nos héros, la Delta Force, le Team-6 qui a éliminé Ben Laden et tout ça, ça valait quoi à côté de la puissance des 83 ? Tout d'un coup, on avait l'air minables. Seulement, à partir du moment où vos super-héros se sont mis à vous péter à la gueule, et où c'est devenu un avantage tactique par rapport à Mickaël de *ne pas* parler français, ça a été délicieux pour nous de vous tendre la main.

Emmanuel Dreyer, avocat : L'opération du 20 juin s'est faite complètement en dehors du droit, mais ça, encore aujourd'hui, c'est quelque chose que très peu de gens osent rappeler, et il faut bien reconnaître que ça rencontre très peu d'échos. La décision de tuer un homme a été prise sans débat au Parlement et – ça va sans dire – sans aucune consultation populaire. L'état d'urgence, décrété en Conseil des ministres, n'autorisait absolument pas l'assassinat de Mickaël. De toute façon, c'est simple : en France, *rien* ne vous autorise à éliminer quelqu'un de cette façon-là.

Stéphane Huyghe, DCRI : On a toujours su très précisément où il se trouvait et, même si je ne peux pas rentrer dans les détails pour des raisons de sécurité, il y avait en permanence dans son entourage des personnes-ressources qui pouvaient nous tenir informés de ce qu'il faisait. C'est comme ça qu'on a découvert où il dormait, et de quelle heure à quelle heure. Le sommeil, c'était son seul point faible. Il le savait très bien, et il ne fermait pas longtemps les yeux. Jamais plus de trois ou quatre heures. Mais ça nous laissait quand même un créneau assez important pour agir. Bien sûr, autour de lui, il y avait des systèmes d'alarme et des gardes du corps, mais techniquement rien d'insurmontable. Je dirais que, une fois que vous avez un objectif militaire et qu'il est localisé, ce n'est plus qu'une question de moyens et de timing. Dans une situation comme ça, les moyens sont sans limites. Côté timing, le fait qu'on n'agisse pas tout de suite a été très critiqué, mais par des gens qui ne comprennent pas bien comment fonctionne ce genre d'opération.

Frédérique Salvaresi, directrice centrale adjointe à la DCRI : C'était l'unité d'élite typique : crânes rasés, barbus, tatoués, hyper-entraînés, sûrs d'eux, de vraies machines de guerre. Niveau anglais, on ne savait pas où en était Mickaël : il suivait une autoformation sur Internet, mais sa Nouvelle République ne lui laissait pas beaucoup de temps pour ça, bien sûr, et sa vitesse d'assimilation, contrairement à ce qu'on a pu dire et écrire, n'a jamais été exceptionnelle. Mickaël était comme à peu près n'importe qui à ce niveau-là, pas spécialement doué, assez lent.

Ça aurait été mieux d'avoir des soldats hermétiques, mais on n'avait aucun moyen de les dépister. La seule manière de savoir si vous étiez imperméable au pouvoir de suggestion de Mickaël, c'était d'y être confronté. À un moment, je me souviens, quelqu'un a proposé qu'on monte un commando de gens qui avaient passé le test. Comme la petite Séverine F., par exemple, l'étudiante que vous avez interviewée. Et d'autres encore, qu'on avait repérés. Donc voilà, on allait prendre ce genre de citoyens lambda, les former en quelques jours et les envoyer dans la gueule du loup pour délivrer l'humanité d'une des menaces les plus extrêmes qu'on ait jamais connues. Comme dans les films hollywoodiens, vous voyez ? C'était pas sérieux deux secondes. On a pris des SEAL américains ultra-entraînés et à peu près protégés par leur ignorance totale du français. C'était le mieux qu'on pouvait faire.

Colonel Jean-Philippe d'Haussonville : Aucune opération n'est jamais parfaite. Celle-ci a été conduite de bout en bout exactement comme il le fallait.

Christophe Balssa, rédacteur pour *Défense et Sécurité internationale* : Les bombes à effet de souffle, qu'on appelle aussi armes thermobariques, c'est un peu moins puissant qu'une charge nucléaire, et ça n'a aucun effet secondaire, si on peut s'exprimer ainsi. Pas de contamination de l'environnement. Donc, par rapport aux bombes conventionnelles, en termes de coût-efficacité, vous ne trouvez pas mieux. La destruction se fait en deux temps : une première explosion disperse dans l'air un gaz combustible, une sorte de nuage (là, je ne sais pas exactement ce que le commando a utilisé, mais c'est souvent un mélange RDX-aluminium), puis quelques millisecondes plus tard une deuxième explosion l'embrase. La surpression que le blast engendre, combinée à la combustion, est absolument dévastatrice. Si vous êtes au cœur de la zone d'effet, ce qui était le cas de Mickaël, vous êtes désintégré dans l'instant.

Colonel Jean-Philippe d'Haussonville : Il a été désintégré. Je suis absolument catégorique là-dessus.

Andres Koepp, réalisateur : Il n'avait aucune idée de ce qu'il allait faire ensuite. Au début, il a improvisé au jour le jour. C'est vrai qu'il avait cette obsession de la pesanteur, mais ça a plus été une source d'inspiration qu'autre chose. Ensuite, comme il était un peu à court d'idées, il s'est pris au sérieux. Les révolutions, c'est souvent comme ça : ça commence comme des carnavals, et puis ça se termine comme des grand-messes.

Thomas Wieder, journaliste au *Monde* : Quand je l'ai rencontré pour l'entretien, le septième jour, la première chose dont il a voulu me parler, c'est du matérialisme spéculatif de Quentin Meillassoux. Je m'attendais à tout sauf à ça. Il était assis dans le bureau du maire de Paris, une pièce très calme, calfeutrée – ça tranchait avec l'espèce de cour des miracles libertaire qui s'était installée dans les grandes salles de l'Hôtel de Ville –, et il était habillé d'une chemise grise, repassée de frais, je m'en souviens, on voyait encore le pli qu'avait laissé le fer sur les manches. Il a répété plusieurs fois que « la seule nécessité, c'est la contingence » et il laissait entendre que c'est ce principe qui guidait la Nouvelle République. Je suis loin d'être un spécialiste en philosophie, mais au bout de cinq minutes j'ai bien vu que lui non plus n'y comprenait pas grand-chose – et Quentin Meillassoux, que j'ai rencontré plus tard, me l'a lui-même confirmé. Comme il n'avait pas de diplôme, je pense que Mickaël était surtout fier de placer son action sous une forme de patronage philosophique. Il voulait se légitimer.

Hugo Desprez : Non, son truc sur Meillassoux, je vous assure que c'était une blague de plus. L'esprit de sérieux, je ne suis pas sûr que ça l'ait jamais vraiment touché. À un moment, il a simplement trouvé drôle de se draper dans des références hyper-légitimes. Se réclamer de l'ontologie factuale, se faire prendre en photo en train d'annoter la *Guerre des Gaules* ou commander une statue géante de l'écrivain Patrick Modiano, c'était juste une manière de prolonger la farce.

Philippe Genévrier, commissaire divisionnaire : Vous connaissez l'adage, rien ne se perd dans la nature… Son corps s'est pulvérisé. De ce point de vue, l'opération a été un succès. Le commando est entré dans le Lutetia, la charge thermobarique a été fixée au plafond de la chambre sous laquelle il dormait, le commando est ressorti et dix secondes plus tard, boum, plus de Mickaël, plus de chambre d'hôtel et, vu la puissance de la bombe, pratiquement plus de Lutetia. Et puis ses cellules se sont rassemblées. Ça m'a paru très rapide, je dirais une minute environ, mais ça a peut-être été trois ou quatre. Il s'est reconstitué. À partir de là, qu'est-ce que vous voulez… On l'avait mis très très en colère, il n'allait pas rester sans riposter.

Werner Herzog, réalisateur : J'ai trouvé que c'était un défi intéressant. Et encore aujourd'hui, je peux vous dire que si on me proposait de faire un film sur sa vie, je signerais sans hésiter. Bon, les idées qu'il avait pour le scénario n'étaient pas terribles. Je le lui ai dit et il m'a répondu que, de toute façon, il comptait engager quelqu'un pour écrire. Ensuite, je me souviens, il a voulu qu'on parle du casting. C'était ce qui l'excitait le plus, d'imaginer qui pourrait jouer son rôle, qui pourrait jouer Fanny, la première fille qu'il avait aimée. Pour interpréter son personnage à lui, il voulait à tout prix Vincent Cassel. Je lui ai dit qu'il était un peu trop vieux pour le rôle, mais ça n'a pas eu l'air de l'inquiéter plus que ça. Il m'a dit : « On va le rajeunir. » On a fait deux réunions de quatre heures chacune, et tout était comme ça : pharaonique, enivrant, sans limites. Maintenant, est-ce que ça aurait fait un bon film ? Je crois pas. Il voulait se mêler de tout, il aurait transformé ça en un truc à sa gloire, sans la moindre aspérité. Mais n'empêche, j'aurais adoré participer à ça.

Emmanuel Dreyer, avocat : Il est rentré dans une logique de défense. Et c'était parfaitement normal. On essaie de vous assassiner… il n'y a plus de justice vers laquelle se tourner, puisqu'elle est aux mains de ceux qui vous ont agressé… Alors vous répondez à la violence par la violence. Il n'avait pas moins de raison de le faire que n'importe qui dans une situation pareille.

Éric Pereira, frère de Mickaël : Je voudrais simplement dire que ça ne lui ressemblait pas. Prendre le pouvoir, jouer au

Président, c'était pas du tout quelque chose dont il avait envie. Même après le 19-Janvier, il ne m'a jamais parlé de ça. Il y a des personnes qui souffrent du diabète. D'autres qui sont schizophrènes. Lui, ok, il est devenu complètement mégalomane. Mais c'était une maladie. J'aimerais bien qu'on n'oublie pas ça quand on parle de lui.

Sébastien Lallemant, gardien de l'ordre : Dès qu'il est sorti des gravats, dès qu'on a vu la silhouette d'un type qui marchait dans l'espèce de brouillard que toute la poussière de l'explosion avait créé, moi, j'ai reculé et je suis rentré dans une voiture. C'est sans doute ça qui m'a sauvé. Quand deux de mes collègues se sont mis à nous tirer dessus, je me suis baissé et la carrosserie m'a protégé. Après, pendant la tuerie, je suis resté recroquevillé dans la même position. Sur le moment, entendre les cris, les tirs, mais sans rien voir, c'était très éprouvant. Aujourd'hui, je me dis que c'était mieux comme ça. Vraiment. Ça m'aurait niqué la tête de voir les collègues qui s'entre-tuaient. Les étranglements, surtout. Je sais qu'il y a des vidéos qui circulent sur Internet, mais jamais, jamais je n'ai cherché à voir ça.

Xavier Fischer, conseiller à l'Élysée : On est en France. Il n'y a pas d'union nationale, surtout dans des situations comme ça. Personne n'était d'accord sur ce qu'il fallait faire. Le seul consensus, c'était sur l'idée que les autorités faisaient n'importe quoi, qu'on était en dessous de tout.

Stéphane Huyghe, DCRI : On s'est dit : donc il ne va pas mourir. Ça ne va tout simplement pas avoir lieu. Jamais.

Steven Erlanger, journaliste : Il s'est débrouillé pour retrouver chacun des membres du commando américain. Ce n'était pas très compliqué pour lui de les identifier : il suffisait de fouiller dans l'esprit des responsables de l'opération pour retrouver des images des soldats et leur identité. Je pense qu'il était très antiaméricain, comme beaucoup de Français. Et donc il a mis une application particulière à les faire traquer. Et à les faire souffrir au moment de les tuer.

Le seul qui a survécu, Matt Hurst, vit en Floride, il a un petit bateau de pêche, et pour quelques centaines de dollars il arrondit ses fins de trimestre en vendant son témoignage aux journaux qui s'intéressent encore à cette affaire. Hurst a une théorie intéressante quand on lui demande pourquoi il a survécu à la chasse à l'homme que le 83 avait lancée contre les SEAL. Il est persuadé que, même s'il a vécu planqué jusqu'à la neutralisation de Mickaël, il aurait pu se faire tuer n'importe quand. Mais, selon lui, c'est son signe astrologique qui l'a sauvé. Il est né à la fin du mois de novembre, il est Sagittaire comme Mickaël. Et, d'après lui, Mickaël ne peut pas tuer les Sagittaires. Ça paraît fantaisiste, mais le truc, c'est qu'aucun Sagittaire n'est mort, en tout cas directement, du fait de Mickaël. Quand il a pris le contrôle de combattants, devant le Lutetia, à Marseille, à Rome, puis plus tard dans les rues de New York, aucun d'entre eux n'a tué un Sagittaire. Pourquoi ? Je n'en ai aucune idée. Hurst pense que c'est parce qu'ils sont les « frères cosmiques » de Mickaël. Et il a réuni autour de lui une petite milice de Sagittaires convaincus, qui s'entraînent le week-end en attendant le réveil du 83. Parce que, si tout était à refaire, Hurst se battrait à côté de Mickaël. Mais comme pas mal de gens, en fait.

Hugo Desprez : Quand il a su que, sur la place Saint-Pierre, des centaines de milliers de fidèles se rassemblaient pour prier, puisque maintenant il n'y avait plus rien d'autre à faire, prier pour qu'il ait un infarctus, ou une rupture d'anévrisme, je l'ai vu hésiter.

Je ne sais pas très bien pourquoi. Il ne croyait pas en Dieu, ce n'était pas de la superstition. Mais se voir à travers leurs prières et leurs visages baignés de larmes comme le grand méchant, une espèce de nouveau Hitler ou de Sauron… est-ce que ça l'a tout simplement touché, le désarroi de ces gens, la peur panique qu'il leur inspirait ? En tout cas, il est resté vingt bonnes minutes devant l'écran de télévision, livide, sans expression. Et quand il a créé des émeutes dans Rome en prenant le contrôle de quelques milliers de fidèles, j'ai eu l'impression qu'il le faisait parce que c'était attendu, parce que c'était redouté. Pas parce qu'il était en colère contre ces gens.

ANDRES KOEPP, réalisateur : Quand on repense aux Vingt-Sept Jours, c'est incroyable à quelle vitesse on est passé d'un truc foutraque, jubilatoire, à quelque chose de franchement sinistre, même pour lui. Ça ne le faisait plus rire du tout. Même le Grand N'importe Quoi, c'était devenu son registre. Le rôle dans lequel on l'attendait. Il lui restait quoi, si même ça, ça devenait prévisible ? C'est comme ça que vous devez comprendre le personnage : un type mal dans sa peau, qui essaie fondamentalement de s'échapper. S'il n'y a plus de porte de sortie, vous allez le voir imploser.

STÉPHANE HUYGHE, DCRI : La seule chose à laquelle il fallait réfléchir à présent qu'il était établi que rien, absolument rien, ne pouvait le détruire, c'est comment l'empêcher définitivement de nuire. Le Premier ministre était très séduit par l'idée qu'on l'envoie dans l'espace. Vous voyez l'idée : on l'emprisonne, on le met dans une fusée, et ensuite, bye bye, on l'envoie dériver dans les profondeurs de la galaxie. Le problème, c'était la première étape. Aucune certitude qu'on puisse l'arraisonner. On a réfléchi à différents scénarios et il n'y avait rien qui tenait la route. Et même une fois dans la capsule spatiale, quelle garantie on avait qu'il ne réussisse pas à la ramener vers la Terre ? On parle d'un homme qui faisait danser des voitures. Aucune loi physique n'était plus garantie depuis les événements de Trégastel.

Sophie Chastel-Morand, présidente de la Ligue de défense des héros français : À aucun moment personne n'a véritablement envisagé une solution négociée. Ça a toujours été : il faut se débarrasser de ce monstre. Il faut le tuer. C'est un dictateur. Avec lui, c'est la fin. Maintenant, moi, j'aimerais bien vous poser une question : il se serait passé quoi, si on l'avait laissé faire ce qu'il voulait ? Il aurait violé des femmes et tué des petits enfants ? Sérieusement ? Est-ce qu'on aurait vécu dans un monde horrible ? Dans un monde moins juste ?

Saïd : Faut arrêter les conneries. Tous ces gens qui vous re-racontent l'histoire… La théorie du despote éclairé… Faut arrêter avec cette espèce de réécriture mélancolique où tout d'un coup ça devient le sauveur qui nous a manqué, le prophète socialiste, Fidel Castro avec des superpouvoirs et qui n'aurait pas mal tourné… Sans déconner. Il n'aurait pas redistribué les richesses, il n'aurait pas taxé le capital, les transactions financières, ou je sais pas quoi d'autre. Il n'aurait pas débarrassé le monde des méchants patrons et des méchants pollueurs. Il n'aurait rien fait de tout ça. Pas parce qu'il était contre. Simplement parce qu'il n'avait pas de projet. Il n'avait aucune idée de ce qu'il était en train de faire et de où il était en train d'aller. Son frère a raison : Mickaël était malade. Si on l'avait laissé faire, franchement… on aurait tenu quoi, vingt jours de plus ? Et après, à un moment, pour voir, il aurait tout fait péter.

Hugo Desprez : Personne ne sait rien de rien. Personne ne peut dire ce qui se serait passé.

Michel Sabard, psychiatre : Il faut faire attention aux reconstitutions. Beaucoup de gens font et disent des choses sans bien savoir pourquoi. C'est même, on pourrait dire, l'un des modes d'action les plus fréquents : vous agissez, et c'est seulement ensuite que vous trouvez une explication pour vous justifier. Mais le processus qui mène à l'acte, même à un acte très simple comme de sourire poliment à la vendeuse quand vous entrez dans un magasin, il est assez complexe, et très difficile à décomposer. Malgré tout, on peut penser que chez Mickaël dominaient un sentiment de déclassement et une envie de revanche sociale. Il ne l'a jamais formulé comme ça, mais je serais prêt à dire qu'il a pris le pouvoir parce qu'il n'est pas devenu footballeur. Le footballeur Mickaël Pereira, même avec une capacité de suggestion mentale, n'aurait sans doute jamais connu la même trajectoire.

Andres Koepp, réalisateur : Il a pris le pouvoir parce qu'il était dépressif. Complètement cassé. Par plusieurs facteurs : une célébrité immédiate et très pesante, le sentiment aigu d'être déjà trop vieux, d'avoir manqué plein de choses, et l'impression que le monde ne tournait pas rond. C'est une revanche, oui, mais il ne faut pas la réduire à sa dimension personnelle. Plutôt une revanche sur le monde tel qu'il est, une envie de sortir des règles du jeu. Et de faire sortir tout le monde du jeu en même temps que lui.

Emmanuel Dreyer, avocat : On ne lui a pas laissé le choix. Il était traqué, et il avait face à lui un État complètement inique. Il a pris le pouvoir pour se défendre avant tout.

Saïd : Quand on peut prendre le pouvoir, on le prend, c'est tout.

Nicolas Flory, infirmier : Il est venu en moi le neuvième jour. Je pourrais essayer de vous décrire ce que j'ai ressenti, mais je ne vais pas le faire pour deux raisons. La première, c'est que vous ne pouvez pas le comprendre. Même si je trouvais les bons mots. Même s'il y avait des mots assez forts pour décrire ce que j'ai ressenti – vous, ces mots ne vous diraient rien. L'autre raison, c'est que ça ne me ferait pas du bien à moi. La personne que je vois m'a conseillé de ne pas en parler. Et même d'essayer, au maximum, de ne plus y penser. Ça ne se reproduira plus, des joies comme ça. Sauf si Mickaël revient et qu'il décide de me reprendre. Mais il aura tellement de choses à faire… Il y a tellement plus important que de me remplir moi.

Isabelle P., enseignante : Il m'a prise le troisième jour, pour aller bloquer des policiers qui voulaient évacuer des frères et des sœurs place de la République. J'ai reçu un tir de Flash-Ball dans l'œil, alors j'entends souvent dire que j'ai été deux fois victime : une première fois parce que Mickaël m'a possédée, une deuxième fois parce que je ne vois plus de l'œil gauche. Et il n'y a rien qui m'énerve autant que ce mot de victime. Moi, je vais vous dire, je n'attends qu'une chose, c'est le réveil de Mickaël. Ce jour-là, je serai à ses côtés. Je serai dans la rue pour lui. Mon œil abîmé, j'en suis fière comme d'une blessure de guerre. Il m'a prise et je lui ai donné mon œil.

David V., buraliste : Les autres 83, j'espère pour eux qu'ils seront déjà morts. Parce qu'il n'y a pas un endroit sur Terre où on pourra nous empêcher d'aller les chercher. On sera des centaines, des milliers, et ce jour-là ils paieront pour ce qu'ils lui ont fait.

XIX

La scène se passe à Courseulles-sur-Mer, où Grégory, pour se rapprocher du berceau des Marville peut-être (la dynastie est de Cabourg), vient d'acheter au printemps de l'an II une imposante longère, presque un château, qu'entoure un petit parc à l'anglaise. Au premier étage, afin d'occuper le centre d'un fumoir à parquet cloisonné, il a fait monter un globe terrestre du dix-huitième siècle sur trépied d'acajou, acquisition récente et prohibitive dont il n'est pas certain que Jeanne l'ait approuvée. Bien qu'il s'en soit vite lassé, il a aimé, les deux premières fois où ils sont venus pour le week-end, faire tourner sous ses doigts la sphère de carton gaufré, que le temps a brunie, pour repérer des erreurs de tracé, des mentions surprenantes comme une *côte escarpée* à l'ouest de l'Australie et, dans les eaux vides de la mer des Indes, une « Baleine » qui est un dogue du Tibet à pattes caprines et queue de lion. Il regarde cette maison comme le refuge seigneurial dans lequel sa femme et ses filles pourront le retrouver, lui, le meilleur père et le meilleur mari du monde, celui qui aura toujours le temps, malgré son agenda encombré, de les emmener marcher sans but sur la plage immense, s'initier au cheval dans une carrière toute proche et revoir *Le Roi Lion* dans le home cinéma qu'il a fait installer au rez-de-chaussée.

Son hyper-audition doit rester cantonnée à un usage professionnel ; il en va de sa loyauté au contrat qu'il a signé mais aussi, pense-t-il, de sa tranquillité d'esprit. Il pressent que, s'il épiait des discussions censées lui échapper, il irait au-devant de découvertes embarrassantes et même de révélations qui pourraient le froisser. Il vaut mieux ne rien apercevoir des secrets, des envies, des rancunes, des ragots et des médisances, de tout ce bouillon visqueux dans lequel trempent la plupart des conversations humaines.

Depuis le début de l'an II, toutefois, il est arrivé que, comme le don de Raphaël, celui de Grégory se libère de manière fortuite. Chaque fois, il a coupé le son. Il s'agit d'une action très simple, explique-t-il, comme d'éloigner sa main d'un feu qui pourrait vous brûler. Il suffit de le décider. Fidèle à ses principes et au contrat qu'il a signé, Grégory interrompt son pouvoir dans l'instant.

C'est plus difficile le jour où lui parvient, échappé du fond du parc, derrière les massifs de bougainvilliers et d'aurubas, un soupir de faiblesse, traînant et lourd, puis le bruissement furtif de lèvres qui glissent sur la peau. « Non… », souffle sa femme alarmée – mais une note de langueur flotte dans sa voix et en atténue l'inquiétude. Un deuxième baiser résonne à l'oreille du Capitaine, et un autre soupir lui répond, au bout duquel se devine un sourire de consentement. Il s'approche.

Le visage de sa femme est blotti contre la poitrine de Raphaël, dont la main droite, qui a remonté sur ses reins la robe de coton, s'est coulée sous le slip écru et lui caresse doucement les fesses. « Arrête ça », dit Jeanne, et il continue. « Arrête… » Il la fait tourner sur elle-même et la presse contre lui. De là où il est, caché dans la pénombre de la futaie, Grégory peut voir en profil le visage de Raphaël, étonnamment grave, appliqué, et celui de Jeanne, la bouche entrouverte et les yeux arrondis dans une expression distraite, cependant que, pliée en deux, elle frotte contre lui son bassin, qui oscille avec lenteur.

Que fait Grégory dans les secondes qui suivent cette découverte ? Malgré la commotion qui vient de cogner ses tempes, une forme de honte le retient d'agir. Il ne veut pas qu'on le voie, misérable, en train de les espionner à travers les branchages. Et il refuse d'avancer pour faire son apparition dans une scène dont il parvient à peine à déchiffrer le sens, ce serait trop indigne. Alors, baissant les yeux, il regagne sans bruit l'autre extrémité du jardin où sa fille la plus jeune, Marianne, attend que quelqu'un lui vienne en aide pour se hisser sur une balançoire.

Il retrouve les amants à l'heure du dîner, autour d'une table de jardin dressée sur la terrasse. Il ne sait pas que, le surlendemain, Raphaël tentera une opération de la dernière chance afin de neutraliser Mickaël, mais il se doute depuis plusieurs jours que quelque chose de cet ordre est en préparation. À son humeur taciturne, plus appuyée que d'habitude, à la tension qui l'anime, presque de la brusquerie, on sent bien que l'esprit de Raphaël est accaparé par la tyrannie de Mickaël. Et il n'est pas difficile d'imaginer que ce qui le préoccupe, c'est la manière d'y mettre fin.

Depuis vingt-cinq jours, stationnés à Bordeaux, les 83 en sont réduits à lire les dépêches et à écouter des comptes rendus dans des salles pleines d'officiers déconfits. Plus les jours passent, plus s'enracine la certitude affreuse que la première ville du pays ne sera jamais reconquise, qu'il existera pour longtemps, pour toujours, en lieu et place de la capitale, une enclave de carnaval, un lieu de sécession et de débauche. Les images qui sortent de Paris sont affligeantes : l'œil glauque, des fêtards nus ou débraillés beuglent, urinent, vomissent, dansent d'un pas chancelant, s'embrassent avec frénésie, on dirait une feria.

Même si l'on s'est aperçu, depuis qu'il a tenté d'en prendre le contrôle, que le Prophète comme les autres 83 étaient hermétiques au pouvoir de Mickaël, toute manœuvre contre lui s'annonce aussi dangereuse qu'incertaine. Alors, parce qu'il a peur pour son ami – l'idée qu'il pourrait le perdre lui noue le ventre depuis qu'il a deviné que Raphaël allait tenter quelque chose –, Grégory l'a prié de venir passer le week-end à Courseulles. On ne parlera pas de Mickaël. Même si le monde est en péril, on l'oubliera pour quelques heures. Ce sera familial et simple.

Maintenant, il contemple Raphaël. Il admirerait presque l'air de nonchalance avec lequel son meilleur ami découpe sa viande et lampe le côte-rôtie. Ce n'est même pas joué, pense Grégory. Il est venu, cet homme, nonchalamment boire mon vin, manger à ma table et si possible baiser ma femme. Il est venu se servir et prendre du bon temps.

S'il a éprouvé une satisfaction amère à deviner enfin la farce qu'on lui joue, peu à peu son esprit s'emplit d'un autre sentiment, plus écrasant, plus impérieux. Ce n'est pas tout à fait de la haine et pas encore de la tristesse, plutôt une colère teintée de répulsion à l'idée qu'il ne pourra jamais retirer à cet homme les baisers, les étreintes, la douceur des bras ouverts de sa femme, le frisson dans ses reins et l'odeur de son sexe. Tout cela, Raphaël l'a pris ; tout cela, il l'a goûté lui aussi.

Il suit à présent le regard de son ami qui, partout où il se pose, sur sa femme, sur ses filles, sur lui, et même sur les arbres autour d'eux, sur les chérubins de grès étoilés de lichen, sur les fruits d'été dans la corbeille, est une salissure. Le soir tombe sur le parc et tout semble peint dans des couleurs criardes, qui accusent violemment l'ironie du tableau : l'air ingénu des statues d'angelots, Lucille qui demande si Raphaël pourra lui lire une histoire – il faut que ce soit lui et personne d'autre –, jusqu'à la forme soudain obscène des abricots.

Par moments, une apathie le prend, Grégory respire mieux,

il s'étourdit. Cela n'a pas pu avoir lieu. Dans le monde où il vit, ces choses-là n'arrivent pas. Mais il a vu, et il revoit encore, le visage tendu de l'homme et la silhouette de la femme penchée. De la bouche de Raphaël et de Jeanne sortent des mots qu'il n'entend pas bien.

Il se promet que cette nuit, pendant son sommeil, il plantera un couteau dans le cœur de Raphaël. Il lui tranchera la gorge. Oui, c'est cela qu'il faudrait faire. Mais lorsqu'il imagine les titres des journaux, la vie de ses filles sans lui, Mickaël toujours libre et fou, cette revanche trop vite imaginée se change en défaite cuisante. Peut-être se souvient-il aussi de la mort de Jean-Baptiste, des bougies allumées sur les parvis d'église, des visages baignés de larmes, des cris de désespoir devant les caméras et de l'hommage ému du Président. Il ne tuera pas Raphaël, non. Pour sa vengeance, il faudra trouver mieux.

Vers la fin du dîner, il examine aussi sa femme. Plus tard viendront les regrets de ce qu'il aurait pu éviter s'il avait été plus attentif ou plus souvent présent à ses côtés. Pour l'instant, la tête légèrement inclinée, il la regarde, et son ébahissement grandit tandis que ce visage, qu'il connaît dans ses moindres détails, lui reste toujours aussi familier. Il aimerait que la lumière orangée du crépuscule lui dévoile, comme dans un conte fantastique, les traits horribles d'un monstre ou d'un démon tapi dans le corps de sa femme. Il voudrait découvrir une inconnue.

Elle a cédé à Raphaël parce qu'il a échoué, pense-t-il d'abord. Au cours des derniers jours de la campagne électorale, quand personne autour de lui ne faisait plus semblant d'y croire, elle l'a vu prostré dans un fauteuil comme après la mort de sa mère, la tête dans les mains, ruminant sa défaite sur un ton monocorde. Il croit à cet instant qu'elle ne pouvait l'aimer que triomphant. Il n'aurait jamais dû partir à la conquête de Paris. Lui qui, même après sept ans de mariage, veille toujours à rectifier sa coiffure au réveil et à rentrer son ventre lorsqu'il doit paraître torse nu devant elle, s'est montré là sous son plus mauvais jour, grotesque avec ses grandes phrases sur l'avenir du genre humain et d'une faiblesse exaspérante lorsque, dans les deux dernières semaines, craignant de commettre un nouvel impair, il s'était mis en public à balbutier comme un garçon impressionnable.

Puis il passe en revue dans sa mémoire les quelques images disponibles de Jeanne et de Raphaël au cours de la campagne. À la lumière de ce qu'il sait désormais, leurs sourires, leurs silences, une façon de se tenir l'un près de l'autre lancent des signaux suspects. Et le mari trompé comprend que cette liaison dure depuis longtemps. On lui ment depuis des semaines et peut-être des mois.

Alors il pense à leur vie de couple. Quand a-t-il, pour la dernière fois, fait l'amour avec elle ? Après la naissance de Lucille, entre l'indisponibilité du corps convalescent de Jeanne et la fatigue accumulée par les jeunes parents au fil de nuits trop courtes, quelque chose a pris fin. Il n'est resté, à intervalles de plus en plus longs, qu'une gymnastique laborieuse, sans conclusion pour elle, sans rien d'impératif pour lui, qui rappelait le souvenir d'émotions devenues inaccessibles, d'appétits furieux et perdus, de désirs d'un autre temps. Mais Jeanne lui avait toujours dit que ce n'était pas grave. Et Grégory approuvait. C'était normal : tous les couples, toutes les histoires, toutes les femmes. Il avait pris l'habitude de regarder des vidéos sur Internet afin d'assouvir ses besoins s'ils étaient trop pressants. Il lui arrivait d'en avoir honte, d'autant que ses préférences le portaient presque toujours vers le même scénario malhonnête : une jeune femme avide de faire carrière dans l'industrie du X croit passer un casting et se laisse abuser par un faux recruteur, qui se filme en train de l'interviewer puis de la « tester » ; dans la deuxième partie du scénario, la jeune femme crédule met toute son application de candidate à satisfaire l'imposteur, qui ne la rappellera jamais. C'étaient des vidéos de viol, au fond, mais simulé – elles n'auraient jamais été mises en ligne sinon, se rassurait Grégory. Et la pulsion qui le portait vers elles, pensait-il aussi, ne contrevenait en rien au code de conduite qu'il se faisait fort de toujours respecter. Ces séances clandestines entraient dans un temps parallèle, une espèce de limbes où il n'était pas vraiment lui-même, où il se purgeait simplement de ce qui n'était pas tout à fait lui, la persistance d'une part animale, des envies déréglées qu'il fallait assouvir ici pour éviter qu'elles ressurgissent ailleurs, dans la *vraie vie* du Capitaine. C'était très sain, en fait. Il s'en persuadait.

Si le plaisir était devenu solitaire, il voulait retenir qu'il n'avait pas disparu de sa vie. Les caresses qu'il échangeait avec sa femme en s'endormant et les étreintes tendres que leur offrait chaque réveil séparaient leur amour de toutes les passions éteintes.

Le reste du temps, il résistait aux tentations et se félicitait de sa vaillance. À l'époque de sa carrière de procureur, déjà, il avait deviné en plusieurs occasions qu'à certains sourires traînants, à certaines phrases aux contours flous, des aventures se proposaient, dont il peinait à croire cependant qu'elles étaient bien à sa portée. La stagiaire lui avait-elle vraiment dit, au moment où il la déposait, qu'elle « habitait par là », son doigt tendu vers la ruelle et son regard un peu trouble désignant peut-être, en même temps que son studio, l'endroit où elle se donnerait à lui ? Et dans un symposium où il s'était rendu deux ans auparavant, la main de son homologue espagnole appuyée sur son bras, tandis qu'au comptoir du bar bondé ils commandaient deux mojitos, avait-elle la signification qu'il s'était pris à lui attribuer ? Il clignait des yeux comme devant un mirage.

Depuis le 19-Janvier, toutefois, même un homme à l'esprit aussi obtus que le sien ne pouvait ignorer les avances qui lui étaient faites. Des femmes, et des hommes aussi, n'attendaient qu'un geste de lui. Les rumeurs au sujet de la supposée puissance sexuelle des super-héros français avaient leur part dans l'attrait qu'il suscitait. Grégory reçut plusieurs courriers d'un groupe de « reproductrices norvégiennes », affilié à la Norsk foreningen for seksuell og reproduktiv helse og rettigheter, qui lui proposait en termes explicites de féconder l'une ou l'autre des jolies femmes figurant dans le catalogue joint, cela afin, était-il écrit, d'améliorer l'espèce humaine dans un esprit de « partage des ressources génétiques » (*fordeling av genetiske ressurser*). Aucun témoignage n'est jamais venu contredire l'idée que, toujours, le Capitaine ignora ces appels avec la fermeté qu'on lui connaît. Néanmoins, à force de sentir des corps palpitants contre lui dans les bains de foule, à force de voir des sourires aux lèvres entrouvertes et d'entendre dans son oreille des propositions qui lui étaient maintenant adressées sans détour, il avait fini par s'imaginer que le sexe était l'obsession de ses contemporains, que les gens voulaient à tout prix et tout le temps baiser, et baiser si possible à l'aventure, avec leurs collègues, leurs belles-sœurs, leurs baby-sitters, des inconnus, dans le secret, dans l'interdit. Quand les beaux jours étaient arrivés et que les corps avaient une nouvelle fois commencé à se dévêtir, quand les pieds fins des femmes étaient apparus dans les sandales de cuir tressé et que, aux terrasses des cafés, s'échangeaient des sourires discrets mais manifestement lascifs, Grégory s'était représenté le monde comme une immense place de marché de la baise, fébrile et transpirante, dont il continuait à s'exclure, parce qu'il l'avait promis, et que cette promesse était ce qu'il avait de plus précieux, un pacte sacré qui élevait sa fidélité au rang de discipline mystique.

Seulement, Jeanne lui avait menti. Du désir, elle en avait elle aussi. Et quand l'occasion s'était offerte, elle l'avait saisie. Lui, il s'était privé. Il avait eu envie, mais il s'était privé. Pas elle. Grégory n'aurait jamais d'autre conviction que celle qu'il retrouverait bientôt imprimée dans les journaux. Jeanne Marville était une salope. Il ne pardonnerait pas.

Raphaël est parti raconter une histoire à Lucille. Dans les ténèbres bleu-gris du jardin, le mari et la femme sont restés seuls à table. « On est bien », dit Grégory, pour le plaisir douloureux de voir Jeanne acquiescer, de mesurer l'étendue de son imposture, puisque chaque phrase qui n'est pas l'aveu de ce qu'elle cache lui apparaît désormais comme un mensonge supplémentaire.

Alors ils vont se séparer, pense-t-il. D'autres couples surmontent des péripéties plus sordides. Mais leur amour à eux n'a vécu que d'être une passion céleste, une source d'émerveillement devant tout ce à quoi il échappait, les disputes mesquines, les problèmes d'argent. Grégory ne saura pas vivre dans cet autre paysage qui s'ouvre devant lui. Jeanne le suppliera plusieurs fois mais il refusera. Jeanne lui dira que c'est possible mais il ne voudra jamais apprendre. Jeanne répétera qu'elle l'aime, et qu'elle n'aime que lui, mais il répondra que c'est faux. Dans quelques heures, tout sera fini ou presque.

Ils referont une dernière fois l'amour. Grégory la prendra de force, s'il le faut, mais il ne la laissera pas s'éloigner avant d'avoir senti, une dernière fois, son sexe dans le sien. Et puis il sait que non, bien sûr, jamais il ne pourra lui faire subir ça. Jamais il ne supportera de voir, sur le visage de sa femme, l'expression d'une peur ou d'une répugnance qu'il lui inspirerait.

Alors entrent dans son esprit les images de tout ce qui viendra : le temps partagé des enfants, la consultation d'un avocat, les papiers à signer, les cartons de déménagement, le visage et le corps futurs de Jeanne qui prendront très vite comme une autre couleur, il le sait, subreptice puis de plus en plus marquée, et une autre texture lorsqu'en de très rares occasions, comme la bise de convention qu'ils échangeront au moment où elle viendra déposer leurs filles, il les sentira contre lui. On redevient si vite des étrangers.

Raphaël revient s'asseoir auprès d'eux et Grégory croit percevoir le soulagement de Jeanne lorsque son ami les rejoint. À quel moment va-t-il confondre les amants ? Au début du repas, il pensait au triomphe que lui procureraient les quelques mots qu'il prononcerait tout à l'heure. À présent, sa gorge est râpeuse, sa bouche a le goût froid et piquant du métal, le courage lui manque. Tout à l'heure, dans la chambre, il pense qu'il dira simplement : « Je vous ai vus », mais il hurlera : « Comment tu as pu me faire ça ! » Il pense qu'il n'ira pas voir Raphaël, que plus jamais ils ne se croiseront, mais il frappera contre la porte de sa chambre et lui criera de s'en aller sur-le-champ, et de partir avec sa femme s'il a besoin de se vider les couilles. Il veut croire que les amants ne lui prendront pas sa dignité, mais il n'y aura ni dignité, ni retenue, ni grandeur d'âme à cette heure-là de la nuit.

Pour l'instant, il prend la main de Jeanne. Elle le regarde avec surprise et gêne, mais il garde cette main dans la sienne. Il veut sentir une dernière fois sa tiédeur. Des larmes lui montent aux yeux tandis qu'il sourit avec tendresse. « Je vais me coucher », dit Jeanne, qui veut retirer sa main. Il la retient et il sourit toujours. Puis, comme il sent que les amants sont mal à l'aise, et comme ce dîner prendra bientôt fin, il entreprend de raconter, en regardant tour à tour Jeanne et Raphaël, l'histoire de son ancêtre François-Juste Marville explorant les confins de la Sibérie orientale, histoire que Jeanne connaît déjà mais pas dans ses moindres détails, pas dans tous les détails qu'il invente maintenant, qui s'ajoutent au fil des descriptions pour que ce récit dure encore un peu plus longtemps, pour que cette main reste encore dans la sienne : comment, en 1854, François-Juste, simple attaché d'ambassade à Moscou, quitta ses fonctions et s'embarqua avec l'amiral Nevelskoï dans une de ces expéditions vers l'inconnu dont il avait toujours rêvé ; comment il s'égara dans les brumes glacées à bord de sa baïdarka (qui est une espèce de kayak, le plus souvent recouvert de peau d'otarie) ; comment il fut sauvé d'une mort imminente par un convoi de marchands mandchous dont il s'aperçut qu'ils acheminaient des armes afin de mater des insurgés guiliaks ; comment, malgré le remords qu'il eut à trahir ses bienfaiteurs, François-Juste, habitué à prendre toujours le parti des plus faibles, se sauva en pleine nuit pour avertir d'une attaque imminente le chef Nakovan et son cousin le chef Patken ; comment lui, de nature si sophistiquée, sympathisa avec ces hommes cruels qui s'habillaient de poil de chien, empestaient la graisse de veau marin et se soûlaient à l'arak ; comment il apprit leur langue, vainquit la malheureuse superstition qui les empêchait de creuser la terre et leur enseigna les bienfaits de l'agriculture ; enfin comment il explora les rives des fleuves Amgoun, Oussouri et Zéa en compagnie d'une jeune femme prénommée Sakoni qui lui fut offerte par les autochtones. Sur les rives du lac Kizi, l'été se révéla plus chaud qu'on ne le lui avait prédit, et il semblait qu'il ne devait jamais finir. À l'ombre des cèdres et des mélèzes, on pêchait, on jouait et on faisait l'amour.

XX

Anéanti par l'incident, regrettant tout, mais soucieux plus que jamais de prouver, comme il l'écrit dans son journal, qu'il n'était pas un « mauvais homme », en tout cas pas seulement, et que par sa volonté, une fois au moins, quelque chose de merveilleusement bon avait pu advenir, Raphaël se gara sur le parking de la plage Saint-Guirec, à deux kilomètres environ de l'endroit où, quatre semaines auparavant, Mickaël était entré par effraction dans la maison de l'Anglaise et de son enfant. Il fit quelques pas sur la promenade et s'installa pour prendre un verre à la terrasse peu fréquentée d'un restaurant. La marée basse découvrait devant lui un chaos de rochers cuivre et potelés, expulsés des profondeurs de la Terre à l'époque des grands sauriens, songeait Raphaël, ou peut-être même avant – oui, peut-être bien avant, quand la Terre, dans son idée du moins, était une espèce de planète convulsive et inhabitée, couverte de fumerolles toxiques, de jungle impénétrable et de lave en fusion.

Comme il avait quinze bonnes minutes d'avance, il pianota sur son téléphone dans l'idée de tromper son inquiétude en étoffant des notions géologiques trop sommaires. Il reconnut les mots *feldspath* et *chaîne hercynienne*, qu'il avait déjà croisés quelque part, au collège sans doute, puis voulut méditer sur le nombre d'années qui le séparaient du moment où avait pris forme ce paysage de volumes bizarres qu'il ne trouvait pas très beau. Trois cents millions quand même, pensait-il en hochant la tête avec respect comme devant la performance d'un haltérophile.

Un petit attroupement de promeneurs pataugeant dans l'eau interrompit, juste avant qu'elles ne s'assombrissent, des rêveries sur la longueur du temps tellurique et la concision de l'existence humaine. On transportait à bout de bras un baigneur en short rouge, à ventre rebondi, cependant que, arrivés d'on ne sait où, trois pompiers chargés de grands sacs à dos trottaient vers le rivage.

Raphaël prévoyait que Mickaël soignerait son entrée et il chercha, dans ce qui ressemblait de plus en plus à la tentative désespérée de ramener un noyé à la vie, les signes qui annonceraient son arrivée. Le nageur allait-il se redresser, maigrir, sécher et, tandis qu'il marcherait vers lui d'un pas décidé, changer de visage pour révéler celui du tyran, enchanté par sa blague ? Les figurants s'apprêtaient-ils à transformer la scène macabre en numéro dansé, qui s'achèverait sur un tableau vivant dans lequel, des panonceaux brandis au-dessus de leurs têtes, ils donneraient à lire le prénom M I C K A Ë L ?

Même si les pompiers, athlétiques, graves et empressés, lui semblaient parfaits dans leurs rôles, Raphaël peinait à comprendre la signification de ce prologue. Mais bientôt, comme à pas lents, sur un brancard, on ramenait le mort vers le parking, il conclut que c'était sans doute, pour de bon, un accident de bord de mer sans aucun lien avec son rendez-vous. Quelqu'un avait dû mourir là. Ces choses étaient toujours possibles. Un frisson le saisit tandis qu'il se remémora comment, à douze ans, il avait appris la mort d'un cousin germain de son âge, qu'on avait retrouvé au pied d'un arbre, dans le jardin de ses parents. Il était tombé d'une branche, sa tête avait heurté le sol, et voilà tout.

Il sentit soudain une présence derrière lui. Mickaël était arrivé. Il portait une casquette Emporio Armani, de grosses lunettes noires, une fausse barbe et une veste croisée blanche à six boutons, ce qui lui donnait l'air d'un terroriste en cavale habillé pour sortir au casino.

« Il a pensé à un crabe.

– Qui ça ? demanda Raphaël.

– Le noyé. Sa dernière pensée, juste avant de mourir, elle était pour un crabe. »

Afin d'attirer Mickaël jusqu'à lui, Raphaël avait dû manœuvrer en solitaire. Mettre quelqu'un dans la confidence, c'était prendre le risque de voir son plan éventé maintenant que le tyran pouvait accéder à n'importe quel esprit ou presque.

Le lendemain de l'opération manquée au Lutetia, le Prophète s'était réjoui à mots couverts de la survie de Mickaël. Mais il fallait que ce témoignage de solidarité soit suffisamment discret pour paraître crédible. Il choisit de se confier à sa sœur Judith, dont il s'était aperçu à regret, la vie est mal faite, il y a partout tant de laideur, que depuis plusieurs mois c'était elle, sa sœur préférée, sa sœur qu'il appelait pour boire un café près des Halles les dimanches où, sous un ciel sans lueur, tout avait l'air morne et raté, qui transmettait aux journalistes quelques indiscrétions à son sujet. Il lui glissa au téléphone – afin, s'il était sur écoutes comme il l'imaginait, d'augmenter ses chances de voir l'information interceptée et colportée – que, même s'il ne pouvait bien évidemment que proclamer le contraire, l'échec de l'opération l'avait soulagé. Est-ce qu'on ne jugeait pas Mickaël un peu vite ? S'il avait disposé de capacités comme les siennes, il est probable qu'il aurait pris le même chemin que lui. Que tous nous l'aurions emprunté. Car (mais cela aussi, sa sœur ne devait pas le répéter) pouvait-on vraiment nier que la jalousie jouait à l'évidence un rôle dans la condamnation dont Mickaël faisait l'objet ?

Quelques jours plus tard, son plan entrait dans sa deuxième étape. Il proposa un rendez-vous secret à Virginie, qui écoutait depuis plusieurs mois son feuilleton amoureux et semblait donc être sa confidente attitrée. Cette fois, il devait, expliqua-t-il, lui parler d'une affaire touchant à Mickaël. Ils se retrouvèrent dans une station-service sur l'A10, un lundi soir, vers minuit. Raphaël y parut agité. Ses mains tremblaient et il changea trois fois d'avis devant le distributeur de boissons chaudes.

Il entama sa confession par des circonlocutions dont il n'était pas coutumier, au point que Virginie, qui s'impatientait facilement, le presse d'en venir au fait.

Son pouvoir de divination s'était accru, prétendit Raphaël. Il l'avait tu, par crainte qu'on lui interdise l'usage de ses capacités, mais il pouvait désormais entrevoir à leur insu l'avenir de ses cibles. Il y a plusieurs mois de cela, il avait appris que les capacités de Mickaël allaient augmenter démesurément et qu'un jour il créerait quelque chose comme un régime tyrannique. Virginie secoua la tête : à quand remontait cette découverte ? Octobre de l'année dernière, répondit Raphaël. Il ne s'expliquait pas pourquoi il avait gardé si longtemps le silence. Peut-être espérait-il, le jour venu, en retirer un bénéfice, Mickaël aurait besoin d'alliés. Et c'est tout ? demanda Virginie, consternée. Il lui donnait rendez-vous pour lui apprendre qu'il s'était comporté comme le pire connard de la terre ?

Raphaël souffla qu'il y avait autre chose. En examinant l'avenir de Mickaël, il avait aperçu une tentative de neutralisation, aussi. Des hermétiques, missionnés par une puissance étrangère, s'introduisaient dans l'entourage du tyran. Ils agiraient bientôt. Pour l'instant, le Prophète voyait que cette opération allait échouer. Mais elle pouvait réussir, si l'on prenait contact à temps avec ces hommes. Cela se jouait à quelques détails près, qu'il n'était pas si compliqué de rectifier. Raphaël préférait ne rien en dire par crainte de la compromettre, mais leur idée était la bonne.

Virginie parlerait. Elle dirait à Grégory qu'elle avait rencontré le Prophète et qu'il lui avait raconté une histoire embrouillée, entrecoupée de mensonges et d'omissions sans doute, mais qu'il fallait vérifier. Des hommes préparaient une opération. Cela pouvait apparemment marcher. À condition, bien sûr, que tout reste secret.

Il fallait attendre que les informations suivantes fuitent et remontent jusqu'à Mickaël : 1) le Prophète ne lui était pas farouchement opposé ; 2) il connaissait son avenir et y avait entrevu un événement d'importance qui pouvait tout changer ; 3) il était corruptible, puisqu'il avait espéré, il n'y a pas si longtemps, tirer quelque avantage de sa toute-puissance.

Deux jours à peine après que Raphaël eut parlé à Virginie, une fausse employée de l'hôtel bordelais dans lequel il résidait lui délivra un message manuscrit. Mickaël proposait une rencontre à Paris pour le surlendemain. Raphaël, bien entendu, laissa passer l'échéance sans manifester la moindre intention de s'y rendre. Il fallait qu'il ait l'air réticent et même qu'il clame son hostilité à Mickaël d'une manière un peu trop virulente pour que le tyran y voie un encouragement à détailler son offre et à le courtiser. D'autres messages lui parvinrent : Mickaël donnait des rendez-vous et promettait des récompenses en échange d'un certain savoir qui concernait son avenir. Raphaël finit par accepter une rencontre, mais hors de Paris, en priant pour que ceux de son propre camp n'en sachent rien et ne montent pas au débotté une opération lamentable qui mettrait la sienne en péril.

Ils s'assirent à la terrasse du restaurant. Mickaël regardait autour de lui, sourcils froncés, bouche entrouverte. La plage se vidait à mesure qu'il intimait aux promeneurs de remonter dans leurs voitures, de passer leur chemin. Les 83 avaient tout le paysage pour eux et ce théâtre minéral, avec la mer à présent retirée au loin, semblait toujours plus lugubre, comme le décor d'une planète lointaine après l'extinction des derniers colons.

Mais bien sûr, pensa Raphaël, le tyran avait dû faire poster des tireurs d'élite autour d'eux, aux fenêtres de l'hôtel tout proche et dans les empilements de rochers. Jusqu'à quelle distance peuvent-ils encore toucher leur cible ? Un kilomètre, lui avait-on raconté il y a longtemps.

Quand Mickaël s'effondrerait, Raphaël disposerait d'une seconde, peut-être moins, pour s'échapper. Et il restait possible que, malgré l'effet de surprise, ces hommes spécialement préparés à ce genre de rebondissements ne se laissent pas distraire et l'exécutent au premier geste. Mais il ne trouvait pas de meilleur plan. Il n'y avait pas de plan où les chances de réussite paraissaient raisonnables.

Un serveur au regard vide leur apporta deux plateaux d'huîtres. Mickaël lui faisait accomplir une volte tous les cinq pas, dans l'idée de faire rire son interlocuteur sans doute, mais le Prophète ne se déridait pas. Il commanda un verre de vin. Mickaël préférait rester à l'eau.

Depuis la fondation de la Nouvelle République, confia-t-il, ses capacités n'avaient plus montré aucun signe d'amélioration. Il plafonnait, c'était si décevant. Maintenant, il ne voyait plus que les exploits impossibles, tout ce qui restait hors d'atteinte, ce qui ne changerait jamais. Il ne pouvait pas inverser le jour et la nuit, par exemple. Ou même, plus modestement, ordonner à cette mer qui miroitait là-bas dans le chenal de remonter vers eux avant l'heure prévue. Il était incapable de la moindre invention. Il rêvait d'une chimère, d'un petit crustacé rose vif pourvu d'une queue de scorpion, qu'il introduirait dans le règne animal et qui porterait son nom. Ça n'était pas à sa portée. Ce monde, il pouvait le déranger, il pouvait le détruire, mais il n'y ajouterait rien. « Superman, c'était autre chose », dit-il après un moment.

Et Raphaël, qui avait du mal à saisir le sens de cette tirade, raconta qu'il voulait si fort entendre la voix du tyran devenir pâteuse, s'alourdir et s'égarer sous les premiers effets du somnifère, qu'il en tremblait sur sa chaise.

Dans un film qu'il avait vu quand il était enfant, on voyait Superman inverser le sens de rotation de la Terre afin de rembobiner le cours du temps. Raphaël se souvenait que l'eau refluait en grondant vers le barrage démoli, qui se reconstituait en un instant. La catastrophe s'annulait, Lois Lane n'était jamais morte. Il trouva la force de raconter cet épisode à Mickaël, mais son tremblement s'accentuait et il ne le contrôlait plus.

Mickaël le regarda sans un mot.

Et dans les bandes dessinées, poursuivit Raphaël, Superman soulevait des immeubles, il trouait des montagnes, tout cela sans effort, sans jamais transpirer, ce n'était pas comme eux.

Les deux hommes restèrent silencieux. Raphaël cherchait quelque chose d'autre à dire maintenant que le temps jouait pour lui.

« Pourquoi tu veux me voir ? » demanda-t-il.

Mickaël haussa les épaules.

« Ta bague…, dit-il.

– À cause du complot des hermétiques ? poursuivit Raphaël comme s'il n'avait pas entendu.

– C'est une nouvelle bague que tu as ? » fit Mickaël en esquissant le geste de lui prendre la main.

Mais à cet instant son bras balaya le vide et, comme entraîné avec lui, le haut de son corps s'affaissa.

Le Prophète serra Mickaël contre lui et s'envola. Une balle le toucha à l'épaule, une autre lui transperça la cuisse, mais deux secondes plus tard il se tenait déjà haut dans le ciel. Puisqu'on ne pouvait pas détruire Mickaël, puisque dans le sommeil il perdait toute emprise, la seule solution, avait raisonné Raphaël, était de le maintenir en coma prolongé. Et malgré le sang qu'il perdait, malgré la douleur qui lui causait des vertiges, il sut qu'il avait réussi. Le somnifère s'était dispersé dans le verre de Mickaël. La drogue avait agi en moins de trois minutes. Maintenant le tyran dormait et, dans le froid sans merci de l'altitude, l'air qu'il fendait semblant hurler autour de lui, Raphaël serrait le corps de Mickaël comme un bouclier pour empêcher d'autres tirs, il étreignait de toutes ses forces cette masse curieusement souple et molle, croyant entendre le battement de cœur de l'ennemi, mais non, c'était le sien, de cœur, dont il sentait à ses tempes vibrer les pulsations tandis qu'il faisait route vers une caserne repérée la veille, que sous lui disparaissait déjà le dédale des îlots de granit qui effrangeait la côte et que se déployait, dans toute sa modestie et sa grandeur, une campagne criblée de toits et veinée de routes sur lesquelles des véhicules silencieux se déplaçaient sans heurt, selon ce rythme bien réglé, cette chorégraphie indolente que prennent les affaires du monde lorsqu'on les examine de là-haut.

XXI

Maintenant le tyran dormait, dans les profondeurs d'une base surdéfendue, sous l'empire d'un somnifère surdosé.

L'aéroport de Roissy rouvrit le lendemain. Dans les rues de Paris, avec l'appui de l'armée, agents municipaux et volontaires collectaient les détritus en un temps record. Sur les grandes lignes, le trafic des trains était redevenu normal en moins d'une semaine. Et les 83 avaient pris les engagements qu'on attendait : ils passeraient des tests psychologiques tous les mois, on mesurerait l'évolution de leurs capacités toutes les semaines, ils signaleraient leur position toutes les douze heures.

Enfin on put se raconter où on avait passé les Vingt-Sept Jours. La plupart des Français s'étaient terrés chez eux. Certains avaient eu faim mais des voisins les dépannaient. Les plus aventureux s'étaient enfuis dans un pays voisin, où des camps pour migrants les avaient accueillis. La nourriture y était abominable – et la promiscuité. Mais rien de bien méchant. On allait en rire désormais.

Au début, tout brillait d'un éclat ardent. Juste avant d'éteindre la lumière, on s'embrassait avec passion. Puis cet éclat lui-même disparut. Le soir, à l'heure du repas, d'autres sujets se frayaient un chemin dans les conversations. On recommençait à se maltraiter les uns les autres, les bousculades reprenaient dans le va-et-vient du métro. Quelle importance ? La fin du monde n'avait pas eu lieu. Rien n'avait eu lieu vraiment. Je crois même que les Français mirent un point d'honneur à se le dire : Mickaël voulait faire table rase et il avait échoué. Tout continuait. Grâce au Prophète, la France avait parfaitement résisté.

Les derniers réticents, ceux qui avaient conservé à l'égard du Prophète une défiance opiniâtre, ceux qui le trouvaient hautain et jugeaient qu'il en faisait trop avec sa mystérieuse identité, même ceux-là s'étaient ralliés à la foule qui l'acclamait. Il avait mis fin à la tyrannie. *Lui tout seul!* Le monde était revenu dans ses gonds. *Grâce à lui!* On s'inclinait devant le courage et l'audace de cet inconnu qui, derrière son masque, abritait l'âme la plus noble. Les gouvernements occidentaux le décoraient de leurs médailles. Un Nobel lui était promis pour le mois d'octobre, de même qu'une place au Panthéon le jour où il trépasserait.

Le 25 juillet de l'an II, tête nue, anonyme, il marchait dans Paris lorsque, d'une manière ou d'une autre, tombant sur le titre du *Monde* devant un kiosque à journaux, surprenant une conversation à la terrasse d'un café, il apprit que Grégory l'avait trahi.

Le Prophète se nommait Raphaël Zabreski. Des photos étaient apparues sur Internet. Elles le montraient sans son masque au baptême de la fille du Capitaine, dont il était le parrain. Grégory se défendit toujours de les avoir mises en ligne. Mais tout le désignait.

Raphaël déposa ses deux téléphones portables sur un banc du Palais-Royal. Il retira mille euros à un distributeur dans une rue toute proche. Puis ses cartes de crédit, il les abandonna. Sa messagerie sur Internet, plus jamais il ne s'y connecta. Ses comptes Twitter et Facebook restèrent inactifs. Aucun poste-frontière ne signala son passage. Aucun contrôleur aérien ne le repéra sur son écran radar. Il s'était volatilisé.

Première hypothèse : fin d'un amour. La semaine suivant l'esclandre à Courseulles-sur-Mer, Jeanne et Raphaël étaient censés se retrouver dans l'hôtel de Bordeaux qui avait accueilli leurs rendez-vous les plus récents. Raphaël se doutait qu'elle ne viendrait pas. Deux heures avant, elle annula sans prétexter un empêchement. Il n'est même pas sûr qu'il y eût entre eux un mot de fin. C'était déjà terminé, ils le savaient, depuis ce soir où Grégory les avait confondus. Et cela finissait depuis plus longtemps peut-être. À l'élan des commencements avaient succédé des sentiments plus mélangés, même si ni lui ni elle, pour des raisons différentes, ne se l'étaient avoué. Quand Raphaël l'entendait exhaler un soupir oppressé ou que le rictus d'un remords se dessinait sur le visage de Jeanne entre deux baisers, il arrivait qu'il la soupçonne de se complaire dans son rôle d'amoureuse égarée par une passion qu'elle ne pouvait pas dominer. Jeanne, elle, supportait mal les plaintes du Prophète à propos des contraintes trop nombreuses que lui imposait sa vie masquée. Elle n'aimait pas non plus qu'il lui parle de peinture abstraite et de vieux films des années 1930. Le plaisir trouble qu'il prenait à relever ses contradictions – elle avait peur qu'on les découvre mais voulait faire l'amour dans le salon, rideaux ouverts ; elle annonçait toujours qu'elle devrait écourter leur rendez-vous et pourtant sur le palier, déjà très en retard, elle n'en finissait plus de se presser contre lui – dévoilait à Jeanne un horizon inquiétant, où se tenait un homme qui jouissait de son emprise et qui, peut-être, aimait surtout l'état d'agitation et de faiblesse dans lequel il la retrouvait. Parfois, à certains sourires froids qu'il avait quand elle soupirait près de lui ou parlait d'escapades impossibles sur une île grecque aux criques désertes, elle se sentait prise de haut.

Après la fin de cette histoire, Raphaël eut envie de partir à l'autre bout du monde. C'est du moins ce qu'il dit à Virginie juste après avoir endormi Mickaël, lorsqu'elle vint assister au triomphe romain du Prophète sur les Champs-Élysées, au sommet d'un bus à impériale pavoisé des couleurs de la République. Ça ne se terminait pas parce que le mari avait tout découvert, lui avait expliqué Raphaël, mais parce qu'en fait ça ne menait nulle part. Une fois encore, il s'était raconté des histoires. Et pour quels résultats ? Une amitié perdue, de la souffrance des deux côtés, le mauvais rôle, tout merdait. Et c'était bien davantage qu'une peine de cœur, témoignait Virginie : il semblait comme fatigué de lui-même. S'il avait disparu, c'était, selon cette hypothèse, parce qu'il avait tout raté.

Dans la deuxième hypothèse, il fuit pour liquider son personnage. Cette envie, on peut en suivre la trace depuis l'apparition du Prophète ou presque. De sa capacité spéciale, qui lui infligeait de pénibles maux de tête, Raphaël avait dit à plusieurs reprises qu'il aurait préféré ne pas la posséder. Dans une émission du soir où il est invité, neuf mois après le 19-Janvier, on le voit confesser qu'il envie ses collègues : Virginie qui fait tout vite, Saïd qui se rend invisible, Jean-Baptiste qui peut changer de visage… C'est autre chose, affirme-t-il, pour Grégory qui entend tout, pour Mickaël qui accède au secret de nos pensées, et pour lui qui voit l'avenir : on en sait forcément trop, « les règles du jeu sont faussées ». Cela devenait une idée lancinante. Et s'il arrêtait tout ? S'il renonçait ?

Depuis que Mickaël avait été neutralisé, on parlait d'une nouvelle secte qui le vénérait, de jeunes filles qui se tranchaient les poignets parce qu'il ne les regarderait jamais et de gigantesques répliques de lui-même, d'un poids exorbitant, que différents gouvernements prévoyaient d'ériger sur des esplanades nouvelles ou des points culminants. Les journalistes repéraient dans sa vie pré-19-Janvier les présages annonçant sa gloire. Une institutrice l'assurait : à quatre ans, il était déjà très consciencieux. Quand un élève avait du mal à porter son cartable, il se précipitait pour lui prêter main-forte.

Un jour, il entendit à la radio un écrivain français, dont il aimait les courts romans, minutieux et glacés, expliquer pourquoi il avait accepté de composer le livret d'un opéra qu'on allait consacrer au Prophète. Il n'y avait plus de place pour le cynisme ni pour le second degré, affirmait l'écrivain. Son œuvre devait être entendue comme « une déclaration d'amour à l'homme le plus exceptionnel apparu depuis Jésus-Christ. Et lui, en plus, on est sûrs qu'il existe ».

Plusieurs fois, Raphaël confia que c'était invivable. Il voulait qu'on lui foute la paix. Que la fin de cette histoire avec la femme de son meilleur ami ait servi de catalyseur, c'est très possible. Mais je crois que le salut à la foule sur les Champs-Élysées vibrant de chaleur, les rues noires de monde tout autour, d'où montait une *Marseillaise* entonnée par les visages ruisselants, l'amour de la patrie pour son enfant préféré, et tout ce qui s'annonçait, d'autres missions, d'autres exploits, d'autres récompenses et d'autres ovations, et l'impossibilité de sortir de scène, de se soustraire au rôle du Prophète maintenant que son visage était exposé, et le savoir désespérant qu'il accumulait sur tous ceux qui allaient mourir, sur leurs projets, sur leurs enfants à venir, sur leurs échecs et les années amères qui leur restaient à vivre, c'est bien tout cela qui, sans qu'il le comprenne nettement peut-être, l'avait conduit à tout quitter.

On ne le revit plus jusqu'au jour de sa mort.

J'écris la suite de son histoire, mais elle n'est pas absolument certaine.

Quatrième partie

XXII

Sur ce que Grégory avait vu ce jour-là, son récit ne varia jamais. Tout s'était présenté devant ses yeux avec la netteté d'un tableau peint, comme un instant figé.

Au centre, un homme au visage couturé et au nez aplati, le portrait même du délinquant patibulaire, fuyait tête nue sur le scooter qu'il venait de voler. Derrière lui, la conductrice qu'il avait brutalisée courait au milieu de la chaussée, son casque jaune luisant à l'aplomb du soleil, le nez en sang, la bouche déformée par un cri de détresse. Sur les trottoirs et le terre-plein du boulevard, les passants, très nombreux à cette heure, regardaient, impuissants, la distance grandir entre l'agresseur et sa victime. En haut du tableau, le ciel de septembre se chargeait de nuages boursouflés, tempétueux, d'une beauté indiscutable mais comme déplacée (on les aurait trouvés plus justifiés au-dessus d'une mer houleuse, qu'affronterait une frégate aux voiles déchiquetées). Au bord du cadre à gauche, sur le passage piéton que le fuyard sur son scooter allait franchir, une poussette apparaissait.

Au même moment, Grégory s'éloignait du kiosque à journaux installé sur le terre-plein, à quelques pas de l'entrée du métro Ménilmontant. Un collaborateur l'accompagnait. Le quotidien *L'Équipe* était glissé sous son bras et il prévoyait d'aller déjeuner dans l'un des couscous du boulevard, dont il avait appris que l'intérieur était entièrement tapissé de portraits peints à son effigie. Au loin, les coups de treize heures sonnaient au clocher d'une église.

Le matin même, un peu avant huit heures, il avait délogé des toilettes d'un café voisin un toxicomane en plein shoot, auquel il assena deux gifles étourdissantes avant de le soulever par le col et le jeter sur la place, en menaçant de lui faire beaucoup plus mal la prochaine fois qu'il le prendrait à se piquer dans un endroit public.

La suite de la matinée, il l'avait passée à honorer de sa présence un tournoi de football en salle organisé par une association de lutte contre l'exclusion, à visiter une maison de retraite où la séance de photos s'éternisait, et enfin à tenter de raisonner un groupe de jeunes qui effrayaient les habitants du quartier en se poursuivant sur les trottoirs au guidon de leurs mini-motos. Cette surabondance de bonnes actions devait lui faire oublier l'absence de ses enfants, en week-end chez leur mère. Mais les sourires qu'il recevait lui semblaient retenus ; les poignées de main manquaient de chaleur. Quant aux jeunes du quartier, ils s'étaient gentiment foutus de sa gueule, et il avait dû se retenir d'en frictionner un qui lui demandait pourquoi il n'était pas venu les voir en cape et en collant.

Au cours des dernières semaines, il avait multiplié les missions en province et s'était réjoui de retrouver les plaisirs inaltérables que la vie de super-héros lui prodiguait. Voler à quatre cents kilomètres heure, gueuler là-haut tout ce qui lui passait par la tête, vriller en piqué, pirouetter au milieu des nuages, ralentir et flotter au gré des courants d'air lorsqu'il avait un quart d'heure d'avance sur sa prochaine mission, c'était chaque fois l'assurance d'une décharge d'adrénaline et de frissons comparables en intensité, pourquoi le nier, à ceux que pouvait procurer l'activité sexuelle à son meilleur. Et combattre le mal, terrasser en deux coups des adversaires lourdement armés, incarner la justice et la voir triompher, et même ne serait-ce qu'entrevoir l'expression d'incrédulité ou de consternation sur les visages des salauds lorsqu'il paraissait devant eux, rehaussaient jour après jour l'estime qu'il avait de lui-même. Il se persuadait que tout, malgré un divorce douloureux qui le privait en partie de ses enfants, il pourrait être heureux en premier serviteur de la nation, en saint homme dédiant sa vie au triomphe du bien. Il fallait simplement que les Français lui soient reconnaissants. Or on l'aimait toujours, mais pas autant qu'il l'aurait voulu sans doute, et moins que le Prophète.

En trois foulées accélérées, il atteignit un banc et y prit appui pour, d'un bond parabolique, rattraper l'agresseur en fuite, le retenir d'une main ferme et, tandis que son scooter dérapait sur la chaussée dans une éclaboussure d'étincelles, lui administrer de sa main libre un coup de poing dévastateur.

Dans la puissance appuyée de ce dernier geste entraient la fatigue de la matinée, la certitude d'avoir affaire à un délinquant avec lequel il n'était pas indispensable de retenir ses coups, et sans doute aussi le trop-plein de frustration et de colère qu'il accumulait depuis le jour où, à Courseulles, il avait surpris Raphaël et Jeanne.

Maintenant qu'ils étaient séparés, et même si Grégory, par orgueil, n'avait voulu dire à personne quelle était la véritable raison du divorce – il s'était contenté d'évoquer des « choix de vie différents » dans un communiqué –, ses proches disaient avoir tout vu venir et abreuvaient le ressentiment du Capitaine en lui rapportant les torts petits et grands de cette ex-épouse qu'il croyait bien connaître.

Quinze jours après la publication du communiqué, quand on finit par apprendre que Jeanne l'avait trompé avec Raphaël

Zabreski[1], les critiques se firent plus libres, les anecdotes plus malveillantes. Grégory les écoutait sans plaisir, et ce qui l'attristait le plus, au fond, dans ce que les gens racontaient, c'était le récit lui-même, l'idée qu'il y avait eu un début, un milieu, une fin, des actions souterraines, des signes annonciateurs, des effets retardés, une conclusion logique. Cet amour qu'il avait cru pouvoir soustraire au temps, ces sept années de mariage qui échappaient à tous les affadissements, à toutes les fatigues ressemblaient désormais à un morceau de bois miné par le patient travail des vers. Un morceau de plus, à jeter sur le tas des mariages ratés.

Noëllie Rodriguez, l'ancienne amie de Jeanne, y était allée de son témoignage venimeux. Grégory apprit à cette occasion que ce qu'il n'appelait plus jamais que la « perversité » de son ex-épouse avait un précédent au moins. Aux jeux Olympiques d'Athènes, révélait Noëllie, Jeanne s'était retrouvée dans le même vestiaire que Corneliu Bobesco, un tennisman roumain qui stagnait dans les profondeurs du classement mondial. Il avait dû y avoir une erreur dans l'attribution des locaux (c'était assez bordélique, ces Jeux), Bobesco venait tout juste de perdre un match en trois sets et sur son corps éprouvé, couvert de transpiration, ne restait au moment où Jeanne entrait dans le vestiaire que le tissu étroit d'un caleçon moulant. Soit qu'elle ait été prise d'un coup de folie, soit que l'atmosphère joviale et débridée du village olympique l'y ait invitée presque spontanément, soit qu'elle ait souhaité, pour des raisons que son caractère nous permet d'envisager, s'échapper d'elle-même par un acte imprévu, Jeanne s'était approchée de lui.

1. Il est probable que, malgré la discrétion dont s'étaient entourés les amants, certaines personnes aient appris leur liaison : des témoins inopportuns qui, à un moment ou à un autre, avaient pu les voir ensemble ; des fonctionnaires qui surveillaient les communications des 83 ; d'éventuels confidents, enfin, de Jeanne, de Raphaël ou même de Grégory. On ne put jamais déterminer d'où venait la fuite.

Son match de double était programmé quarante-cinq minutes plus tard. Elle s'accroupit près de Corneliu Bobesco, fit glisser sur ses mollets le caleçon trempé de sueur, découvrit son sexe épilé et l'empoigna dans sa main fraîche.

Grégory écouta en hochant à peine la tête. Sitôt la confidente repartie, il se jeta sur son téléphone. « Mais c'était juste une fellation », protesta Jeanne quand il voulut savoir si cette histoire était bien vraie.

Ce n'était pas la jalousie qui à cet instant le torturait. Les faits appartenaient à une époque où il ne la connaissait pas encore, comment aurait-il pu être jaloux ? Mais cette pensée de sa femme accouplée au tennisman roumain lui était malgré tout intolérable. La Jeanne qu'il avait connue pendant toutes ces années ne pouvait figurer dans une scène de ce genre, ni avant ni après leur rencontre. Et maintenant le mot « fellation » qu'elle prononçait lui tordait le ventre. Elle dut le deviner, d'ailleurs, car elle ajouta dans un rire : « C'est le mot qui te dérange ? » *Fellation*, c'était trop concret pour lui ? Peu après, il songea qu'elle se vengeait en lui montrant combien dissemblable elle était de l'image qu'il devait garder d'elle. Peut-être était-ce là sa manière de le quitter à son tour – de lui signifier que, à présent qu'il l'apercevait dans le lointain, sur l'autre rive, elle était quelqu'un d'autre, qu'il n'avait jamais vu.

Hors de contrôle, le scooter couché finit sa course en percutant une piétonne, Alice Letellier, qui venait avec sang-froid de tirer en arrière une jeune mère et sa poussette engagées sur le passage clouté. Mais Grégory, l'œil fixé sur le délinquant, ne vit tout d'abord rien de ce drame collatéral. Coriace, le type se redressait sur ses genoux et cherchait à reprendre son souffle, la bouche barbouillée de sang, tandis que le 83 sentait les regards des passants fixés sur lui. Alors, cédant à la vanité sans doute, Grégory s'autorisa une coquetterie, un coup de pied circulaire qu'il n'avait encore jamais tenté ailleurs qu'à l'entraînement, manœuvre délicate, supposant adresse et explosivité, qu'il exécuta parfaitement, son talon venant s'écraser dans le bon rythme sur la tempe de l'adversaire – lequel, balayé par l'impact, s'encastra une dizaine de mètres plus loin dans un panneau publicitaire.

Le plaisir d'une action si nette, toujours voluptueux, s'aiguisait au souvenir de la nuit précédente. Ayant trop bu, Grégory était rentré d'un dîner organisé par l'un de ses conseillers au bras d'une collaboratrice, fille jolie qu'il n'avait jamais pris le temps de regarder. Une fois dans un lit, la jubilation de répliquer à Jeanne en baisant la première venue laissa place à l'incertitude. Il n'était pas sûr d'en avoir très envie, il hésitait, et après quelques mouvements de bassin il préféra se retirer. Un peu plus tard, comme un silence pénible s'était installé entre eux, il se remit à la caresser, mais le doute le reprit et bientôt il se dégagea. Elle le regardait sans comprendre. Il commença une phrase, il allait s'expliquer, il ne trouva pas les mots. Des larmes coulaient sur le visage de la fille. Elle se détourna vivement quand il tendit la main pour les chasser.

Ni clameur ni applaudissements ne saluèrent son intervention. Pas même un murmure approbateur, un de ces légers froissements dans l'air que l'oreille de Grégory était habituée à déceler sur son passage depuis le 19-Janvier. Lorsqu'il se retourna vers la foule massée le long du terre-plein, tout s'était figé de nouveau. Des visages interdits le contemplaient. Son jeune collaborateur portait la main à sa bouche. Sur la chaussée, la conductrice au visage sanglant courait d'un air éploré vers son agresseur, dont les jambes pendaient de l'encart publicitaire qu'il venait en partie de traverser.

Il y avait eu une méprise.

Après une dizaine d'années passées à faire de la figuration et des cascades, Karim Benaddane avait commencé à grappiller quelques répliques de malfrat ou de garde du corps. Il campait depuis peu un flic secondaire dans une série policière à succès, rien d'incroyable mais c'était un peu d'exposition, et il dépensait les cachets qu'il gagnait à parfaire son jeu dans des stages pour acteurs comme lui, ni débutants ni établis. Il lui semblait depuis quelque temps que le monde avait pris une autre tournure, plus hospitalière, et qu'il s'y déplaçait avec facilité, que son corps même y était plus à son aise. Un jour, il serait célèbre et demandé.

Ce dimanche, il était sorti d'un immeuble à Alexandre Dumas où habitait sa nouvelle compagne, une comédienne un peu dingue, renversante, qu'il venait de rencontrer dans un stage, et tous deux faisaient route sur son scooter vers un brunch du côté de l'hôpital Saint-Louis lorsqu'un 4 × 4 de calibre imposant déboîta brusquement devant eux. Karim hésita entre le coup de frein et l'esquive, fit les deux à la fois, son scooter heurta une autre voiture en stationnement, un choc sourd l'ébranla. Il aperçut sa compagne à genoux, gémissante. Du sang sinuait sur son visage. Karim prit peur, la releva avec une brusquerie qu'il regretta aussitôt et se tourna vers le 4 × 4 gris clair qui avait pilé, dans lequel il entrevit le regard affolé d'un homme de son âge à la mèche châtain sagement rabattue sur son front trop bronzé. La tronche même du parfait connard dans son Audi, songea Karim en ôtant son casque pour pouvoir gueuler, et peut-être cogner, plus à son aise. Mais du 4 × 4 qui redémarrait fut lancé un « Tout va bien ? » à valeur conclusive, et la voiture repartait, le type s'enfuyait. Alors, après ce moment distendu, de nouveau tout s'accéléra. Des insultes vinrent à la bouche de sa compagne ; Karim enfourcha son scooter dans l'idée de rattraper le chauffard ; reprenant ses esprits, sa compagne voulut le retenir ; il démarrait ;

le 4 × 4 prenait un virage serré pour disparaître dans le lacis de ruelles au nord du boulevard ; les passants se figeaient, les visages se contractaient ; Benaddane accélérait toujours, tête nue et furieux, sans une pensée pour le code de la route ; sa compagne courait derrière lui et lui criait de laisser tomber ; d'un seul regard, Grégory croyait tout comprendre ; et, au-dessus de leurs têtes, des nuages très peu parisiens roulaient leurs silhouettes épiques.

XXIII

Beaucoup de gens sont persuadés que disparaître est aujourd'hui presque impossible ; que les États, et surtout les États-Unis, savent tout de nous, ou du moins sont en mesure, en quelques heures à peine, de nous localiser, de nous suivre à la trace, peut-être même de nous éliminer. Nos téléphones, c'est bien connu, sont devenus des mouchards ; il y a des caméras partout ; les e-mails que vous envoyez peuvent être lus au moment même où vous les rédigez. Chaque année, pourtant, quatre-vingt mille personnes environ s'évanouissent à travers le monde, qu'on ne retrouvera jamais. Il faut sans doute déduire de ce contingent quelques désespérés qui, après s'être jetés d'un pont, rejoignent furtivement le fond des fleuves, soustraire aussi les victimes de meurtres parfaits, allongées sous des dalles en béton ou trois mètres sous terre au fond d'un vallon isolé, et retrancher enfin les malheureux captifs languissant dans des pièces aveugles, cadenassées par des frères humains dont ils sont les esclaves. Il vous restera malgré tout sur les bras des milliers de fugitifs qui déjouent toutes les recherches.

D'anciens espions l'ont publiquement déploré, les progrès des technologies de surveillance ont rétréci le spectre du renseignement. Si les machines sont moins coûteuses à entretenir que des agents sur le terrain, et moins caractérielles, elles peineront toujours à démasquer l'imposteur qui joue à l'homme sans histoire.

Désormais, pour retrouver ce genre d'individu, il faut qu'il se montre imprudent : fier de sa duperie et désireux de s'en vanter, pris du désir de proférer des idées subversives, de fréquenter des réseaux semi-clandestins, de revenir sur les lieux qu'il a aimés ou de téléphoner à ses proches pour prendre des nouvelles. Mais s'il se tient à distance de son passé et des indicateurs infiltrés dans les milieux criminogènes, s'il ne donne aucune raison à ses voisins de s'inquiéter de sa santé mentale ou de son parcours judiciaire, les chances de le repérer sont infiniment faibles.

Bien sûr, le Prophète n'était pas un fugitif comme les autres. Pour des raisons diverses, nombre d'agences de renseignement et même d'officines privées avaient intérêt à le retrouver. Mais Raphaël sut se montrer discipliné. Ignorant à qui s'adresser et redoutant de tomber sur des intermédiaires peu sûrs qui le signaleraient, il ne prit même pas le risque de se procurer des faux papiers. Le plus simple était de n'en avoir jamais besoin. Il décida de ne plus conduire par crainte d'un contrôle routier. D'autres mesures s'imposaient : il ne boirait jamais plus d'un verre par soirée, il n'insulterait personne et, s'il le fallait, lui le surhomme, il se laisserait tabasser sans riposter. Il éviterait bien sûr les environs des mosquées, les librairies anarchistes et les coins de rue où se procurer des substances illicites. Il n'irait plus jamais sur Internet. Il prétendrait n'avoir aucun intérêt pour la politique. Il s'inventerait un curriculum vague et crédible, dont il parlerait le moins possible, il se laisserait pousser la barbe, il s'installerait dans une grande ville cosmopolite à faible effectif policier, il n'en sortirait plus. Pour survivre, il trouverait un travail au noir dans les cuisines d'un restaurant ou bien sur un chantier. Au besoin, il compléterait ses revenus en collectant des bouteilles et en touchant l'argent de la consigne. Il ne compterait pas ses efforts pour parvenir à s'effacer.

On crut le voir un peu partout, à Lyon, à Rio, à New York, à Londres, en Australie. On affirma que, pris de remords au sujet de Mickaël, il s'était suicidé. Qu'on l'avait enfermé dans un hôpital pour les fous. Qu'il était prisonnier des Russes, de Daech ou d'une secte qui l'idolâtrait. Que la CIA le cachait, ou Cuba, ou des bénédictins dans un monastère toscan. On raconta qu'il avait changé de visage et vivait dans la banlieue d'une grande ville allemande avec un amour de jeunesse. Ou bien que, traqué, il en était réduit à se cacher dans les interstices des grandes villes, les terrains vagues, les zones de triage, les immeubles bientôt démolis, et à commettre de menus larcins pour s'acheter de quoi manger.

J'étais encore journaliste aux *Últimas Noticias* de Santiago quand mon rédacteur en chef m'envoya vérifier discrètement l'une de ces rumeurs. Sur les hauteurs du port de Valparaíso, un Français barbu de haute taille répondant au nom de Samuel Vernet habitait depuis plusieurs semaines un hôtel pour jeunes voyageurs fauchés. Il avait le cheveu roux et les yeux gris, mais ces détails ne devaient pas nous arrêter. Le Prophète pouvait avoir changé d'aspect, surtout si sa fuite était favorisée par un gouvernement étranger – ce qui restait une hypothèse crédible[1].

Pendant trois jours, je suivis Vernet à travers la ville. Le matin, tirant profit des coloris encore tendres, il prenait quelques photos attendues des maisons coloniales, des vieilles tractions rouillées et des fresques couvrant les murs du quartier Bellavista. Aux heures chaudes, il tournait les pages d'une édition bon marché de *Moby Dick* dans différents cafés. Le soir, accoudé aux comptoirs des

1. Une théorie populaire affirme d'ailleurs qu'il fut assez rapidement localisé par les services secrets américains, mais que ceux-ci protégèrent sa clandestinité. Les raisons de ce choix empruntent au fourbi habituel du complotisme contemporain : Raphaël travaillait pour eux, Raphaël était juif, Raphaël savait quand aurait lieu la fin du monde, etc.

bars de la ville haute, les yeux mi-clos, il séduisait des touristes plus jeunes que lui grâce à son beau sourire, son prestige de photographe et son refus poli mais ferme de dire d'où il venait.

Deux d'entre elles me le confirmèrent : il avait quelque chose à cacher. Dans sa chambre, le bureau supportait une lourde mallette en métal, qu'il avait remisée sous son lit dès qu'elles étaient entrées. La nuit, son sommeil semblait agité, il murmurait parfois des suites de chiffres. À l'une d'entre elles, enfin, il avait confié qu'il était recherché et que, pour éviter qu'elle se mette elle aussi en danger, ils ne devaient plus se revoir, jamais.

Au matin du quatrième jour, je l'accostai à la sortie de son hôtel. Comme je lui annonçai que sa mallette ne contenait rien d'important et que je ne dirais rien de sa partition assez grossière s'il acceptait de prendre avec moi un café, il ne fit aucune difficulté à me révéler sa véritable identité.

Il s'appelait Corentin Dumont et avait fait partie, juste après le 19-Janvier, des légions de *superligans* qui négligèrent leurs études, leur emploi ou leur vie amoureuse pour se consacrer à leur passion des 83. Dumont animait avec d'autres supporters le White Heat, un forum de discussion consacré aux prouesses du Prophète. Peu après la disparition du super-héros, il avait rassemblé ses économies et s'était mis en tête de le retrouver. Ayant lu quelque part qu'à l'été 2011 Raphaël voyageait en Amérique du Sud et qu'il gardait de Valparaíso un souvenir ébloui, Dumont s'était pris à penser que, peut-être, si le 83 voulait recommencer sa vie, c'était là qu'il choisirait de se cacher, au plus loin de l'Europe, dans ce grand port bordélique et pauvre où, accoutumés aux étrangers de passage ainsi qu'aux âmes perdues, les habitants ne lui poseraient pas de question.

Dumont s'était lancé à la recherche du Prophète sur un coup de tête, enfiévré par la promesse d'un prestige considérable s'il le débusquait le premier. Mais il n'avait aucune idée de la manière dont il fallait procéder. Les jours filaient, pas l'enquête, et Dumont finit simplement par attirer l'attention d'un serveur de bistrot qui avait remarqué la propension du Français à parler des 83, quoique de façon circonspecte. Une nuit, le serveur et son beau-frère lui tombèrent dessus et l'entraînèrent sur un parking devenu terrain vague, ou le contraire. Là, réclamant de l'argent, ils menacèrent de tout dire aux journaux. Dumont avait eu beau nier avec énergie, le serveur restait persuadé que ce Français de trente-six ans, voyageant seul, était le super-héros que tout le monde recherchait, et seule l'irruption providentielle d'un car rempli de jeunes Chiliens ivres avait permis au détective improvisé de se sortir de ce guêpier.

Ensuite, le jeu s'était mis en place.

Son pécule s'étiolant, des commerçants lui faisaient crédit. En échange, une fois abaissés les rideaux de fer de leurs boutiques, il prétendait activer son pouvoir de prédiction et annonçait à ses créanciers un avenir en général somptueux. Ces hommes et femmes mis dans la confidence étaient à moitié convaincus d'avoir affaire au Prophète – mais au Chili, nous avons le goût des bonnes histoires, et j'en connais plus d'un qui paiera l'addition à un menteur pourvu que son récit soit captivant.

En public, Dumont interprétait le rôle d'un homme en fuite, énigmatique et réticent, qu'il avait doté d'une voix grave de baroudeur et d'une prédilection pour la photographie de voyage, ayant noté que, chez certains séducteurs opérant dans les bars à Européens de la ville, ces attributs faisaient à coup sûr leur effet. Au fil des semaines, la gamme de son jeu s'étoffant (il venait de se faire confectionner un masque blanc et patiné qu'il cachait mal dans sa penderie), les gains qu'il en retirait avivant son audace et le persuadant qu'il n'aurait pu trouver meilleure issue à cette enquête, il s'ensorcelait de sa propre imposture. Maintenant, il rêvait d'éveiller l'intérêt d'espions et d'illuminés qui, partis à la recherche du Prophète, rôderaient autour de lui et accorderaient au moindre de ses gestes une attention extrême.

Parmi tous ceux qui déclarèrent savoir où se trouvait Raphaël Zabreski, le Brésilien Luiz Gustavo Mora est le seul qui me paraît digne de foi. Âgé de vingt-cinq ans lorsqu'il commença ses recherches, il n'avait jamais marqué pour les super-héros français qu'un intérêt très modéré – comme pour toute chose d'ailleurs, ce qui était bien là son problème. Ce fils unique d'un richissime entrepreneur minier de São Paulo, après des études en ingénierie métallurgique, brillantes mais superflues au regard de ses rentes annuelles, était retourné à la vie oisive des jeunes gens de sa caste. Il avait bien tenté de s'intéresser à la modernisation de mines aurifères du Mato Grosso, à la construction d'un hôpital pour enfants ou encore aux courses de bateaux offshore dans lesquelles son impétuosité le distinguait, l'ennui à chaque fois le rattrapait.

Il le trompait provisoirement dans la lecture de romans policiers et l'acquisition de nouvelles pièces pour ses collections particulières : casques de scaphandrier, skis anciens et premières raquettes de tennis en bois. À l'en croire, l'énigme du Prophète éveilla sa curiosité alors que, plus désœuvré que jamais, il contemplait l'idée d'une mort anticipée.

Comme Dumont et tant de concurrents, il commença par se rendre là où son imagination lui soufflait d'aller. Il en avait les moyens, il ne se priva pas. Parmi tous les endroits où le Prophète avait été signalé, il privilégiait les plus exotiques : un bar à hôtesses de Manille, une forêt d'altitude guinéenne et même une île dans l'Atlantique Sud qu'on lui avait décrite comme le lieu le plus isolé au monde et dont la calotte glaciaire, inhabitable sauf pour quelques oiseaux et mammifères marins, lui semblait propice à satisfaire le désir de solitude d'un surhomme au masque blanc.

Préparant son expédition, Luiz Gustavo se représentait de mieux en mieux, là-bas, le splendide ascétisme du Prophète. Encerclé par un désert d'eau couleur de l'étain, équipé d'une simple tente, d'un réchaud et de provisions pour plusieurs mois, le 83, quand il ne lisait pas, s'allongeait sur la neige, écoutait le vent ou méditait devant l'horizon invariable et la vie équanime de la faune locale. En se posant sur l'île cependant, l'hélicoptère affrété par le Brésilien jeta la panique dans les rangs des manchots. Il y eut une bousculade, quelques-uns se blessèrent. Aucun être humain ne se trouvait sur ce rocher noirâtre, et Luiz Gustavo, les bras ballants, se sentit écrasé comme jamais par sa propre bêtise.

Cette excursion lui fit passer le goût du romanesque. De retour à São Paulo, il s'assit dans son bureau pour réfléchir. Il ne fallait plus écouter ni ses envies ni les rumeurs.

Le Prophète, raisonna-t-il, avait élu domicile dans un endroit qui remplissait plusieurs critères de prudence.

Il ne devait y avoir aucune raison de l'y chercher. Cela excluait les lieux qu'il avait déjà fréquentés, ceux dont il avait pu, même une seule fois, dire qu'il aimerait les visiter, et enfin les destinations qui, à l'instar de l'île visitée par Luiz Gustavo, ou le sommet de l'Everest, ou la ville la plus au nord du monde, séduisaient les esprits comme le sien, épris de solutions raffinées mais dépourvus de sens pratique. Aucune chance non plus de le trouver sur l'île Desolación, le long de la rivière Loing ou dans la station de ski de Solitude. Si son but était qu'on ne le retrouve jamais, il avait toute raison de s'interdire les jeux de mots, les symboles, les excentricités.

Il devait aussi limiter ses déplacements afin d'éviter les contrôles d'identité et s'épargner les incertitudes entourant l'arrivée dans des lieux nouveaux, où il ne disposerait pas des protections dont sa vie quotidienne s'entourait. Mais il lui fallait sans doute les divertissements renouvelés d'une grande ville pour supporter cette sédentarité forcée. Et la grande ville augmentait ses chances de passer inaperçu.

Luiz Gustavo fixa la barre à un million d'habitants, ce qui, d'Odessa à Shanghai, lui laissait encore trois cent quarante-six possibilités. Alors il paria : 1) que Raphaël avait fui la France, où le risque d'être reconnu était le plus élevé, et 2) qu'il s'était installé dans une contrée dont il parlait la langue pour se fondre aisément dans la foule – or il ne maîtrisait que l'anglais. Cela réduisit sa liste à une vingtaine de villes, dont il retrancha Londres, New York et Chicago (Raphaël y avait déjà séjourné plus d'une semaine), ainsi que Dublin et Sydney (il avait confié à Sonja Bachmann qu'il aimerait les visiter).

Il restait un peu plus d'une quinzaine de villes au terme de ce raisonnement, dont les failles étaient nombreuses mais qui malgré tout resserrait son enquête sur des lieux où le Prophète avait de réelles chances de se trouver. Dix-sept équipes de trois enquêteurs furent engagées et dépêchées en secret à Adélaïde, Birmingham, Calgary, Dallas, Johannesburg, Houston, Le Cap, Los Angeles, Melbourne, Philadelphie, Phoenix, Pretoria, Vancouver, San Antonio, San Diego, Toronto et, après une hésitation, à Montréal, à laquelle Luiz Gustavo ne croyait guère mais qu'à ce stade, n'étant plus à quelques milliers d'euros près, il jugeait un peu idiot d'éliminer sans l'avoir inspectée.

Aux détectives qu'il employait, l'héritier brésilien avait fixé une règle impérative : dès qu'ils auraient dénombré les Français, Belges, Suisses et Québécois de vingt à soixante ans séjournant dans la ville depuis moins de six mois, leur enquête s'interromprait, et c'est lui qui prendrait la suite. Car s'il faisait tout cela, c'était, affirmait-il, pour le plaisir d'une traque dans laquelle, à la fin, ne restaient plus qu'un chasseur et sa proie.

Presque toutes les villes fournirent de possibles Prophètes. Dans les trois premières où Luiz Gustavo se rendit, Calgary, Le Cap et Birmingham, l'enquête ne donna rien. Puis, fin septembre, deux mois après la disparition de Raphaël, le jeune Brésilien visita Los Angeles. Pas moins de onze francophones y avaient été repérés qui pouvaient correspondre à l'homme qu'il cherchait. À dessein, il en avait ébauché un profil très vague. Un avocat martiniquais de quarante-huit ans, débarqué à l'aéroport avec sa femme et ses trois enfants, et travaillant d'arrache-pied depuis son arrivée dans une entreprise de management énergétique, était par exemple demeuré sur la liste des suspects malgré les évidences qui invitaient à rayer son nom. Luiz Gustavo croyait le Prophète capable de tous les simulacres.

Un certain Bastien Rémy affirmait être arrivé au mois de juin à Los Angeles, en provenance de Paris, mais son nom n'apparaissait sur le registre d'aucun vol à destination de la Californie au cours de cette période. Élargies à l'année écoulée, les recherches sur les listes de passagers ne donnaient rien non plus.

Et si une rapide vérification sur Internet faisait apparaître cinq comptes Facebook ouverts au nom de Bastien Rémy, aucun ne semblait correspondre à l'individu que les enquêteurs engagés par Luiz Gustavo lui avaient signalé : un trentenaire à la barbe mousseuse et à la chevelure fournie, qui se présentait comme un comédien français rêvant de Hollywood mais n'avait encore jamais cherché à passer un casting.

Les soupçons devinrent des certitudes lorsque Luiz Gustavo put étudier l'homme à la terrasse d'un bar, où il sirotait un café frappé en feuilletant le *L.A. Times*. Ses longs cheveux broussailleux, sa barbe et son teint de cuivre le rendaient à peu près méconnaissable. Le revers de son poignet s'ornait désormais d'un mandala tatoué, ce qui un instant fit douter Luiz Gustavo, de même que le débardeur rouge en tissu respirant, le short trop large et les baskets usées qu'il portait. Bien que l'esprit du Brésilien, depuis deux mois qu'il le cherchait, avait tour à tour situé le Prophète dans des lieux aussi hétéroclites qu'une jungle embrumée, le fond d'une cellule de prison turque, un îlot perdu dans une mer de glaces puis l'une ou l'autre des dix-sept villes où il pensait le retrouver, toujours il se l'était figuré dans ses vêtements sombres et ajustés d'élégant Parisien.

Il le suivit dans un supermarché puis chez un loueur de DVD, auquel le Prophète emprunta plusieurs vieux films hollywoodiens. Le lendemain matin, le Brésilien était dans le bus qui déposait le 83 devant les pelouses brûlées de Griffith Park d'où, après quelques étirements, il s'élança pour un footing d'une heure. Enfin, Luiz Gustavo goûtait aux plaisirs escomptés : il savait maintenant ce que tous les autres ignoraient, et il s'enivrait à chaque instant de voir comme un tricheur dans le jeu du Prophète.

Le même jour, alors que, une serviette de bain autour du cou et un sac de plage sous le bras, le super-héros quittait son domicile, Luiz Gustavo se servit pour la première fois de son passe-partout et y entra. C'était un deux-pièces situé en retrait de Hollywood Boulevard, dans un immeuble collectif à deux étages. Raphaël y avait pour plus proches voisins un vieux fumeur agonisant équipé d'un respirateur et une famille nombreuse d'Hispanos en surpoids. Le 83 ayant sous-loué l'appartement à un couple parti en Europe pour quelques mois, Luiz Gustavo ne put déterminer à qui appartenaient les éléments du décor qu'il découvrait : accroché au-dessus d'un canapé, la peinture délavée d'une vue de Florence ; sur la porte du réfrigérateur, retenus par des aimants, la photo d'un nouveau-né et le dessin en bleu et rouge d'un enfant ; dans la chambre, sur une étagère à côté du lit, une édition fripée du roman *The Victim* et un essai sur les techniques de survie en milieu naturel, relié en bougran vert, dont Luiz Gustavo aima sentir le contact grenu sous ses doigts.

Alors qu'il s'attardait dans la chambre devant la reproduction d'un paysage industriel peint par Charles Sheeler, quelqu'un frappa deux coups légers à la porte d'entrée. Luiz Gustavo, saisi d'effroi, entendit une clé s'introduire dans la serrure, la porte s'ouvrir, un « Bastien ? » prononcé à mi-voix par une femme à l'accent américain, puis quelques pas, l'eau du robinet qui rebondissait dans l'évier de la cuisine, un silence, quelques pas encore et la porte d'entrée qui claquait. Il se précipita dans le salon et aperçut, à travers les lames du store, une grande femme blonde qui s'éloignait. Sur la table de la cuisine, elle avait griffonné un mot : WOULD 10 P. M. BE OKAY ?, suivi du prénom RENEE.

C'est aujourd'hui une femme de trente-deux ans à la voix grave, large d'épaules, d'une beauté franche et intimidante. Elle me reçoit dans une villa sur les hauteurs de Westlake Village, où elle s'est installée depuis qu'une chaîne du câble diffuse une série policière dont elle a écrit cinq ou six épisodes. Le succès et les années n'ont pas dû beaucoup changer la Renee Fletcher que Raphaël a connue. Elle porte sur son corps tatoué un débardeur noir à l'effigie d'un groupe de metal, un jean moulant et de vieilles bottes de cow-boy à bout arrondi. Elle fume toujours beaucoup et ses lèvres laissent des empreintes rouge vif sur son verre de vin.

À l'époque où Renee rencontra Bastien, elle écrivait des débuts de romans et tentait de placer un scénario de film chez un agent. Le mannequinat avait occupé la fin de son adolescence, puis elle s'était mariée trop vite à une fortune de cinquante ans qui, deux mois après les noces, avait décidé de leur acheter un ranch dans l'Oregon, propriété isolée au bout d'une piste de gravier, qu'ils peupleraient de chevaux, de cochons, d'enfants, et d'où elle avait résolu de s'enfuir dès la première nuit. Dans l'attente du divorce, elle était revenue vivre chez sa sœur, à deux rues de l'appartement qu'habitait maintenant Bastien. Son mari, rentré lui aussi à Los Angeles, l'implorait de leur donner du temps et menaçait de se tirer une balle dans la tête si elle persistait dans sa décision. Elle avait dû changer de téléphone ; il l'inquiétait. Pour éviter un drame, Bastien et Renee se voyaient le plus souvent chez lui et à la nuit tombée, dans le plus grand secret.

Rien ne l'avait étonnée dans le comportement du Français. Elle le trouvait sérieux mais dans son idée tous les Français l'étaient un peu. Il ne travaillait pas beaucoup, ne conduisait jamais et n'avait pas de téléphone, ce qui, en Californie du Sud, passait facilement pour un choix de vie qui ne doit pas se discuter. Elle avait cru le deviner, Bastien était venu moins pour réussir dans le cinéma que pour changer de vie. Tandis qu'ils sirotaient une bière glacée sur la galerie devant l'appartement, il lui arrivait de dire des choses comme « Ce qu'il faut, c'est profiter de tout, tout de suite ». Alors ils retournaient faire l'amour dans les draps froissés.

Elle avait rencontré Bastien peu de temps après son arrivée, dans une brocante du quartier où il travaillait tous les après-midi, un grand entrepôt rempli de bureaux des années 1950, de lampes en laiton, de canapés, de chaussures en cuir, de cartes postales d'époque et d'affiches de films. Il n'avait pas son pareil pour, un étui à cigarettes ou une figurine sertie d'abalone entre les mains, inventer l'histoire de son propriétaire ou du curieux chemin qui les avaient conduits ici, et on s'enchantait bientôt de pouvoir acheter, pour pas si cher en plus, l'accessoire préféré d'un vieil excentrique argentin ou la relique d'un amour perdu, retrouvée dans une ferme du Nebraska sur le point d'être rasée. Elle l'aimait bien.

De lui, je ne crois pas exagéré d'écrire qu'il était amoureux. D'abord parce qu'il y avait toujours eu, d'aussi loin qu'il se souvienne, une fille aimée pour occuper ses pensées, et des rêveries, des projets de déclaration, de fugue à deux si elle disait oui.

Et même s'il reconnaissait après coup qu'il s'était trompé, qu'il avait aimé l'idée d'aimer et l'état de fièvre dans lequel cette idée le mettait davantage que l'être qui les suscitait, toujours il se laissait gagner par un nouvel emportement.

Luiz Gustavo est convaincu lui aussi que, pour Raphaël, cette histoire représentait bien plus qu'un passe-temps. Un jour qu'ils étaient à la plage, après avoir regardé Renee s'éloigner vers les vagues, le 83 se pencha sur le tee-shirt qu'elle avait laissé derrière elle et le respira longuement. Quelques heures plus tard, alors que la lune se levait et qu'autour d'eux la plage se dépeuplait, ils roucoulèrent des choses tendres, trouvant que la vie était belle, et plus belle depuis qu'ils s'étaient rencontrés. À un moment, elle fredonna une chanson de pionnier que sa grand-mère lui avait apprise. Les amants revinrent lentement vers la voiture de Renee, épaule contre épaule, elle chantait toujours. Sa voix grave se perdait dans la nuit, et le vent du large emportait les paroles jusqu'à Luiz Gustavo, qui marchait derrière eux.

Il décida de garder sa découverte pour lui. Devant les enquêteurs qu'il avait engagés, il prétendit que Bastien Rémy n'était pas l'homme recherché. Et, pour donner le change, il fit quelques-uns des voyages programmés – Dallas, Vancouver, Toronto –, avant d'annoncer qu'il arrêtait tout, que sa méthode comportait trop d'incertitudes, qu'on ne retrouverait jamais personne ainsi.

Une fois par mois au moins, Luiz Gustavo revenait seul à Los Angeles. Son plaisir était coupable, il avait l'impression de tenir le Prophète sous sa coupe et de l'observer, dans cette ville dont il ne sortirait jamais, comme un animal prisonnier de son enclos. Mais la pensée que le captif était heureux allégeait les remords naissants.

« On n'a jamais fait le moindre projet, raconte Renee Fletcher. On ne parlait pas de l'avenir. Et il n'a pas dû me poser plus de trois questions sur ce que j'avais fait avant. » Ils mangeaient, beaucoup, s'étant découvert tous les deux un appétit féroce ainsi qu'une passion commune pour les tacos mexicains de Boyle Heights et de Figueroa. Ils regardaient des vieux films et dormaient jusqu'à ce que la faim les réveille, vers dix ou onze heures du matin. Les soirs d'automne, ils s'accoudaient à la balustrade et observaient, dans la rue encore tiède, les enfants qui jouaient sur les pelouses devant le porche des maisons. L'hiver arriva, ils s'enfermèrent dans l'appartement, tournèrent à fond les radiateurs et s'allongèrent dans le salon, nus la plupart du temps. Quand on leur livrait à manger, ils se rhabillaient à peine pour ouvrir la porte et payer.

Dans son journal, qui compte très peu d'entrées à cette époque, Raphaël note de loin en loin : « L'intérieur du bras de Renee », « Le dragon tatoué de Renee (laid) », « Les fins cheveux éparpillés sur son visage quand Renee dort le matin ». Elle hausse les épaules dans un rire gêné quand j'évoque devant elle ces quelques notations. Ils passaient du temps à se regarder, souffle-t-elle. C'était Raphaël qui avait commencé. Les gens ne font pas assez attention, disait-il. Chaque jour, il voulait se concentrer sur une partie du corps de Renee. Et elle s'était mise à faire pareil : le ventre plat de Raphaël, sa bite, son pied. C'était comme des exercices de méditation. Et ils s'émerveillaient.

Depuis l'immeuble d'en face où il louait un meublé pour les observer, Luiz Gustavo se lassa vite. Les gens heureux ne font pas des personnages captivants. Et un nouveau projet se dessinait dans son esprit. Maintenant qu'il en avait trouvé un, il commençait à imaginer qu'il pourrait traquer d'autres fugitifs, découvrir l'endroit où ils se cachaient, la fiction qu'ils avaient inventée, et n'en rien dire à personne, bien sûr, puisqu'un disparu cesse de l'être le jour où il est démasqué.

Il entendit parler d'un banquier allemand caché dans l'archipel indonésien. Puis d'un djihadiste français, surnommé « Grand Ali », clandestin quelque part en Angleterre. Ce furent ses nouvelles proies. Raphaël, pensait Luiz Gustavo, était la première pièce d'une collection unique : des fantômes qu'il serait le seul à voir.

XXIV

Deux jours après la bavure de Ménilmontant, Grégory se rendit à l'école primaire de sa fille aînée, où il était convoqué. Lucille avait mordu pour la troisième fois un enfant de sa classe.

Le directeur ne devait pas beaucoup aimer les super-héros français. Grégory le sentit, raconta-t-il, dès qu'il franchit le seuil du bureau, à une certaine raideur dans son maintien et à ses yeux mobiles, indécis, qui évitaient de croiser son regard. Le Capitaine s'efforça de rester courtois et calme, même lorsque son interlocuteur lui parla de *sociopathie*. Ce n'était pas une certitude, expliquait-il, néanmoins plusieurs éléments invitaient à poser ce diagnostic. Lucille ne s'était liée avec aucun élève. Même si elle comprenait toujours ce qu'on attendait d'elle, on voyait bien qu'elle n'écoutait pas les consignes. En plusieurs occasions, elle avait laissé transparaître un penchant pour la cruauté. Nul remords ne lui venait jamais. Cela se lisait notamment dans les sourires malveillants qu'elle esquissait quand d'autres enfants montraient des signes de détresse. Et puis il y avait cette série de morsures.

Grégory hochait la tête, le crâne brûlant, les cheveux collés à son front dans la moiteur du bureau surchauffé. Il fermait les yeux et s'appliquait à respirer, se remémorant les conseils de la thérapeute qu'il avait commencé à consulter.

Les parents de la dernière victime de sa fille, poursuivait le directeur, étaient des gens très bien. Ils ne voulaient surtout pas que l'affaire s'ébruite. Compte tenu des difficultés que traversaient les parents de Lucille, on était très soucieux d'éviter cela. Mais on attendait des gestes de leur part. Il fallait la faire suivre.

Non, songeait Grégory, le directeur n'aimait pas les 83 et il prenait plaisir à l'humilier sans avoir l'air d'y penser.

Le Capitaine voulut répondre au directeur qu'il exagérait. On donnait à un incident banal une portée qu'il n'avait pas. À cet instant, il aurait fallu qu'il se mette en colère, mais la conviction lui manquait. Il avait peut-être raison après tout, cet homme malfaisant, qui semblait avoir deviné la véritable nature que l'enfant de sept ans abritait derrière ses bonnes manières et un air sage, presque absent.

À la moindre contrariété, Lucille sombrait dans une fureur dont seul l'épuisement la délivrait. Elle avait depuis peu pris la manie de rectifier sa coiffure, et cent fois par jour Grégory la surprenait en train de chasser de son front des mèches invisibles. Pour sortir de l'appartement, elle suivait un rituel contraignant qui lui imposait de franchir le seuil à reculons et de reboutonner son manteau plusieurs fois. Des proches rassuraient le Capitaine, c'était la séparation de ses parents qui perturbait Lucille, tout passerait. Mais il croyait comprendre, lui, que les troubles venaient de plus loin.

Sa fille avait très tôt manifesté un goût de l'ordre qui ravissait les visiteurs et faisait la fierté de ses parents. À trois ans, elle pouvait consacrer une heure à plier ses vêtements sur la table basse. Elle alignait les crayons et coloriait sans jamais déborder. Mais, au même âge à peu près, il avait fallu renoncer à un jeu de nouveaux rideaux en chintz qu'on avait installés sans la prévenir dans le salon et qu'elle menaçait d'arracher. Les imprévus lui étaient insupportables. Si son père venait la chercher à pied à l'école, et non en voiture comme à son habitude, il arrivait maintenant qu'elle s'allonge par terre en hurlant et qu'elle ne veuille plus bouger, et qu'il entrevoie sur son visage, tandis que, n'osant pas la brusquer, il lui ordonnait à voix basse de se remettre debout, un sourire de victoire, bizarrement triste et figé. Lorsqu'il entendait les gens parler de l'amour inconditionnel que leur inspiraient leurs enfants, Grégory leur enviait cette évidence. Il regardait Lucille comme une créature étrangère, indéchiffrable, et il n'était pas mécontent que la séparation avec Jeanne l'éloigne de lui la moitié du temps.

Le soir suivant cette convocation, ivre mort, l'esprit sans doute embrouillé par un mauvais dosage dans ses prescriptions d'anxiolytiques, le Capitaine se laissait aller à déblatérer contre la monogamie en marge de la soirée d'inauguration du Salon du mariage, où il s'était rendu sans trop savoir pourquoi. Il cita de mémoire Beaumarchais, qu'il avait étudié à l'époque du bac de français : « Femme, femme, femme, créature faible et décevante ! » Le téléphone d'un témoin enregistra presque en entier sa tirade, qu'oblitèrent par moments les rires gênés mais supérieurs des inconnus pressés autour de lui.

La vidéo navrante du 83 à la voix pâteuse, qui fit comme attendu le tour du monde en quelques minutes, lui attira comme attendu des condamnations unanimes, de l'Élysée au Vatican, en passant par ses équipementiers, les associations caritatives qu'il parrainait et les célébrités qui ne rataient jamais une occasion de faire sourciller leur vertu sur Twitter. Thérèse et Saïd prenaient eux aussi leurs distances, mais Virginie fit exception : c'était trop facile, affirmait-elle, de juger Grégory dans cet état. Elle affrontait elle-même une forme aiguë de dépression et refusait d'accabler un homme qui, manifestement, ne s'appartenait plus.

Lorsqu'il découvrit le lendemain la vidéo, Grégory ne fut paraît-il ni surpris ni effondré. Virginie affirme qu'il ressentait un étrange soulagement à en être arrivé là, comme si quelque chose en lui se réjouissait de cette horreur. Sa lèvre était bleuie et gonflée par un coup de poing qu'il avait reçu, mais il ne savait plus de qui. Il se souvenait d'une étreinte dans des toilettes avec une femme qui lui léchait l'oreille, sans pouvoir dire s'il l'avait vécue ou simplement cauchemardée. Il lui était impossible de dire ce qu'il avait bu et ingéré au cours des dernières vingt-quatre heures. Autour de lui, les mines de ses conseillers, leurs discussions téléphoniques à voix basse, comme dans la maison du mort, et jusqu'à l'aspect désolé des objets eux-mêmes, qu'on aurait dit ternis par un dépôt de poudre grise, tout témoignait d'un monde détruit. Cela ressemblait enfin à l'idée qu'il se faisait de son propre état. Mais dans les bonnes histoires, il le savait, le type tombe très bas et ensuite il remonte. Bientôt, tout s'arrangerait.

Pour le conseiller dans l'affaire de Ménilmontant, on lui recommanda un communicant d'origine anglo-indienne, Shivaji Rai. Ce polyglotte de quarante-cinq ans, bâti en colosse et impeccablement sanglé dans des complets en laine d'Italie, était passé avec succès de la gestion d'image de sportifs impliqués dans des scandales sexuels aux relations publiques d'un groupe pétrolier compromis par une marée noire où s'engluaient des phoques. Dès leur première réunion, Rai se montra catégorique : aucun communiqué ne suffirait à enrayer la crise. Il fallait que Grégory paraisse sans tarder au journal de 20 heures, et que l'émotion le prenne à la gorge, et que les mots lui manquent, et que les larmes coulent.

À cette idée, Grégory renâclait. Mais sa situation ne lui laissait guère le choix. Il avait frappé en plein jour un innocent. Une jeune femme admirable, celle qui avait eu le réflexe de tirer en arrière la poussette que Benaddane était tout proche de faucher en poursuivant le chauffard, se trouvait dans un état grave après que le scooter du comédien l'avait percutée de plein fouet – et si Grégory ne pouvait être tenu directement responsable de ses blessures, tous les témoignages le confirmaient, c'était bien son geste qui avait fait dévier l'engin sur elle. Enfin, depuis sa tirade malencontreuse au Salon du mariage, on tenait le Capitaine pour un macho et un alcoolique, un pauvre type, un vrai connard. « Alors il va falloir que vous pleuriez un coup », lui aurait dit Shivaji Rai. « Un connard qui pleure, c'est toujours un début. »

Les enquêtes d'opinion montrèrent que l'exercice lui réussit plutôt bien. Il n'invoqua ni surmenage ni aucune autre circonstance atténuante. Il évita de prononcer le mot « erreur », trop faible, et se chargea sans ciller d'une « faute » qu'il jugeait « très lourde ». Il ne présentait pas ses excuses mais demandait aux Français, c'était plus humble, de lui accorder leur pardon. Il ne dit pas « J'assume », cela risquait de paraître arrogant ; il murmura plutôt : « Je ne peux pas me regarder dans la glace. »

Pour tous ceux qui, comme moi, se souvenaient de sa première apparition télévisée après le 19-Janvier, il y eut quelque chose de saisissant à le retrouver ce soir-là dans le même costume, avec une cravate presque identique, face à la même présentatrice, mais les yeux rougis cette fois et le teint brouillé – après négociation avec le rédacteur en chef du journal télévisé, Shivaji Rai avait obtenu que son protégé ne soit pas maquillé. Grégory n'avait pas pleuré depuis la mort de sa mère, il ne s'en croyait pas capable, mais Rai ne cessa, juste avant le direct, de lui demander comment il se sentait, s'il allait tenir le coup, s'il avait besoin d'un mouchoir, et sa manière de lui frotter le bras ou de le contempler par en dessous, de ses yeux ronds luisant de commisération, finit par remplir le Capitaine d'une émotion qui le rendit fébrile. Le moment venu, il pleura.

Cependant, dès le lendemain de la bavure de Ménilmontant, les sceptiques étaient descendus dans la rue. Cela ferait deux ans bientôt que les 83 avaient fait leur apparition. On dressait leur bilan, il était calamiteux :

– Jean-Baptiste, mort au combat ;
– Thérèse, handicapée ;
– Virginie, à moitié folle, en maison de repos ;
– Mickaël, fou lui aussi, neutralisé ;
– Raphaël, disparu ;
– Saïd, en procès avec l'État ;
– Grégory, ultra-violent.

Du fond des maisons d'arrêt où ils attendaient leur jugement, des hommes qui avaient eu affaire aux 83 trouvaient enfin une oreille attentive. Leurs récits parlaient d'arrestations brutales, de vexations, de violences gratuites, et parfois d'oreille interne abîmée, de troubles du sommeil, de traumatismes. C'étaient certes des sales types, mais, maintenant qu'on soupçonnait le Capitaine, ils avaient eux aussi des droits. On exigea toute la lumière sur les écarts des super-héros français et sur les complaisances qui, au plus haut niveau, les avaient favorisés. On réclamait une démocratie exemplaire, on voulait un référendum. Chaque jour, les rangs des manifestants grossissaient. Les lycéens séchaient les cours. Dans certains quartiers, plusieurs voitures brûlèrent. Des policiers antiémeute se postaient aux angles des rues. Seul le Prophète, bien entendu, échappait aux critiques.

Alors Grégory paniqua. Il se sentait foutu. Avec cet incident, il allait payer pour les dérapages des autres, pour la folie de Mickaël, pour le cynisme de Saïd. Rien ne lui serait jamais pardonné. « Ils nous haïssent », disait-il. Et il se pouvait, pensait-il de plus en plus souvent, que le monde soit mal fait. Que les hommes méritants, comme lui, ne soient jamais récompensés. Qu'il n'y ait pas de justice.

Il consultait sur Internet tout ce qu'il pouvait trouver sur le Prophète. Il fouillait dans les pages d'actualités, dans les images, sur les forums. Toutes les fois qu'il tombait sur des médisances – il y en avait malgré tout –, Grégory jubilait. Mais la plupart du temps, après chaque nouveau clic, il serrait les mâchoires. Ce n'était qu'une longue suite de célébrations, de témoignages niais, de reportages sans recul.

Lorsque la liaison de Jeanne et Raphaël avait fait les unes de la presse, sur la blessure d'amour-propre de l'homme trompé s'était appliqué le baume d'une pensée réconfortante : au moins la popularité du Prophète allait chuter. Et l'on compatirait. Il était la victime, et eux deux les conspirateurs. En France, on a la dent dure avec les briseurs de ménage. Mais pas cette fois. Il semblait que, sur le Prophète, les scandales n'avaient aucune prise. C'était Jeanne qui concentrait les critiques, et le silence qu'elle observait n'était pas de nature à les détourner.

En deux occasions, pour un entretien accordé au site Absolute ! et sur un plateau de télévision, Grégory exposa ses griefs vis-à-vis du Prophète. Ce n'était pas le mari abusé qui parlait, précisait-il en préambule, mais l'ami que le 83 avait trahi. Il racontait leur affection réciproque, la naissance d'une amitié rare à un moment où, leurs vies étant bouleversées, ils apprenaient à se méfier de tout le monde. Cependant, Grégory se souvenait qu'il avait été gêné à plusieurs reprises par l'aisance et le peu de scrupule avec lesquels Raphaël mentait. « C'était une fuite en avant permanente, expliquait-il. Un comportement presque maladif. »

Sur le plateau de télévision, l'un des chroniqueurs insinua qu'il ne témoignait aujourd'hui que pour nuire au Prophète. Grégory protesta, il savait tout ce qu'on lui devait, mais le héros avait d'autres facettes, on n'avait juste pas le droit de l'ignorer : Raphaël était manipulateur, hypocrite, farouchement individualiste. À ce mot, le chroniqueur demanda au Capitaine s'il pensait que son ancien compagnon avait pu, au moment d'affronter Mickaël, se mettre en danger pour qu'on l'admire, qu'on l'idolâtre. Cherchait-il lui aussi à subjuguer les foules ? Grégory tomba dans le piège en répondant qu'on ne pouvait complètement l'exclure. Maintenant, des sourires fins l'entouraient. L'aigreur du mari cocu n'avait pas de limite.

Même ses conseillers peinaient à le suivre quand le Capitaine, revenant encore une fois sur le sujet, trouvait une nouvelle raison d'amoindrir les exploits du Prophète. L'Histoire peint à grands coups de brosse. Avant de disparaître, un dénommé Raphaël Zabreski avait sauvé le monde. C'est la seule chose qu'on retiendrait.

Que restait-il à Grégory ? Sur des affichettes, son portrait barré des mots NOT IN OUR NAME ; des jeunes gens qui se rassemblaient derrière des voitures renversées en croisant leurs avant-bras, nouveau signe de ralliement pour tous ceux qui voulaient un monde sans surhomme. En cet automne de l'an II, ils étaient majoritaires selon tous les sondages. Un bref roman de Georges Perec, *Un homme qui dort*, leur tenait lieu de bréviaire et la chanson d'un groupe obscur, reprise sur YouTube par deux adolescents américains, était devenue leur hymne :

Let me go
I don't wanna be your hero
I don't wanna be a big man
Just wanna fight with everyone else

Devant le nombre toujours croissant de manifestations hostiles, Shivaji Rai, lui, ne montrait aucun signe d'inquiétude. C'est juste la rue, disait-il. Ils se fatigueront. Non, ce qui le préoccupait, c'étaient les deux plaignants qu'on opposait à Grégory. Karim Benaddane, le comédien, était vivement sympathique, drôle même lorsque la colère l'étreignait, et d'une verve implacable chaque fois qu'il s'exprimait devant les caméras pour dénoncer les dérives de ces justiciers au-dessus de la justice. « Le pire, expliqua-t-il au quotidien *Libération*, c'est que si j'avais été un Arabe anonyme, on n'aurait jamais entendu parler de toute cette histoire. Parce que des types avec une sale tronche comme la mienne, il en a cartonné pas mal avant moi. » La jeune femme hospitalisée, Alice Letellier, avait une jolie peau mate et de grands yeux brillants. À propos du Capitaine, elle qui portait un tatouage « 83 » sur son avant-bras s'était déclarée « extraordinairement déçue ». On la disait très calme, généreuse, pas loin de se marier. Elle était préparatrice en pharmacie et encadrait à ses heures perdues des sorties culturelles d'enfants épileptiques. Shivaji Rai grimaçait. C'étaient des victimes parfaites.

Une semaine après la bavure, au plus fort de la contestation sceptique, Grégory se cloîtra par précaution dans un grand appartement que le ministère de l'Intérieur avait mis à sa disposition, boulevard Gouvion-Saint-Cyr, dans le dix-septième. Il découvrit un de ces logements où séjournent des individus de passage, personnalités sous protection policière, homologues étrangers en visite ou fonctionnaires en quête d'une chambre en ville qui avaient eu le double des clés par un collègue. À côté du lavabo entartré, sur les étagères ou au milieu de la vaisselle dépareillée, on apercevait des objets énigmatiques tombés d'autres vies, un cendrier portant la mention d'un colloque international de criminalistique à Jaca ou un bougeoir Louis XVI en bronze ciselé, sous lequel du chewing-gum avait été collé.

Dans son isolement, Grégory voulut s'examiner sans la moindre indulgence. Jeanne l'avait trompé, mais il avait ses torts ; il admettait maintenant qu'ils sont toujours partagés. Était-il trop exigeant ? Se pouvait-il qu'il ait asphyxié sa femme à force de chercher partout les formes de la perfection ? L'avait-il lassée en lui répétant trop souvent les principes supérieurs qui guidaient son action ? (Car il aimait, quand ils se retrouvaient tous les deux sur le canapé du salon après le coucher des enfants, lui raconter ce qu'il avait fait de sa journée pour en tirer des conclusions morales, et pontifier un peu, il le reconnaissait.) Il demanderait des éclaircissements à Jeanne, même s'il serait pénible de les entendre. Et il irait plus loin. Il s'embarrassait probablement d'idées fausses sur l'amour, la vie de couple et ce qu'on est en droit de réclamer à l'existence. Oui, des illusions demandaient à être dissipées, qui l'avaient maintenu des années durant dans un monde flou, sans profondeur.

Au seuil de ce grand examen, une photo retenait son attention. Sur la plage de Courseulles, Jeanne et lui et les filles étaient réunis sous le soleil du printemps, blonds et souriants tous les quatre dans leurs coupe-vent jaunes, les yeux plissés pour regarder vers l'objectif malgré la lumière trop vive. Ces sourires lui semblaient à présent suspects. Leur vie avait-elle été aussi bienheureuse que Jeanne et lui le racontaient ? Avant leur séparation, avant même la liaison de sa femme avec Raphaël, ils ne faisaient presque plus l'amour. Ils vivaient dans la crainte des colères de Lucille. Ils n'avaient rien voulu regarder, non, de tout ce qui démentait peu à peu le récit enchanté. Il arrivait, quand ils se retrouvaient, même après plusieurs jours sans se voir, qu'ils n'aient rien à se dire. Au restaurant, ils dînaient en se posant l'un à l'autre des questions polies, comme des connaissances.

Mais bientôt Grégory se demanda s'il ne tombait pas dans l'excès inverse, à vouloir tout noircir et tout annuler sous l'influence du dépit. Quelque chose en lui s'élevait contre la sévérité de son humeur, si bien que, par un effet imprévu qui le ralliait au jugement contraire, il s'étourdit dans la contemplation de cette époque, heureuse malgré tout.

Il relisait des sms que lui avait adressés Jeanne avant leur séparation. Il y était question de retards qu'elle risquait d'avoir, d'hésitations pour le dîner qu'elle pensait préparer, de nuits qu'elle lui souhaitait bonnes, de voyages qu'elle espérait sans danger. Et Grégory croyait apercevoir, encore amorcés à ces courts messages, les jours où ils avaient été écrits. Ces jours n'avaient peut-être pas tous été tranquilles ni parfaits, mais ils flottaient dans le halo d'une lumière égale, celle d'un monde où tout avait trouvé sa place, un monde à la cartographie certaine, régi par des lois naturelles que nul ne pouvait abolir : ils savaient qui ils étaient, ils se faisaient confiance, ils s'aimaient.

Shivaji Rai reparut au bout de quelques jours. Un ex-flic qu'il avait engagé rapportait d'excellentes nouvelles. La compagne de Karim Benaddane était la fille d'un malfaiteur corse tombé sous les balles d'une bande rivale. Le logement qu'elle habitait, celui-là même dont Benaddane sortait le matin de son agression, était la propriété d'un ami de son père, homme d'affaires douteux qui la logeait à l'œil. L'enquêteur subodorait aussi une consommation de cocaïne. Il y avait là, sans aucun doute, matière à poser des questions.

Quant à Alice Letellier, c'était plus prometteur encore. Des troubles bipolaires avaient noirci ses années de lycée ; elle carburait toujours, grâce à de fausses ordonnances, au Xanax et au Vicodin ; comme elle bombardait de mails injurieux un voisin qu'elle trouvait trop bruyant, il avait déposé une main courante en se plaignant de harcèlement. « Encore une petite semaine, et tu seras sorti d'affaire », aurait garanti Rai à Grégory.

Comme d'autres, je suis porté à croire que le sens moral du 83 dut se cabrer devant la manœuvre annoncée. Mais on lui opposa probablement les arguments habituels. Benaddane paradait partout avec son visage contusionné et ne se privait pas, lui, de le traîner dans la boue. Il ne s'agissait pas de colporter des rumeurs, mais d'utiliser des faits avérés pour les embarrasser, lui et la fille. En les poussant à éviter les questions des journalistes, on les ferait simplement taire.

Le procédé était voyant, des journalistes le notèrent, et Grégory se crut alors perdu pour de bon. Mais il est vrai que Karim Benaddane et Alice Letellier ne parlèrent plus beaucoup. Sans doute fallut-il un peu plus de huit jours pour que l'affaire atteigne l'état demi-somnolent où les informations se tiennent avant de sombrer dans l'oubli. Toutefois, comme Shivaji Rai l'avait pronostiqué, d'autres scandales annexaient peu à peu les unes. On apprenait qu'un jeune député remarqué pour son sérieux, et auquel on prédisait une carrière de ministre, s'était commis dans une arnaque aux assurances cependant que, sur le chantier contesté d'une centrale, un gendarme tuait un militant écologiste. Dans les esprits, Ménilmontant s'estompait.

Le Président en personne avait démenti les rumeurs d'une rupture imminente de son contrat et d'une interdiction d'exercer étendue à tous les 83. Preuve qu'on lui maintenait une entière confiance, Grégory sortit de son refuge pour des opérations à l'étranger. Entre deux missions, il aima retrouver les salons premium des aéroports et les chambres des grands hôtels. Il sentait sous ses pieds le moelleux des moquettes anglaises et savourait les collations que des chefs avaient préparées pour lui. Tous les privilèges d'une vie réussie lui semblaient servis sur ces plateaux et, avec l'arôme d'un bordeaux d'exception qui s'exhalait dans sa bouche, lui montaient dans l'esprit de longues bouffées de réconfort. Il écoutait sur sa playlist des morceaux relaxants de Thelonious Monk et de Fauré. À Yokohama, où un séisme l'avait appelé, après qu'il eut, grâce à son oreille infaillible, repéré et lui-même secouru trois personnes en vie sous les décombres, une jeune ministre à l'air sage lui glissa qu'elle l'aimait plus que tout.

Agitant tristement leurs petits drapeaux, des écoliers pleuraient tandis qu'il s'envolait pour retourner chez lui.

En France, le goût de la controverse achevait d'obscurcir l'affaire de Ménilmontant, qui avait pris un tour complexe et repoussant. Ceux qui suivaient encore cette histoire vieille de presque un mois venaient d'apprendre qu'Alice Letellier avait signé un contrat d'édition paraît-il lucratif. On l'aimait mieux avant, quand elle n'était qu'une victime bénévole luttant pour conserver l'usage de sa main. Quant à Karim Benaddane, on lui reprochait maintenant de trop en faire. Il s'était montré maladroit en déclarant que les tabassages, c'était comme les cocktails, toujours gratuit pour les 83. Virginie et Saïd protestaient par la voix de leurs avocats.

Grégory, malgré tout, s'étonnait. Les errements de Karim Benaddane et d'Alice Letellier n'effaçaient pas l'erreur d'appréciation ni les gestes malencontreux dont il était l'auteur. Lors de leur ultime entretien, juste avant qu'il ne reprenne le train pour Londres, Shivaji Rai haussa les épaules. Il s'était inquiété du temps que ça prendrait, expliqua-t-il, mais il n'avait pas douté qu'à la fin on absoudrait le Capitaine. Au bout du compte, la France est une société de castes. Les gens comme Grégory sont à l'abri de tout. Et puis il leur resterait quoi, aux Français, si on leur enlevait les 83 ? Il y avait pensé, à ça ?

Quand il revit ses deux filles, Grégory ne retrouva pas la Lucille redoutée, maléfique et incontrôlable dont il avait fini par repousser les visites en invoquant à la dernière minute des empêchements fictifs. Elle obéissait toujours à des rites nébuleux, pouvait se montrer difficile et réclamait de l'attention, mais ni plus ni moins que beaucoup d'enfants du même âge. Au lieu de jeter ses jouets contre les murs ou de répéter d'une voix coléreuse qu'il n'était pas son père, elle boudait, bien sûr, et protestait, mais il parvenait sans trop de mal à détourner son attention sur un autre sujet. Le directeur de l'école, ce salopard, avait presque réussi à le convaincre que sa fille était folle. Et, sous l'emprise du remords, Grégory sentait qu'il l'aimait davantage à présent qu'il avait failli la condamner, s'éloigner d'elle et la perdre enfin. Quant à sa deuxième fille, Marianne, c'était une merveille d'enfant paisible et ronde, qui dormait douze heures par nuit et n'attendait rien de la vie, semblait-il, que des cubes à empiler ou du pain dur sur lequel faire ses dents. Le matin, pendant qu'elle prenait son biberon, Grégory se serrait tout contre elle, le nez pressé sur sa joue arrondie et chaude, les yeux fermés. Dans ces moments-là, tout paraissait facile et prometteur.

Il se fit prendre en photo avec ses filles sur le canapé du salon, tous les trois en pulls gris à col marin, souriant à pleines dents, leurs regards clairs comme illuminés par la joie d'être ensemble.

Enfin, un regain d'enthousiasme entoura le Capitaine lorsqu'on apprit qu'il y avait entre Virginie et lui le début d'une histoire. Tandis que sa première épouse traînait une mauvaise réputation, encore détériorée par des clichés qui la montraient au bras d'un avocat plus jeune qu'elle (on le rappelait maintenant : c'était Jeanne qui avait tout foutu en l'air ; qui s'était jetée sur le Prophète ; elle était ce genre de femme vile, affamée), Virginie avait commencé, elle, à susciter la sympathie.

Le jour où une journaliste et un photographe avaient été admis dans la maison de repos qui l'abritait depuis deux semaines à Saint-Germain-en-Laye, elle avait su fendre l'armure. La jeune femme réputée difficile, cassante, toujours pressée était apparue dans un chemisier blanc et froissé qui soulignait la pâleur de son teint. Souvent, raconta la journaliste après coup, le regard de la 83 ressemblait à celui d'une égarée. Dans l'entretien qui fut publié, Virginie révélait qu'elle avait tout perdu ou presque depuis le 19-Janvier. Son mariage s'était fracassé sur la révélation de ses capacités. Sa fille ne voulait plus lui parler. Quand elle n'était pas en mission, l'assiduité des paparazzis la confinait dans la solitude des grands hôtels, des voitures aux vitres fumées et des îles pour riches mondains – elle ne se sentait jamais aussi seule qu'au milieu de leurs fêtes. Le lecteur ne savait pas forcément qu'elle avait, dans son enfance, vu sa mère lutter contre la maladie de Charcot, et perdre le combat. On apprit aussi que, peu après la mort de Jean-Baptiste, elle s'était fait tatouer son prénom sur le haut de l'épaule. Et on mesurait surtout à quel point sa capacité spéciale, cette rapidité d'exécution qu'on lui enviait, s'était tournée en don maudit. Dans un filet de voix, elle tentait d'expliquer ce que c'était que vivre empêtrée dans la lenteur du monde, dans une espèce d'attente sans cesse prorogée, parce qu'il fallait bien laisser aux autres le temps d'agir, de réagir, de terminer leurs phrases – l'étirement de chaque phrase qui, après le verbe conjugué, se prolongeait presque toujours en compléments, en précisions, la mettait au supplice. Il lui semblait, cent fois par heure, buter contre une surface invisible. « C'est un peu comme quand une page web met du temps à s'ouvrir, disait-elle. Comme si, tout autour de vous, il y avait des pages web en train de charger, avec la barre d'état à moitié pleine. » Des crises de larmes la gagnaient. Elle tirait sur ses cheveux, elle perdait connaissance et se réveillait deux heures plus tard au pied de son lit ou de sa douche. C'était une damnée, mais d'un genre exemplaire. Car elle continuait, en dépit du mal dont elle souffrait, à faire son travail. Jamais elle ne se défilait. On découvrait quelqu'un de bien.

Il se trouva donc, au début du mois de novembre, que deux 83 éprouvés mais toujours beaux, héroïques mais rendus à la prose de l'existence, s'étaient rapprochés l'un de l'autre. Grégory ne ferait presque aucun commentaire sur cette relation, il ne serait peut-être pas très amoureux de Virginie, mais les mauvaises langues qui ne verraient dans leur histoire qu'un coup de publicité pour deux se tromperaient presque à coup sûr. Ils éviteraient de jouer au couple princier, ils ne s'exposeraient pas dans les soirées caritatives, ni aux mariages des stars, ni à la tribune présidentielle les soirs où jouait l'équipe nationale. Et la photo dans laquelle on les aperçoit en train de voler au-dessus du mont Blanc en se tenant la main est bien un cliché volé, qu'ils ne voulaient en aucun cas voir publié.

« Pour Grégory, Virginie a vraiment compté. Ne serait-ce que parce qu'elle lui apportait la preuve qu'après Jeanne, quelque chose d'autre était possible, affirme Benoît Jourdan, l'un de ses conseillers. Et puis ils avaient plein de choses en commun. L'envie d'agir, une forme de droiture morale. Le regret, aussi, de la vie qu'ils avaient connue avant. »

C'est vrai, il arriverait à Virginie de s'impatienter lorsque Grégory lui racontait sa journée, avec sa manie de toujours commencer par des considérations générales. Lui grimacerait en apercevant tous les médicaments qu'elle avalait et les états d'absence durant lesquels, flasque, hébétée, elle paraissait de dix ans plus âgée. Mais rien de grave, pensaient-ils chacun de leur côté. À présent, ils ne croyaient plus aux âmes sœurs.

Ils se liraient à voix haute des romans de Daniel Pennac et de John Irving, qu'ils avaient déjà lus à vingt ans et voudraient retrouver ensemble. Ils s'échapperaient le temps d'un week-end dans un chalet de luxe au bord du Saint-Laurent, ils aimeraient entendre le crissement de leurs après-skis dans la campagne encore blanche de neige. Ils écouteraient en boucle des albums de Cat Stevens, de Leonard Cohen. Elle guérirait presque, à ses côtés, de son addiction à la vitesse. Il acquerrait la conviction qu'on se remet de tout.

Tout était bien maintenant. Il refaisait surface.

XXV

Juste après sa blessure, Thérèse rêva d'un nouveau livre. Les deux premiers romans qu'elle avait publiés au milieu des années 2010 ne s'étaient vendus qu'après le 19-Janvier, quand par curiosité des dizaines de milliers de gens avaient voulu les feuilleter. C'étaient des livres difficiles, recherchés, et que ses lecteurs jugeaient en général trop lents. La critique s'était divisée à son sujet, certains louant l'apparition d'un authentique talent quand d'autres estimaient qu'elle se regardait écrire.

Lorsqu'elle évoqua son désir de revenir à la littérature maintenant qu'elle en avait le temps, son éditeur lui suggéra de rédiger ses mémoires de super-héros. Pas pour faire un livre racoleur, se défendait-il. Mais il se défendait mal, et puis ce n'était pas cela qu'elle voulait faire, du moins pas tout à fait. L'éditeur insista, elle le prit mal, ils se brouillèrent.

Elle accumula des notes préparatoires durant sa convalescence, qu'elle entama dans un centre de rééducation pour sportifs de haut niveau, sur la côte landaise. Elle détesta ce lieu et la vie qu'on y menait, les espoirs fous des infirmes qu'elle côtoyait, l'odeur de transpiration, le vacarme des corps sur les machines et le vocabulaire technique du personnel soignant. Il n'y avait que dans le calme de la piscine, où elle s'astreignait en fin de journée à de longues séances de marche, qu'elle oubliait où elle était et ce à quoi, par la faute d'une balle perdue, son corps ressemblait désormais.

« Vous regardez la cicatrice, confia-t-elle plus tard dans une émission de radio. Vous regardez votre jambe tous les matins. Et vous regardez les jambes des autres, dans la rue. Eux et vous, c'est comme deux réalités différentes. Ça se superpose, mais ça ne coïncide pas tout à fait. Vous n'êtes plus vraiment là, plus de la même façon en tout cas. Il y en a qui peuvent vivre avec cette pensée. Il y en a d'autres qui l'oublient. Et puis il y a tous ceux qui, comme moi, n'arrivent pas vraiment à faire l'un ou l'autre. »

Thérèse avait terminé ses deux premiers livres presque malgré elle, à force de rester assise devant sa table de travail et de lutter, chaque jour, quatre ou cinq heures durant, contre la tentation de traîner sur Facebook ou de consulter des notices Wikipédia en se persuadant que leur lecture était indispensable à son travail du moment. Elle voulait plus que tout être écrivain, mais au moment d'écrire des livres, les forces et l'envie se dérobaient, et elle qui était en toute chose si appliquée, si méthodique se trouvait atteinte d'un irrépressible besoin de procrastination.

Une demi-seconde d'éternité fut publié chez Grammont en février de l'an III. C'était l'histoire d'un ancien super-héros (même si le mot ne devait jamais apparaître) qui passait un week-end à la mer avec un fils grandi sans lui. Pour en venir à bout, elle s'était installée dans un très grand appartement à Font-Romeu, une station des Pyrénées catalanes. Elle y resta seule après avoir congédié son dernier assistant, un garçon de vingt-deux ans toujours d'accord avec elle, qui la flattait idiotement. Pendant les trois mois d'été que dura son séjour, Thérèse ne sortit que pour s'acheter à manger et s'astreindre à quinze ou vingt minutes de marche, appuyée sur une canne qui lui faisait encore honte. Dans un coin du salon étaient installés un vélo d'appartement et un écran où regarder les exercices qu'un préparateur de l'armée lui avait concoctés. Mais, depuis qu'elle savait que, quoi qu'elle fasse, sa jambe droite claudiquerait toujours, la rééducation n'était plus sa priorité.

Internet fonctionnait mal, ce fut une bénédiction. Huit heures par jour, elle écrivit. Grâce à son hypermnésie, il lui semblait avoir accès à un trésor de mots exacts et d'émotions éprouvées il y a longtemps, de phrases entendues et de petits gestes éloquents, dont la véracité apportait à ses personnages la substance qui leur faisait défaut dans ses deux premiers livres. Cette fois, un verrou avait sauté, et à son style, devenu plus ample, plus agile, elle trouvait du souffle et de l'inspiration. Elle qui était d'ordinaire prudente, trop réfléchie pour s'exposer sans précaution, osait le dire sans détour : ce serait son meilleur roman. Il avait peut-être fallu cette blessure de guerre pour qu'elle prenne conscience que sa capacité spéciale avait fait d'elle un écrivain, un vrai, et elle imaginait ce qu'on pourrait lire bientôt : « Meurtrie dans sa chair et son âme par le drame du Nord-Niger, Thérèse Lambert choisit le roman comme refuge où réapprendre à vivre. Le résultat est magistral. » Ou mieux encore : « Un seul pouvoir, la littérature. »

Le premier compte rendu fut mauvais, et même assez méchant. Il était l'œuvre d'Olivier Caillebois, un jeune critique spectaculaire qui ne manquait jamais une occasion de s'emporter contre les succès frelatés, dans un registre brillant et plein de mauvais esprit. Le deuxième roman de Thérèse avait déjà fait les frais de sa causticité. Elle savait à quoi s'attendre en lisant son article, mais quelques traits qu'il décocha durent malgré tout la mortifier, notamment lorsque Caillebois épingla, dans la toute première page, une phrase qu'elle-même, paraît-il, regrettait :

> L'aube spongieuse et molle était trouée de louches passées de lumière, qui boitaient sur les nuages bas comme le pinceau tâtonnant d'un phare.

« Chez Lambert, ricanait Caillebois, la surenchère des métaphores fait naître un monde fantastique : la lumière boite – comme le font, c'est bien connu, certains pinceaux… surtout lorsqu'ils sont tenus par des phares. »

Thérèse n'était pas sûre de la valeur d'ensemble de ses livres mais elle tirait fierté de son style, qui lui coûtait tant d'efforts d'invention, d'heures de reprise et de vérification dans des dictionnaires, des manuels de grammaire et sur des blogs de correcteurs ou de linguistes. Elle pouvait rabaisser l'œuvre entier d'écrivains, même ceux qu'elle avait passionnément aimés, lorsqu'elle détectait dans l'une de leurs pages une erreur d'inattention, une faute de goût. Julien Gracq et Claude Simon avaient ainsi été chassés de sa bibliothèque. Après avoir décrété qu'il n'y avait rien d'aussi lourdaud qu'un adverbe en *-ement*, elle put aussi dénigrer les contemporains qui en abusaient. Et elle éprouva du réconfort lorsque, chez Flaubert, dont la maîtrise était parfois décourageante, elle finit par repérer des ratés (le pauvre avait écrit « Les herbes se hérissent comme la chevelure d'un lâche » et elle aimait le rappeler). Sa jalousie et ses doutes s'atténuaient devant la conviction que du génie, personne n'en avait.

Après la critique de Caillebois, il n'y avait plus rien eu ou presque : une recension favorable dans *Le Quotidien du médecin*, dix lignes neutres dans *Le Soir* de Bruxelles. En librairie, le livre était passé sous les présentoirs. Son nouvel éditeur lui cherchait des consolations : plus rien ne se vendait, à part les bandes dessinées et les déballages malpropres des anciennes célébrités. La baisse de popularité des 83, depuis les égarements de Grégory, expliquait sans doute aussi ce démarrage encore timide. Thérèse, elle, se reprochait déjà son manque de travail, certaines phrases alambiquées, un excès de pudeur qui asséchait ses personnages.

Heureusement, Françoise Cartier promit un compte rendu. Thérèse se souvenait encore de l'article que la critique du *Monde* avait consacré à *Un calme blanc*, son deuxième roman, dont elle vanta les qualités musicales, la précision des coloris, le moelleux du phrasé. Un soir, au théâtre, la 83 l'aperçut de loin mais n'osa pas s'approcher. Françoise Cartier était une grande femme au cheveu abondant et frisé. Les rides et l'austérité de son visage se laissaient accuser par un rouge à lèvres qu'elle aimait soutenu. On ne devait pas l'impressionner facilement, pensait Thérèse. Et pourtant son deuxième roman lui avait plu. La 83 ne manquait jamais, depuis, de lire ses critiques et d'admirer ses jugements, le plus souvent impitoyables.

Apparemment, même si Françoise Cartier répugnait à laisser filtrer son avis avant publication, elle allait défendre *Une demi-seconde d'éternité*. Marie, l'attachée de presse, l'avait senti au téléphone, et à cette nouvelle Thérèse se sentit tressaillir d'un réconfort si vif qu'il lui mouilla les yeux. Si les mérites de son roman n'avaient pas échappé aux esprits les plus exigeants, il s'en trouvait presque sauvé. L'article ne suffirait peut-être pas à relancer la carrière du livre, mais tout pouvait encore arriver, assurait l'éditeur. Un bon papier, c'est toujours ça de pris ; ça peut servir de déclencheur ; *Le Monde* est très lu des libraires.

Le jour où devait paraître l'article, pour tromper son impatience en attendant que le journal, jamais disponible avant treize heures, atteigne enfin les kiosques parisiens, Thérèse emmena son père visiter la vieille ménagerie du Jardin des Plantes. Dans l'espoir d'agrémenter leur sortie, elle avait récolté sur Wikipédia des précisions au sujet des oryx d'Arabie, des pandas roux, des panthères des neiges ou encore des chevaux de Przewalski (ils tirent leur nom d'un explorateur polonais qui les découvrit non loin du désert de Gobi, et cette rareté taxinomique – Thérèse avait prévu de le faire remarquer à son père – laisse le sentiment curieux qu'en les voyant Przewalski devint l'auteur ou le propriétaire de chaque membre de l'espèce).

Devant les enclos, son père, ancien agrégé d'histoire qui avait autrefois le goût des visites informées, ne réagissait aux exposés très complets de sa fille que par des mouvements de tête inattentifs. Deux ans auparavant, une attaque cérébrale avait tari sa conversation et fixé sur son visage un masque aux traits maussades. De temps en temps, comme exaspéré, il gonflait ses joues et soufflait bruyamment. Thérèse avait appris à faire le deuil de son premier père et à ne pas tenir rigueur au second de ces inconvenances qu'il multipliait.

Dans la touffeur du vivarium, ils observèrent un crocodile, un hydrosaure et des serpents, tous inertes, décevants comme des acteurs en scène qui refuseraient de jouer, à moins que, au contraire, on dût s'ébahir devant leur stase, par laquelle ils semblaient proclamer qu'ils étaient tout entiers d'un autre monde, plus persistant et plus plein que le nôtre ; et Thérèse hésitait entre ces deux impressions.

Elle me raconterait aussi, plus tard, qu'elle s'était souvenue en les observant de la combinaison reptilienne qu'avait brièvement revêtue Jean-Baptiste, trois mois environ après le 19-Janvier. Il en plaisantait lui-même, après coup. Un ratage intégral, de l'aspect caoutchouteux et rutilant du revêtement aux problèmes de transpiration que la tenue lui infligeait. On était en nage là-dedans. Au bout de deux ou trois heures, des démangeaisons aux coudes et aux genoux le tenaillaient. Et quand il quittait ce costume, une odeur tenace de vieil oignon lui collait à la peau. Le pire, confessait-il, c'est qu'il n'arrivait pas à le jeter.

Au niveau des orangs-outans, alors que Thérèse récitait des informations glanées la veille (les dernières études menées pour sonder l'intelligence de ces singes l'avaient captivée), son père la tira par le bras, il voulait s'en aller. Thérèse s'aperçut qu'il était un peu plus de treize heures. Son portable sonnerait bientôt. Elle ignorait quelle taille ferait la critique du *Monde*. Il fallait que ce ne soit pas trop petit. Un éloge bref ou en marge ne pourrait que la décevoir, elle le savait. En général, Françoise Cartier disposait au moins d'une moitié de page, voire d'une page entière, pour défendre ou tailler en pièces un livre de son choix. Mais elle signait au surplus quelques notules. Il fallait que ce soit une pleine page, pas une notule.

Son père s'était arrêté devant une chamelle mal en point, au poil pelé. « Et elle ? » demanda-t-il. Thérèse, qui s'était renseignée sur les spécimens les plus singuliers du zoo, n'avait rien à en dire. Son père, le regard fixe, paraissait captivé par l'animal, lequel, mû par une sorte d'intérêt réciproque, le dévisageait maintenant avec intensité, ses mâchoires désalignées malaxant on ne savait trop quel fourrage dans une expression de crânerie désinvolte, et presque séductrice. Lorsque son père finit par gonfler ses joues et souffler entre ses dents, comme s'il s'avisait finalement de la médiocrité du spectacle offert par la chamelle, Thérèse approuva d'un rire sec. Puis elle entraîna son père vers la sortie. Il était 13 h 15 environ, pourquoi son attachée de presse ne l'appelait-elle pas ?

Avant de partir, son père réclama de boire quelque chose à la buvette, il voulait un Coca. Depuis son attaque, il prétendait avoir besoin de sucre et Thérèse le regardait profiter de la pitié qu'il inspirait pour se gaver de sodas, de gaufres, de bonbons, de milk-shakes. Elle le fit asseoir à une table de pique-nique et s'éloigna pour appeler Marie. Tant pis si elle s'était promis, le matin même, qu'elle ne dérangerait pas son attachée de presse et ne mendierait à personne quelque nouvelle de l'article.

La jeune femme était sur messagerie, peut-être encore en réunion. Thérèse, après le bip, prononça quelques paroles fébriles, qu'elle s'efforça d'abréger en se moquant de sa fébrilité.

De là où elle était, elle pouvait voir son père assis seul à la table de pique-nique, le dos droit, les yeux baissés. La canette de Coca s'était renversée sur la table. Le liquide brun s'écoulait en flaque et gouttait sur son pantalon clair. Thérèse eut envie de faire demi-tour et de l'abandonner. Il redressa la tête et regarda autour de lui. Il la cherchait.

« Houston, on a un problème », avait-il dit en souriant d'un air penaud quand elle était revenue vers lui.

Ils marchaient vers la gare d'Austerlitz. Thérèse regardait avec gêne l'auréole sur le pantalon de son père. Mais lui n'y faisait pas attention. Il serrait son bras, il était tendre à présent. Alors quelle importance, se dit-elle.

Au kiosque, elle se précipita sur une pile de la dernière édition du *Monde*, qu'on venait de livrer. Avant même de payer son exemplaire, elle fouilla dans le supplément littéraire. Une bonne demi-page lui était consacrée. Mais elle blêmit en découvrant le titre : « La littérature serait-elle devenue un concours de mots rares ? » se demandait Françoise Cartier, qui ouvrait son article par une recension de quelques adjectifs repérés dans le troisième livre de Thérèse, « fuligineux », « céruléen » ou encore « trémulant ». La critique s'interrogeait par la suite sur cette manie bien française de vouloir à tout prix « faire un roman ». Hommes politiques, présentateurs du JT, cinéastes et maintenant super-héros, tout le monde tenait à sa petite publication, comme si un roman allait vous accorder un supplément de quoi ? De légitimité ? De *gravitas* ? Ces écrivailleurs se rejoignaient au fond dans la même posture, concluait-elle, une application laborieuse de collégiens peaufinant leurs rédactions.

« Ce n'est pas ce à quoi on s'attendait », admit plus tard Marie, l'attachée de presse. Tout avait laissé croire que la critique serait bonne, mais il n'y avait eu aucune certitude, jamais, se défendait-elle alors que, cherchant un responsable à son malheur, Thérèse tournait son désarroi contre elle.

De retour dans son appartement, elle s'assit par terre et regarda la nuit tomber sur la maquette inachevée de Bayeux, qu'elle avait récupérée à la mort de Jean-Baptiste. Il n'avait ni frère ni sœur, et son père déclinait dans une maison de retraite. Quant à Martha Brookes, l'éphémère fiancée anglaise, elle n'avait rien voulu garder. À la fin de sa convalescence, aidée par André, le préparateur physique qu'ils se partageaient avant le drame, Thérèse avait vidé l'appartement de son ami et entassé dans des cartons une centaine de livres, autant de DVD, quelques photos, des vêtements – presque rien, en fait. Elle savait qu'un jour, quand la douleur du deuil aurait disparu, les derniers effets de Jean-Baptiste ne seraient plus qu'un tas de choses muettes, ternes et sans fonction. Elle s'en débarrasserait, alors. Mais pour l'instant elle avait besoin de les garder autour d'elle, la maquette surtout, qu'elle aimait examiner et dans laquelle continuaient de lui apparaître des détails, un prestidigitateur en fuite, un bouquet de fleurs oublié dans un arbre, un monsieur comme il faut dévisagé par une vieille prostituée, une affiche annonçant la fin du monde, des petites scènes absurdes que son ami avait arrangées avec cet humour discret dont elle avait été l'une des seules à profiter de son vivant.

C'est là, alors qu'une marée d'ombres brunes avançait sur les murs de son salon, fonçait chaque objet, noyait peu à peu ses contours, alors que le jour cédait à cet engloutissement sans tumulte, sans rétraction, qu'elle fit une croix sur sa carrière d'écrivain. Tous ses efforts, elle le reconnaissait maintenant, aboutissaient à des livres qu'elle n'aimait pas vraiment, qui lui semblaient manqués. Elle s'était trompée de chemin. Thérèse raconte qu'elle se leva, ensuite, et qu'elle se fit à manger. Cette décision d'abandonner ne lui avait pas coûté, affirme-t-elle. Les jours suivants, elle éprouva simplement, comme devant la photo d'une personne qu'on a cru aimer, un léger chagrin à constater qu'elle pouvait très bien vivre sans écrire, elle qui avait toujours voulu croire le contraire.

XXVI

« Ça ne servait à rien de savoir ça »

Virginie Mathieu-Brun : Ils m'ont dit que c'était l'équivalent d'un choc post-traumatique. Pendant la première année, c'est comme si je n'avais pas réagi, en fait. Moi, je soutenais le contraire : que le 19-Janvier m'avait sauvée d'une espèce de vide, que j'étais vraiment heureuse de ce qui m'arrivait. Les premiers mois, je me souviens, la vie avait du goût. Mais c'était comme un temps d'incubation. Je n'ai senti la douleur que plus tard. D'ailleurs, les premiers symptômes, c'était le contraire de la douleur. Je me souviens de quelque chose de très doux. Je me perdais dans la ville, je marchais une ou deux heures et j'étais incapable de dire pourquoi j'étais dehors ni où je voulais aller. Et puis je butais sur les mots, de plus en plus souvent. Les noms des gens et des mots, même des mots très simples, se sont mis à m'échapper. Et c'était très doux, vraiment. Peut-être parce que j'avais jamais lâché prise comme ça, avant. Les mots manquants, surtout, ça me mettait dans une espèce d'état flottant, suspendu, et chaque fois que le mot finissait par réapparaître, j'étais rassurée mais un peu déçue aussi, comme on est déçu quand on n'est pas allé assez loin, quand on s'est raccroché à la solution la plus facile.

C'est ensuite que ça s'est vraiment dégradé, que c'est devenu moche à voir. Je me retrouvais dans le ciel à trois heures du matin, à voler à toute blinde, n'importe où, et à foutre la panique dans les tours de contrôle. J'ai loué une Bugatti en Australie et il paraît qu'ils m'ont flashée sur une ligne droite dans le désert de Nullarbor à plus de trois cents kilomètres heure, mais j'étais dans un état second, je me souviens de rien. Et puis chez moi, j'ai commencé à m'injecter de l'adrénaline, des amphètes. Je mettais la musique à fond, je hurlais. J'avais perdu le contrôle. C'est pour ça que j'ai accepté d'aller me mettre dans une maison de repos. Mais ça ne m'a guérie de rien. Derrière, j'ai fait plein de rechutes.

Et Grégory, comment il y réagissait ?

Il faisait comme il pouvait, le pauvre. Je sais pas… Il était tendre. Et ça me mettait encore plus bas. Ces moments-là, c'est comme de tomber à la renverse dans un gouffre sans fond. Vous plongez de plus en plus vite. Et la gentillesse des autres, leurs attentions, ça vous enfonce encore plus loin. Bon, mais peut-être que, malgré tout, sentir les efforts qu'il faisait, ça m'a aidée. Je ne sais pas. J'ai pas envie de dire du mal de lui. J'ai envie de vous dire le contraire, toutes les belles choses. Il y a eu des moments… Des moments où on a vraiment été l'un avec l'autre, ensemble. Où on s'est rencontrés.

Ça voulait dire quoi, concrètement ?

Concrètement, ça ne veut rien dire. Parce que ce n'était pas concret, justement… C'est difficile à expliquer… On se fait des amis, on leur donne rendez-vous dans des cafés, soi-disant pour prendre des nouvelles, et on se met en couple, soi-disant parce qu'on est attirés, parce qu'on veut faire l'amour, parce qu'on veut une famille, mais la seule motivation dans tout ça, en fait, le seul besoin qu'ont les gens, c'est de parler d'eux, c'est de pouvoir déverser sur les autres toute leur faillite, toute la tristesse qu'ils traînent d'être encore là. Et les autres, leurs confessions à eux, la grimace qu'ils vous renvoient comme un miroir, c'est la dernière chose dont on a envie. On reste avec eux parce qu'il faut bien avoir quelqu'un sous la main, pour les moments où on a besoin de se vider la tête.

Avec Grégory, je n'ai pas senti ça. Lui et moi, on en était à peu près au même point quand notre histoire a commencé. Nos vies, c'étaient des champs de ruines. Et pour lui, l'effondrement paraissait plus énorme encore. Parce qu'il avait tenu entre les mains quelque chose qui ressemblait à l'idée qu'il se faisait du bonheur : sa famille, sa popularité, cette espèce de tranquillité qu'il y avait dans sa vie d'avant, quand vous avez comme la preuve que votre existence est justifiée, tout ça, il l'avait perdu. Mais il le reconnaissait, lui. Il était nu et il ne se cachait pas. Alors que, moi, j'étais encore dans le déni, complètement. Mais comme tout le monde, au fond. Parce qu'on pense tous que c'est comme ça qu'on va se sauver. En se faisant croire que rien n'est arrivé. Qu'on ne s'est pas cassé la gueule. Qu'on n'a pas trop mal. Et puis en espérant, aussi, que ça va forcément s'arranger, qu'au coin de la rue il y a un truc formidable qui nous attend. Grégory, il en avait terminé avec tout ça. Une fois que tout s'est effondré, il n'a plus jamais essayé de mentir. Et moi, j'admirais ce courage chez lui. Même aujourd'hui, je voudrais qu'on lui reconnaisse au moins ça. Il a changé comme pas beaucoup d'hommes changent. Il a fini par savoir qui il était, de quoi il avait peur, de quoi il avait besoin. Il pouvait tenir debout sans tous les contes de fées que les autres ont besoin de se raconter pour sortir de leur lit. Et il me l'a appris, un peu. J'étais juste pas aussi bonne élève que lui.

Qu'est-ce qui a fait que ça n'a pas marché, alors ?

Ça a marché. Ça s'est juste terminé assez vite, c'est tout. Pourquoi il faudrait que ça dure longtemps ? Je veux dire, pourquoi ce serait le critère d'une histoire qui réussit ?

Mais vous devez avoir une explication à cette durée... courte.

J'allais pas bien, et Grégory a vite compris que c'était pas lui qui pourrait me sauver. Que s'il restait, ça allait devenir une histoire comme ça, il y en a plein, des très moches, où vous avez d'un côté le malade et de l'autre l'infirmier. Mais c'était un mec si généreux... si connement gentil... Il voyait bien qu'il y avait personne d'autre que lui, il pouvait pas me laisser seule. C'était à moi de le libérer. Alors je lui ai dit qu'il fallait qu'il s'en aille. À un moment, j'ai même tout fait pour. Je voulais pas qu'il s'installe avec moi dans l'espèce de lieu glauque que la dépression construit autour de vous. Un soir, c'était au début de l'an III, début mars, j'ai saccagé une chambre d'hôtel. Je l'ai frappé. Et j'ai fini par lui parler de Lucille...

C'est-à-dire ?

C'est moi qui lui ai dit que sa fille allait mourir.

Mais la version admise...

Si vous la préférez, je me tais.

Allez-y, je vous en prie.

On était dans cette chambre. Je venais de le frapper et puis de renverser la télé, et puis de jeter par la fenêtre tout ce que j'avais pu trouver. Il me regardait avec ses grands yeux effarés. Mais j'avais l'impression que je ne le touchais pas. Ni les fauteuils défoncés, ni la vaisselle jetée contre les murs, ni même les méchancetés que je pouvais lui balancer... Rien ne le touchait vraiment. C'était le Grégory que j'aimais et que je détestais à la fois. Supérieur, inaccessible. Transparent. Alors je lui ai dit la seule chose qui pouvait le démolir, que Raphaël m'avait apprise, et c'était que sa fille aînée allait mourir le 10 juillet suivant.

Mais Raphaël, vous savez comment il l'a su ?

Il m'a dit que ça s'était passé un soir, à Courseulles-sur-Mer, dans la maison secondaire de Grégory. Il lisait une histoire à Lucille, comme souvent, avant qu'elle s'endorme. Ils s'entendaient bien tous les deux. Mais ce soir-là, Raphaël a vu une lueur rouge sur le haut de sa tête, au-dessus de l'oreille gauche.

Ce n'était pas suffisant pour apprendre la date de la mort de Lucille.

La capacité de Raphaël avait elle aussi progressé, apparemment. Quand il voyait la lueur, alors il voyait tout, par flashs. Le lieu, le moment, les circonstances, il a tout vu d'un coup. C'est ce qu'il m'a raconté, en tout cas.

Grégory a réagi comment quand vous lui avez dit ça ?

Je sais plus très bien, j'étais dans un état second. Je crois qu'il m'a giflée. Mais peut-être que non, que je me suis juste dit, après, qu'il aurait dû me démonter la gueule. Parce que je l'ai tout de suite regretté, de lui avoir dit ça. Le lendemain, quand je me suis réveillée – on m'avait évacuée de l'hôtel et transférée, je sais pas bien pourquoi, dans un local de la SPHP [*le Service de protection des hautes personnalités*] –, j'ai pensé que j'avais fait le pire truc de ma vie.

Pourquoi ?

Parce que je pensais et je pense encore aujourd'hui comme Raphaël : que ça servait à rien de savoir ça. Que ça allait juste ruiner la vie de ceux qui étaient concernés. Quand Raphaël s'est confié à moi, c'était justement parce qu'il avait besoin de discuter avec quelqu'un pour décider quoi faire. Il voulait pas le dire à Grégory, mais il avait besoin d'être sûr qu'il prenait la bonne décision. Et moi, je lui ai dit qu'il avait raison. Sans hésiter. Ma mère, on lui a annoncé vers la fin de sa maladie qu'elle n'avait sans doute plus que six mois à vivre. Pour ne pas lui mentir, parce qu'elle devait savoir la vérité – ç'a été, je crois, la raison invoquée. Vous savez quoi ? Elle a passé les pires six mois de sa vie. Et tous ceux qui l'aimaient aussi. Attendre quelque chose qu'on ne peut pas changer, regarder une pas encore morte comme une bientôt morte, ça sert à quoi ?

Certaines personnes disent que c'est mieux, que ça leur permet de se préparer. De profiter plus intensément du temps qui reste.

C'est des conneries. J'y crois pas une seconde. Ça crée de la terreur, c'est tout ce que ça fait. Vous avez des enfants ?

…

Vous avez des enfants, je le sais, je les ai vus sur votre page Facebook. Alors voilà, quand vous allez rentrer à Santiago du Chili, vous ferez pour moi cet exercice : allez leur dire bonne nuit en imaginant que dans trois mois ils seront morts et puis envoyez-moi ensuite un message pour me dire si ça vous fait du bien de le savoir, ou si vous n'auriez pas préféré les regarder comme des enfants tout simplement en vie, sans la date de péremption. Et puis posez-vous cette autre question, maintenant : vos enfants, vous allez leur dire, ou pas, qu'ils vont mourir ? Ça doit aller jusqu'où, le droit de savoir ? Jusqu'à qui ?

Cinquième partie

XXVII

Il n'y avait pas cru. Elle était folle et misérable, il le savait. Elle aimait faire mal aux autres, il ne lui restait plus que ça pour se sentir encore liée à eux. Une nuit malgré tout, comme il sortait de la chambre de ses filles, dont l'air angélique dans le sommeil avait fait naître en lui une brusque inquiétude, la peur de les perdre bientôt, Grégory rappela Virginie pour lui entendre dire que tout était inventé. Un autre jour, à la fin du mois de mars, il repoussa au dernier moment son départ en mission et se rendit à l'improviste dans l'appart-hôtel de la Plaine-Saint-Denis où elle avait échoué. « J'ai raconté des conneries, hoqueta-t-elle dans les deux circonstances. Pour te faire réagir. Que des conneries. » Mais le Capitaine reconnut dans sa voix l'inflexion du mensonge, et il acquit la certitude que le contraire était vrai.

Il restait une possibilité : Raphaël aurait pu fabriquer un faux aveu, dont il prévoyait qu'il serait un jour répété au père de Lucille et le dévasterait. Le 10 juillet, il ne se passerait rien ; le Prophète l'aurait simplement mis au supplice pendant quelques mois au moins. Mais pourquoi lui infliger une telle épreuve ? En vertu des raisonnements simples qu'il affectionnait, Grégory peinait à imaginer qu'on puisse élaborer un stratagème aussi pervers. Et un souvenir combattait dans son esprit cette hypothèse. « Plusieurs fois, témoigne un proche, Raphaël lui avait dit que sa capacité n'était plus supportable. Qu'il savait trop de choses. » Jusqu'alors, Grégory avait pensé que son ami désignait la vie des autres en général, et ce surcroît de connaissance dont son pouvoir l'accablait. Voir l'avenir des gens, c'était, trop souvent, devenir l'unique témoin de leur déclin, des maladies qui les affaibliraient aux renoncements par lesquels, peu à peu, ils deviendraient des âmes rabougries. Maintenant, Grégory devinait que le Prophète, dans un demi-aveu si caractéristique de son manque de volonté, lui parlait probablement de Lucille quand il soufflait qu'il en savait trop.

À son tour, Grégory chercha Raphaël. Des contacts dans le renseignement français lui confirmèrent ce qu'il redoutait, on avait bel et bien perdu la trace du Prophète. Il engagea un enquêteur privé, une sorte de détective à l'ancienne, aux vestes de lin froissées, et dont le bureau croulait sous les piles de vieux magazines musicaux. L'homme s'était fait un nom en retrouvant au bord du lac de Côme une jeune soliste coréenne, volatilisée deux heures avant son concert à Pleyel au bras d'un prétendu admirateur qui lui faisait signer des chèques.

Au milieu du mois d'avril, le détective flaira une piste dans un quartier populaire de La Nouvelle-Orléans, où il se proposait d'approfondir son enquête. Incapable d'attendre plus longtemps, et craignant peut-être des notes de frais trop conséquentes (l'homme avait le goût des bons hôtels et la manie de boire beaucoup), Grégory s'envola lui-même pour la Louisiane. Le 18 avril de l'an III, il sillonnait incognito les rues de l'Irish Channel à la recherche d'une haute silhouette qu'il saurait reconnaître entre toutes et finit même, au milieu de la nuit, par s'introduire dans une maison d'aspect modeste, chez un Français suspect.

« On s'était engueulés avec ma compagne, et je dormais tout seul dans mon bureau sur un matelas pneumatique, se souvient aujourd'hui Matthieu B. Soudain, j'ai dû sentir quelque chose, j'ouvre les yeux et il y a cette masse sombre au-dessus de moi. Un type avec une casquette américaine et des lunettes noires, vraiment costaud. J'ai pas pensé une seconde que ça pouvait être le Capitaine, j'ai cru que c'était un ami de ma compagne, peut-être son amant. Je ne sais pas depuis combien de temps il me regardait. Il m'a demandé en français, sans accent, de lui dire mon nom. Puis de continuer à lui parler… et ça, c'était le plus difficile, parce que j'étais terrifié. Mais il m'a encouragé, il voulait juste entendre ma voix. Alors je lui ai raconté ce que je faisais, mon boulot, les collègues. Et quand j'ai plus su quoi ajouter, il m'a dit qu'il fallait que je me rendorme et il est ressorti par la fenêtre. »

De retour en Europe, le Capitaine fit confiance à des intermédiaires, des hommes entre deux âges aux visages mous et aux fonctions imprécises, consultants ou experts, anciens diplomates, barbouzes qui l'impatientaient à force de sourires équivoques et de phrases en suspens. Mais il les écoutait car, comme il le pensait lui aussi, ces interlocuteurs jugeaient peu vraisemblable que les gouvernements occidentaux ignorent tout de l'endroit où se terrait le Prophète. Ses relations dans le renseignement français avaient menti à Grégory ; quelqu'un protégeait son ancien ami ; des informations, forcément, circulaient ; on finirait par mettre la main dessus. Grégory réglait des honoraires et implorait qu'on le prévienne à la première nouvelle.

Il avait dissimulé à Lucille les craintes qui l'agitaient et voulait, disait-il à son entourage, que rien ne change autour d'elle, que la vie reste simple et joyeuse, une vie d'enfant. Mais Lucille, alerte et de tempérament sensible, dut sentir que l'on s'inquiétait.

Grégory lui fit passer une série de tests médicaux qui ne décelèrent aucune anomalie. Tous les quinze jours, des machines vérifiaient l'état de son cœur, inspectaient son cerveau ; des prélèvements assuraient qu'aucune maladie grave n'avait atteint l'enfant. Un garde du corps l'escortait désormais jusqu'à la porte de sa classe et patientait dans le couloir en attendant la fin des cours. Du matin au soir, un empressement feutré l'entourait. Plusieurs fois, elle vit que Jeanne pleurait. Son sommeil se troubla. Des hantises nouvelles lui compliquaient la vie. Elle s'inventa une ennemie imaginaire, prénommée Aurélia, qui la persécutait.

Il ne fut jamais question pour ses parents de se remettre ensemble, même si peut-être, un temps du moins, le Capitaine y songea. Un de ses proches tempère : « Il a dû le dire une fois, c'est vrai. Mais après un divorce, tout le monde a au moins une pensée comme ça, un regret, un truc un peu faux. Le reste du temps, il avait tourné la page, complètement. » Il espéra du moins que, dans ces circonstances, on ferait front commun, on se ménagerait. Mais la sécurité de Lucille imposait trop d'ajustements, de restrictions, de tracas logistiques pour s'épargner des différends qui attisaient leur discorde. De temps en temps, Grégory disait à Jeanne : « Regarde ce qu'on est devenus » ou « Tu entends comment on se parle ? ». Jeanne haussait les épaules. C'était trop facile, chaque fois qu'elle le contredisait, de lui lancer un regard pitoyable ou de la dévisager d'un air outré. (Peut-être lui reprochait-elle aussi de ne pas pouvoir mettre la main sur le Prophète. Ceux qui ne l'aiment pas le disent.)

Grégory souffrait lorsque, dans les moments où Lucille s'emportait, reparaissaient sa voix grondeuse et des tremblements qu'elle ne contrôlait pas. Maintenant qu'elle était en danger, il voulait qu'il n'y ait plus que des week-ends resplendissants et des soirées paisibles. Il voulait la serrer contre lui, la prendre en photo, la regarder, l'entendre rire. Quand elle hurlait contre sa petite sœur, ou qu'elle claquait la porte de sa chambre, ou qu'elle allait enfouir son visage dans un angle du salon, il semblait au Capitaine que la force obscure contre laquelle il luttait avait gagné du terrain.

Un soir, à la fin du mois d'avril, au moment de s'endormir, elle lui demanda si elle allait mourir en juillet. Grégory voulut savoir qui lui avait dit ça. Lucille assura que c'était Aurélia. Comme il insistait pour connaître le nom de la personne *réelle* qui lui avait raconté ces bêtises, elle fondit en larmes. Alors il affirma qu'Aurélia racontait n'importe quoi, et il le répéta. La fille d'un super-héros, c'était logique qu'on prenne soin d'elle et qu'on veille à ce que personne ne lui fasse du mal. « Mais ça ne durera pas, souffla-t-il. C'est juste comme ça pendant un petit moment. »

Il embrassa ses filles, quitta leur chambre, entra dans son bureau insonorisé, prit une chaise et la brisa contre le mur. Comme un garde du corps entrait, il le souleva du sol en l'étranglant : était-ce lui qui avait parlé ? L'homme jura que non. Grégory le repoussa, ouvrit la fenêtre et s'envola. Le garde du corps raconta qu'il avait vu le Capitaine flotter au-dessus de l'immeuble, une centaine de mètres plus haut, et que, de là où il était, il l'entendait hurler.

Trois jours plus tard, Grégory rendit l'affaire publique. Elle se présentait simplement : le Prophète avait appris que Lucille, sept ans, allait mourir le 10 juillet de l'an III ; il s'était volatilisé sans rien dire, ni à l'enfant ni à ses parents ; le père de Lucille voulait sauver sa fille et priait son ancien ami de lui raconter en détail ce qui la menaçait afin que, s'il existait une chance de la sauver, on puisse tout tenter.

Plusieurs journaux français, anglais, espagnols, américains et brésiliens publièrent la lettre ouverte du Capitaine.

La stratégie était claire : prier le Prophète sans l'agresser, mettre en avant Lucille et sa détresse. C'est apparemment à regret, malgré tout, que Grégory accepta de poser avec Jeanne et ses enfants pour *Paris-Match*. « Bien sûr que c'était too much, estime rétrospectivement Saïd. Quand on est triste ou angoissé, l'idéal, ce serait de rester très digne. Mais, bon, on a dû lui dire qu'il fallait mettre l'opinion de son côté, que c'était la seule manière de faire sortir Zabreski de sa tanière. Le reportage tire-larmes avec les jolies photos, il fallait le tenter, pas le choix. »

Sur les réseaux sociaux, la mort possible d'un enfant, l'enfant d'une célébrité en plus, était de nature à mobiliser. Mais une autre motivation apporta certainement son concours à la campagne Let her live, qui relaya la lettre ouverte du Capitaine et s'intensifia après la publication des photos de Lucille. S'il s'était trouvé quelques voix pour louer la décision du Prophète, dont le choix de disparaître pouvait s'interpréter comme l'ultime témoignage de son humilité, toutefois une enquête d'opinion du mois de février montre que la plupart des Français interrogés émettaient des réserves. Bien sûr, on devait respecter son choix. Mais les taux de criminalité, paraît-il, remontaient, et une voiture piégée venait d'exploser sur un marché de Béthune, la première depuis le 19-Janvier. Si le Prophète était resté, combien de drames auraient pu être évités, combien de vies sauvées grâce à ses prédictions ?

C'est parmi ses admirateurs les plus enthousiastes que l'amertume était la plus aiguë. Le Prophète leur manquait, tout simplement. Les fans avaient pu se résoudre à ce que, pour un temps, leur héros se retire, il l'avait mérité, mais son absence semblait maintenant longue, neuf mois déjà, et ils perdaient patience.

Des sportifs, des milliardaires, des chanteurs et des acteurs américains, des dignitaires religieux rejoignirent le mouvement Let her live en postant sur Internet des autoportraits qu'ils avaient réalisés dans des lieux improbables, une photo de Lucille à la main. [*Dans ces années-là, les campagnes de philanthropie virales avaient de meilleures chances de succès auprès des internautes si elles leur proposaient de relever un défi divertissant. Il s'agissait ici de mettre le portrait de Lucille partout : elle apparut donc sur la place Rouge et la place Tian'anmen, dans les steppes, à la proue d'un gazier voguant sur la mer de Barents et sur le pont d'un navire échoué dans l'ancienne mer d'Aral, aux sommets du Kilimandjaro et d'Ayers Rock, dans le bureau d'un cardinal au Vatican, au fond d'une mine d'argent de Potosi, sur la base polaire Dumont d'Urville et même à bord de la Station spatiale internationale.*]

Malgré tous ces appels, le Prophète ne se manifestait pas.

Il ne répondit pas non plus aux deux e-mails que Grégory lui avait adressés sur sa messagerie électronique. Le second, envoyé dans la nuit du 10 au 11 mai, le fut probablement à la seule initiative du Capitaine, sans qu'aucun de ses conseillers ne l'ait relu. On y perçoit des accents de colère, que la première lettre ouverte avait soigneusement étouffés :

> Raphaël,
>
> Tu veux vivre caché, très bien. Mais que tu ne répondes pas à nos messages, j'ai plus de mal à le comprendre. Je t'ai indiqué un moyen parfaitement sécurisé d'entrer en contact avec moi. Il faut que tu me répondes. Ce n'est pas moi qui te le demande, mais le monde entier. Ce que tu sais, tu dois le dire. Tu n'as simplement pas le droit de le garder pour toi. Et comme je te connais, je sais que tu le sais. Il te reste deux mois pour changer le regard que les gens portent sur toi, et que tu portes sur toi-même.
>
> Affectueusement,
>
> Grégory, avec Lucille.

Le lendemain, le Capitaine reçut un message. Il ne lui était pas envoyé par le Prophète mais par un certain Luiz Gustavo Mora.

La mobilisation internationale avait instruit le Brésilien de la menace qui planait sur l'enfant, et pendant quelques jours il tergiversa. Un sentiment de culpabilité lui ôtait le sommeil. Il ricanait tout seul, il devenait fou. « C'était comme être le complice d'un assassinat qui aurait déjà eu lieu, mais qu'on pouvait encore annuler, m'expliquerait-il plus tard. Deux culpabilités en une. »

Raphaël étant la plus belle pièce de toutes ses collections réunies, il insista pour conduire lui-même le Capitaine jusqu'à l'endroit où vivait le fugitif. Au terme d'une discussion agitée avec ses conseillers, Grégory décida de se rendre à Los Angeles sans soutien. Personne ne contraindrait son ancien ami à parler. Et il n'était pas question, dans l'esprit du Capitaine, d'utiliser des moyens illicites pour obtenir sa confession.

Il vola de nuit le 15 mai. À Los Angeles, il retrouva Luiz Gustavo chez un loueur de voitures du côté de la Cienega.

Les deux hommes arrivèrent devant l'immeuble de Raphaël un peu avant dix-huit heures. Le Capitaine colla son oreille à la porte de l'appartement : aucun bruit, pas même une respiration. Ils frappèrent par acquit de conscience mais personne ne leur répondit. Alors ils décidèrent de repasser plus tard, quand Raphaël serait rentré chez lui.

Pendant deux heures, ils firent durer un soda à la terrasse d'un café. « On a parlé du sommeil, se souvient Luiz Gustavo. Il m'a dit qu'il dormait de plus en plus, qu'il avait de plus en plus le goût de ça. Je lui ai demandé aussi ce qu'il comptait faire quand il se retrouverait face au Prophète. Il a souri et il m'a dit quelque chose comme : "On va discuter tranquillement." »

Quand ils revinrent à la nuit tombée, les fenêtres de l'appartement étaient sombres. Cette fois, Grégory insista pour entrer. Luiz Gustavo ouvrit la porte avec son passe-partout. L'appartement était à peu près dans l'état où il l'avait découvert quelques mois auparavant. Sur le comptoir qui fermait le coin cuisine traînaient des prospectus, la clé d'un cadenas de vélo et, griffonné sur un

Post-it, le numéro d'un traiteur chinois. Dans la chambre, au pied de l'armoire, un tas de vêtements propres et froissés. Sur la table de nuit, un exemplaire du *L.A. Times* daté du jour d'avant. Raphaël n'avait pas cherché à s'installer davantage. Un grand yucca s'asséchait près de la baie vitrée.

Les deux intrus attendirent.

Ils ne comprirent pas dans l'instant que, prévenu on ne sait comment de leur présence, Raphaël avait déjà quitté la ville.

XXVIII

Aux conducteurs qui le prirent en stop, il raconta qu'il était suisse et qu'il voulait voir la Route 1. Il dut arriver avant le 17 mai à San Francisco, où il resta moins d'une semaine. Son journal laisse entendre qu'il avait trop peu d'argent pour un hôtel et que les autres vagabonds lui faisaient peur. Il ne voulait pas se battre, il craignait de leur ressembler. Un joueur d'ukulélé prénommé Shane ou Shaun lui parla du 11-Septembre et de la conspiration qui avait rendu les attentats possibles. Il écrivit à Renee pour s'excuser d'avoir dû partir sans prévenir et lui dire qu'il l'aimait, puis il gagna une station-service et monta dans un poids lourd en route vers le nord.

À Portland, dans l'Oregon, il apprit des sans-abri qui squattaient le long du fleuve où étaient les centres d'accueil et quels jours avaient lieu les distributions. Un jeune Indien lui conseilla de récupérer une tente et de s'installer dans la forêt de Washington Park. Les beaux jours arrivaient, il serait mieux seul au grand air que dans un dortoir avec des étrangers.

Il établit son campement au creux d'une falaise, derrière un taillis de ronciers qu'on pouvait pénétrer en s'accroupissant dans un tunnel naturel long d'une quinzaine de mètres. Cet accès malcommode le rassurait. La cache se trouvait près d'un ruisseau, dont l'eau avait l'air propre, et à seulement trente-cinq minutes à pied de la Bibliothèque centrale de Portland. Invisible parmi tous les paumés qui en avaient fait leur lieu de ralliement, il lisait des biographies d'explorateurs et sommeillait sur des banquettes dans les rayonnages peu fréquentés. Nul ne se souciait de lui.

C'est aussi là que, grâce aux ordinateurs en libre accès, il retourna sur Internet. Personne ne vérifiant l'identité des usagers, cela ne semblait pas trop imprudent. Jamais il ne commit l'erreur de relever son courrier, mais il n'en eut pas besoin pour prendre connaissance des messages que Grégory lui adressait, ils étaient partout maintenant.

Aux autoportraits insolites avaient succédé marches et rassemblements. On comptait les jours avant le 10 juillet, la colère montait. Dans toutes les langues du monde, des éditorialistes et des intellectuels interpellaient à leur tour le Prophète. La supplique face caméra d'une jeune actrice américaine en larmes avait reçu plus de trois cent mille likes en un jour.

Dans son journal, à la date du 28 mai, le Prophète nota une liste de mots, ceux qu'il avait lus le plus souvent à son sujet sans doute : « Lâcheté hypocrisie cruauté honte honteux maléfique Mal ». Puis, sous un gribouillis abstrait d'où émerge la silhouette malhabile d'un grand oiseau, il ajouta : « Tous dans la certitude. La justice est pour eux. Ne t'en préoccupe pas. »

Il ne sut pas rester fidèle à ce commandement. Les rares fois où il revint à l'écriture de son journal, ce fut pour exprimer sa rancœur face au procès public dont il était l'objet : « Toujours les mêmes insultes. La même haine. » ; « Nouvelle manœuvre de Grégory : le pape ! » [*Il faisait référence ici au commentaire du souverain pontife en marge d'une visite au Zimbabwe, qui avait affirmé qu'« il faut tout mettre en œuvre quand des vies d'enfants sont en jeu », ce qu'on interpréta comme un appel lancé à Zabreski.*]

Pour se nourrir, il comptait sur les soupes populaires et les produits périmés que des employés distribuaient à l'arrière de certains supermarchés. Les quelques centaines de dollars qu'il avait en poche lui permettaient encore d'agrémenter son quotidien : une bière de temps en temps sous les écrans d'un bar, des piles pour sa lampe torche, une paire de grosses chaussures en cuir dénichée dans une friperie en remplacement de ses baskets qui prenaient l'eau.

Avait-il peur qu'on le retrouve ? Comment envisageait-il la suite de sa vie ? J'ai longtemps voulu croire qu'il avait trouvé dans cette parenthèse oregonienne une forme d'apaisement et même de plénitude.

Portland est une ville plaisante et un peu endormie. On y est entouré de gens à l'air aimable, qui font du vélo, trient leurs déchets et n'élèvent presque jamais la voix. Même la pluie tombe là-bas avec douceur. Dans ce havre, Raphaël avait réduit ses besoins au strict minimum et maintenant il lisait, il contemplait. Plus aucune raison de se hâter ni de s'inquiéter ne troublait son esprit. Avec son bonnet enfoncé sur le crâne, son long manteau râpé et son livre à la main, il était devenu l'un de ces clochards majestueux qui peuplent les cités de l'Amérique.

Cette version de l'histoire, ma préférée, ne s'appuie sur aucune preuve tangible. Je fais partie des gens qui aiment à penser, même si cette pensée n'est pas toujours dénuée de jalousie, que d'autres qu'eux, dissidents, esprits libres, ont atteint l'état de sagesse bienheureuse que procurent la solitude et la frugalité, à l'écart de la vie moderne. Mais il est tout à fait possible que Raphaël se soit senti aussi misérable qu'une bête traquée. Sur la vie à Portland, son journal reste lacunaire. Il enrageait sans doute qu'on ait pu le débusquer, que Grégory en personne, ce salopard qui avait déjà ruiné sa vie avec la mise en ligne des photos de lui, se soit présenté à sa porte et l'ait expulsé de la retraite anonyme qu'il était parvenu à se construire en Californie. S'il l'aimait autant qu'il le disait, Renee devait lui manquer. Je doute qu'il eût très envie de frayer avec les épaves humaines qui s'agglutinent sur les bancs le long de la Willamette River et qu'il côtoyait dans les files d'attente devant les œuvres de charité. On n'a jamais pu établir qu'il se soit fait des amis à Portland ni qu'il y ait eu des fréquentations. Ceux qui disent se souvenir de lui décrivent tous un loup solitaire, la capuche remontée sur sa tête, les yeux fuyants. Et puis il n'est pas certain que Raphaël ait goûté de se laver accroupi dans l'eau froide d'un ruisseau et de manger chaque jour ou presque des aliments de second choix. Il tenait à sa propreté, il n'avait jamais exprimé le désir d'une vie sans confort. Je vais donc faire plus court ici que ce que j'avais imaginé raconter : il était sans abri, il prenait des précautions pour qu'on ne le repère pas, il avait organisé son quotidien de manière à le rendre durable, et ce qu'il en pensait, nul ne saurait le dire.

Le 10 juin, il fit en stop l'heure et demie de route qui sépare Portland d'Eugene, la capitale administrative de l'Oregon. Il entra dans une bibliothèque publique, s'assit devant l'un des ordinateurs et créa, à 10 h 46, une nouvelle adresse électronique, d'où il expédia un e-mail à destination de trois journaux français, ainsi que de sa sœur Judith et de Laurence Granec, qui avait été son attachée de presse jusqu'à sa disparition :

> J'ai été atteint, il y a deux ans, d'un mal d'origine inconnue. Il a eu pour effet de me rendre l'avenir de certaines personnes visible.
>
> Je refuse désormais d'utiliser cette faculté, que je considère comme une source d'injustice et de malheur.
>
> Puisqu'il ne m'est pas possible d'aider tout le monde, je

refuse d'aider certaines personnes et d'autres pas. Aucun critère de sélection ne me semble valable.

Puisqu'il est impossible d'empêcher certains événements que j'aperçois, je refuse de désespérer par avance ceux qui ne pourront pas y échapper.

Je refuse aussi de garder ces terribles nouvelles pour moi et de vivre dans la peine infinie de savoir ce que d'autres ignorent encore.

Je n'exercerai plus jamais cette capacité.

Faites comme si le Prophète n'existait plus.

J'espère que vous me comprendrez.

Si ce n'est pas le cas, allez vous faire foutre.

Raphaël Zabreski.

Grégory eut beau jeu, dans la réponse qu'il renvoya presque aussitôt, de pointer les incohérences de la déclaration de Raphaël :

Cher Raphaël, ou plutôt cher Prophète,

Nous avons lu ton discours à destination du genre humain. Tes scrupules t'honorent. Mais certains aspects du texte nous surprennent. Laisse-nous te faire quelques remarques et te poser quelques questions :

1. « Faites comme si le Prophète n'existait plus », ordonnes-tu à la fin de ton message. Celui-ci est pourtant la preuve que tu es bien toujours en vie, ce que nous sommes d'ailleurs heureux et soulagés de voir enfin confirmé. C'est vrai, nous avons longtemps vécu sans capacité de prescience. De même que nous avons vécu pendant des millénaires sans la roue, sans l'électricité, sans Internet. Maintenant que cette capacité existe, grâce à laquelle tu as sauvé de nombreuses vies, il faudrait que nous fassions comme si elle n'existait pas ? C'est dans un univers de science-fiction que tu veux nous faire basculer.

2. Faut-il cesser d'agir au motif qu'on ne pourra pas tout faire ? Le travail de la police, par exemple, doit-il être suspendu puisque, en dépit de ses efforts, chaque jour des crimes ont quand même lieu ? Le fait que tu ne puisses pas aider tout le monde est-il une raison valable pour n'aider personne ?

3. Tu invoques les critères de choix : est-ce que le très jeune âge de Lucille et les liens d'affection qui te rattachent à elle, à nous, ne sont pas suffisants ? Nous souhaitons tous aider notre prochain, quel qu'il soit. Mais qu'y a-t-il de scandaleux à veiller d'abord sur nos proches ? À sauver d'abord des vies d'enfant ? (Tu cherches des critères, je t'en donne.)

Le temps presse. En vue du 10 juillet, nous faisons tout ce que nous pouvons, avec tous les moyens disponibles, pour sécuriser la vie de Lucille. Toute information en ta possession sera la bienvenue.

Nous espérons que tu nous comprendras.

Bien affectueusement,

Grégory et Lucille.

« Pour moi, cette réponse a été une énorme connerie », estime François Scherwiller. « "Discours à destination du genre humain", je me souviens que j'étais contre. C'était inutilement vexant. Comme tout le reste. Le côté explication de texte, les questions rhétoriques, ça ne pouvait que le braquer. »

Selon Scherwiller, le Capitaine lui-même ne paraissait pas très à l'aise avec cette réponse que plusieurs de ses conseillers lui avaient dictée. Les ficelles étaient grosses : on voulait faire passer Raphaël pour un homme sans cœur, un proche ami soudain frappé d'indifférence, alors qu'il était de notoriété publique que le Capitaine et lui étaient brouillés depuis longtemps. C'était très probablement Grégory qui, pour se venger de la liaison de Raphaël avec sa femme, avait divulgué le nom et les photos de Zabreski. Avant d'apprendre que sa fille aînée allait mourir, il ne s'était pas non plus privé de ternir en public l'image du Prophète. Certains commentateurs s'en souvenaient très bien. Sur les forums de discussion, c'est le dernier point du message de Grégory qui causait les plus vifs débats : protéger avant tout ses proches, était-ce si évidemment justifié ?

On ne sait pas si Raphaël revint ensuite à Portland. Il ne pouvait ignorer que, en créant une adresse électronique depuis un ordinateur d'Eugene, il venait de livrer un indice sur sa localisation. Peut-être le regrettait-il déjà. Il n'aurait pas dû répondre, il n'avait rien à justifier. On lancerait maintenant des recherches dans l'Oregon et les États voisins ; on l'y retrouverait.

Il acheta un billet de train, ou il monta sur un wagon de marchandises, ou il fit du stop, ou il vola de nuit à très basse altitude. Il se dirigea vers l'est en tout cas.

Ce n'était pas une bonne idée. L'intérieur des terres est faiblement peuplé. Un étranger solitaire, sans voiture et sans travail, n'a aucune chance de passer inaperçu dans les bourgades rurales où il lui faudra bien s'arrêter de temps à autre pour manger, prendre une douche, dormir. Après coup, on le signala dans l'Idaho, le Wyoming puis plus au nord, dans le Montana. Avertis de ces apparitions par les réseaux sociaux, des fans, des curieux, des tarés et des chasseurs de scoops se mirent en tête de le retrouver.

À un moment donné, Raphaël résolut de dormir le jour et de se déplacer la nuit. Il trouvait un bord de rivière désert ou un hangar abandonné pour s'allonger ; il achetait à manger dans des stations-service au milieu de la nuit, le visage abrité sous sa capuche. Mais cela ne suffisait pas à protéger sa fuite. De temps à autre, il remarquait autour de lui des hommes suspects, des figurants qui jouaient mal. On le suivait. Les services de renseignements américains, pensait-il. Il fut tenté de s'installer dans une ferme abandonnée non loin de la frontière canadienne. Par la fenêtre, on voyait encore de la vaisselle sur un égouttoir. Dans les hautes herbes, plusieurs générations de voitures rouillaient. J'ai visité des maisons comme ça quand j'ai refait le parcours du Prophète, ce sont des ruines paisibles.

Un laveur de voitures de Kincaid, dans le Saskatchewan (au Canada), affirme avoir passé dix minutes environ avec le fugitif. J'ai rencontré cet homme, son récit m'a paru crédible. À l'heure du déjeuner, cherchant un coin d'ombre où manger, DeWayne Rogers s'installa sur le quai de déchargement d'un ancien entrepôt. Il avait déjà commencé à mordre dans son sandwich lorsqu'il distingua, à une dizaine de mètres de lui, un homme qui somnolait « dans une position bizarre, accroupi ». Rogers pensa que ce devait être un junkie tout juste débarqué d'un train de marchandises. Il s'apprêtait à changer d'endroit pour terminer son déjeuner lorsque l'homme se redressa et s'approcha de lui. À l'en croire, le Prophète – si c'était bien lui – demanda s'il pouvait emprunter son téléphone ; il voulait consulter Internet. Rogers, qui dit lui-même être d'un naturel méfiant, observa que l'homme parlait avec un accent étranger (« j'ai pensé qu'il était anglais ») et fut frappé par la clarté de son expression. Il n'osa pas dire non. Raphaël s'éloigna d'une dizaine de pas et demeura quelques minutes debout, immobile et grommelant, sous le soleil qui écrasait tout. Quand il rendit le téléphone, « on voyait bien qu'il avait eu des mauvaises nouvelles », affirme DeWayne Rogers. L'inconnu lui parut agité. Il bredouilla un au revoir et se mit en marche d'un pas décidé vers l'autre côté de l'entrepôt.

Rogers, lui-même étranger en ces lieux (c'était un Américain d'Atlanta fraîchement débarqué dans la région), connaissait suffisamment la géographie minimale de Kincaid pour savoir qu'il n'y avait rien dans cette direction, rien que l'espèce de steppe du Saskatchewan, paysage vaguement charmant pour un nouveau venu s'il cède à l'ivresse des grands espaces horizontaux, puis de plus en plus désolant à mesure que l'œil s'habitue – car il faut alors se résoudre à penser que, sur des centaines de milliers de kilomètres carrés, la nature a barbouillé les mêmes motifs, répété les mêmes agencements, comme un peintre abstrait tombé à court d'idées.

DeWayne Rogers voulut prévenir l'inconnu qu'il faisait fausse route et l'appela. Mais personne ne lui répondit. À son tour, il passa le coin du bâtiment. L'homme avait disparu.

Rogers confesse sans difficulté que son action suivante fut d'inspecter le téléphone qu'il lui avait prêté. La une du *New York Times* était la dernière page consultée. On venait d'annoncer que l'un des derniers 83 en activité, le Capitaine, avait pris en otages des proches du Prophète.

venu s'il cède à l'ivresse des grands espaces horizontaux, puis de plus en plus désolant à mesure que l'œil s'habitue – car il faut alors se résoudre à penser que, sur des centaines de millions de kilomètres carrés, la nature a barbouillé les mêmes motifs, répété les mêmes agencements, comme un peintre abstrait compulsif à court d'idées.

Dr Wayne Rogers voulut prévenir l'inconnu qu'il faisait fausse route et l'appela. Mais personne ne lui répondit. À son tour, il passa le coin du bâtiment ; l'homme avait disparu.

Rogers confesse sans difficulté que son action suivante fut d'interroger le téléphone qu'il n'avait quitté. La une du *New York Times* était la dernière page consultée. On venait d'annoncer que l'un des derniers à s'être activés, le Capitaine, avait pris en otages des proches du Prophète.

XXIX

« La vie après la fin »

Saïd Mechbal : Je me souviens encore de la tête de mon nouvel agent. Il était en coulisses à quoi ?, une dizaine de mètres de moi. Le magicien, j'ai complètement oublié son nom – c'était pas vraiment un magicien, d'ailleurs, il faisait quelques tours mais ça me semblait surtout être un chauffeur de salle –, il se tourne vers moi, très théâtral, et il dit en anglais un truc du genre « Vous voyez ce grand Arabe derrière moi ? » et là, la blague, c'est que j'étais censé disparaître d'un coup. Sauf qu'il ne se passe rien. Et Nick [*Horovitz*], mon agent, ouvre grands les yeux, mais vraiment je ne pensais pas qu'on pouvait les ouvrir grands comme ça, des soucoupes, ses yeux, et c'est la seule fois de ma vie où j'ai vu quelqu'un quasiment s'évanouir parce que je *restais* visible.

Vous avez eu des signes avant-coureurs ?

Aucun. Autant le dérapage de Micka, je l'avais pressenti, comme je vous l'ai dit, autant là j'ai rien vu venir. Tout allait parfaitement bien. Un mois avant, je venais de gagner mon procès. [*Au terme d'une rude bataille judiciaire, Saïd avait fait annuler le contrat de travail le liant à l'État français et obtenu le droit d'exercer ses capacités dans le cadre professionnel de son choix.*] Je me sentais enfin libre. J'avais toujours rêvé des États-Unis et Horovitz paraissait être la bonne personne pour commencer quelque chose là-bas. L'idée, avant d'essayer de décrocher des rôles au cinéma, c'était de travailler mon acting et de faire de l'argent dans des petits shows sur mesure, façon Las Vegas.

Le côté monstre de foire…

Ça me gênait pas, non. C'est ce qu'on était déjà, de toute façon. Je sais que Virginie et Thérèse ont dit des choses très dures sur moi à ce moment-là, mais si des gens ont envie de payer quatre-vingts ou cent dollars pour « toucher l'homme invisible » et ensuite prendre une photo dans mes bras, moi, ça me pose certainement moins de problème de conscience que d'aider les puissances du G8 à garder sous contrôle leurs nouvelles colonies. Je vais pas non plus vous dire que j'étais ravi de faire ce truc. Ça avait lieu dans des pince-fesses pour super-riches, des soirées de charité, et le spectacle lui-même n'était pas de très bon goût. Je prenais tout ça comme un apprentissage. Le coup de la panne, c'était pas au programme. Mais moi, pour les mauvaises surprises, j'ai toujours eu le sens du timing.

Sur le moment, votre défaillance est restée secrète.

Parce que personne n'a compris ce qui se passait. Parce que j'ai fait ce que je sais faire, du Saïd à deux balles. J'ai levé les bras en l'air, j'ai gueulé… C'était une soirée de prestige organisée par Samsung et le seul truc qui m'est venu à l'idée, ça a été de hurler des trucs sur les ouvriers chinois qui crevaient pour nous fabriquer nos portables – j'y connais rien et ça m'a jamais empêché d'avoir un téléphone, mais il fallait bien que je trouve quelque chose pour que ça ressemble à un refus, à un nouveau scandale du Septième. Et ensuite je me souviens que Nick me poursuivait dans le couloir de l'hôtel, la bave aux lèvres, je vous jure que c'est vrai : il y avait de l'écume qui moussait au coin de sa bouche, il tenait un extincteur à la main et il jurait qu'il allait me défoncer le crâne. J'ai continué à crier que j'en avais marre, que je voulais plus faire des conneries comme ça et puis j'ai vu que je pouvais encore léviter, j'ai sauté par la fenêtre, bye bye ma carrière américaine, et j'ai volé jusqu'au gratte-ciel d'en face, puis sur un autre gratte-ciel, et ensuite j'ai foncé plein sud jusqu'au golfe du Mexique. Là, je me suis assis sur une plage. Et j'ai pleuré. J'ai pleuré comme un gosse.

Vous avez cru que c'était la fin ?

Pire que ça : la vie après la fin. La mort, j'y avais souvent pensé. On a beau être des surhommes, il y a des situations où on sent qu'on peut vraiment y rester. Une fois, en Syrie, ça a été très chaud pour moi, très très chaud. Mais que nos capacités puissent s'affaiblir, qu'on puisse les perdre, c'est un truc auquel je pensais plus jamais. Les premiers jours après le 19-Janvier, oui, quand c'était comme un nouveau costume, j'avais un peu ça en tête, bien sûr. Je me disais : « C'est pas possible, ça va forcément s'arrêter. » Mais ensuite, c'est normal, on s'adapte, on se déforme, on oublie. Alors sentir ce soir-là que ça pouvait disparaître, qu'on allait tout me reprendre, c'était vraiment terrifiant.

Vous en avez parlé à quelqu'un ?

À Virginie. Et puis à pas mal de charlatans que je suis allé consulter, aussi. Mais ça, c'était ensuite, quand c'est sorti dans la presse. Virginie, elle m'a décrit à peu près les mêmes symptômes : légers vertiges, parfois des maux de tête, et surtout la sensation qu'elle faisait tout moins vite. Elle pensait que c'était lié à sa dépression et peut-être aux médicaments qu'on lui avait donnés. C'était dur pour elle de se concentrer, après chaque utilisation de ses capacités elle se sentait totalement crevée, donc ça paraissait pas illogique de croire que tout pouvait être lié. Mais quand je lui ai dit que j'avais les mêmes galères, que j'arrivais pas toujours à disparaître, et que je devais me concentrer, et que ça me coûtait des migraines pour que la capacité reste active quelques minutes au moins, elle a compris ce qui était en train de nous arriver. On avait commencé à s'affaiblir. Nos pouvoirs ne dureraient pas toujours.

Vous avez refusé de vous résigner.

Complètement. J'ai jamais pu supporter, de toute façon, la résignation, toutes les philosophies de la résignation qu'on nous serine en ce moment. Et puis c'est comme les types qui sont gravement malades : t'as beau leur dire qu'ils sont condamnés, les mecs cherchent encore des moyens pour s'en sortir. Ils veulent y croire, ils s'accrochent, même à n'importe quoi. Et nous, les 83, on n'a pas eu besoin de beaucoup chercher, tout le monde est venu nous proposer ses services. J'ai fait toutes les conneries imaginables. Avaler des saloperies, m'allonger sous des espèces de machines expérimentales qui stimulent le cerveau. Ridicule. À force, j'ai même failli me faire piéger par un journal australien.

Sur cette histoire, vous n'avez jamais donné votre version des faits…

Parce que sur le moment, je trouvais pas très glorieux d'avoir failli me faire baiser. Maintenant, ça me dérange pas de raconter, je m'en fous.

C'était un coup classique, mais assez bien exécuté. Tu rencontres une très jolie fille. Elle vient de Perth ou de Melbourne. Tu passes une nuit avec elle. Comme tout le monde à ce moment-là, elle a entendu parler de tes problèmes. [*Une enquête exclusive du site Mediapart, mise en ligne le 17 juin de l'an III, avait révélé que les super-héros français s'affaiblissaient.*] Elle, elle mentionne l'ami d'un ami, qui aurait peut-être la solution – mais c'est une pro, hein, elle sait amener ça dans la conversation et même se débrouiller pour que t'aies l'impression que ça vient de toi, que c'est toi qui as eu l'idée d'aborder le sujet. Tu rencontres le type en toute discrétion, dans un hôtel près des Champs-Élysées. C'est un neurochirurgien avec un nom à consonance arabe et, comme le travail est bien fait, tu trouves sur Internet pas mal de fausses références qui te font croire qu'il existe vraiment. Il te parle d'un protocole plus ou moins confidentiel, quelque chose qu'on peut tenter pour rebooster tes pouvoirs. Mais il a un service à te demander en échange. Il veut savoir si tu connais un moyen sûr de faire passer une arme dans une salle d'embarquement de Roissy. Et il suppose que, comme tu sais te rendre invisible, ça ne doit pas être trop compliqué.

Vous vous êtes rendu compte de la supercherie comment ?

En rentrant chez moi, je repense à la demande du type et je me dis que ça tient pas. Il peut pas être sûr que je vais accepter. Et s'il monte vraiment une opération qui sent très fort l'attentat terroriste, ça suppose des mois de travail préalables, de gros investissements, il va pas tout risquer sur un deal avec un type comme moi, qui peut quand même tout foutre en l'air. Alors je retourne à l'hôtel, je deviens invisible – cette fois-là, ça a bien voulu marcher – et j'ai la chance de tomber sur eux dans le hall, en train de régler la chambre. C'étaient des journalistes indépendants liés à Rise Up Australia, un parti antimusulman, qui voulaient me compromettre. Je ne sais même plus si on leur a fait un procès.

Cette mésaventure, ça n'a pas mis un coup d'arrêt à vos tentatives ? Ça ne vous a pas invité à vous raisonner ?

Non. Je me suis dit que j'allais me tenir à l'écart de tout ce qui était illégal, c'est sûr. Mais ça laissait encore plein de choses à explorer. Je suis passé aux méthodes soi-disant douces, j'ai commencé à psychologiser le truc. Tu trouves toujours plein de gens pour t'expliquer que c'est dans la tête, et donc que t'es forcément un peu coupable de ce qui t'arrive. Le problème vient de toi, de ta manière de faire, ton manque de volonté, des conneries comme ça. Là, ça y est, t'es sur la très mauvaise pente.

Comment est-ce que vous êtes sorti de ça ?

J'étais chez mes amis les Russes, dans une clinique privée. On se levait à cinq heures du matin, on bouffait des espèces de soupes dégueulasses, verdâtres, à base de racines du coin, ils nous affamaient là-bas, et ensuite on méditait sur des tapis de mousse. Je connais plus le nom de la discipline, je sais pas qui m'avait branché sur ce truc-là. L'espèce de gourou s'appelait Arkady Quelque-Chose et il avait une gueule de vieil écrivain russe des années 1970, barbu, avec des lunettes à verre fumé.

Un matin, je reçois un texto de Grégory, que j'ai gardé d'ailleurs. [*Il me le montre. On peut lire : « Es-tu si malheureux que ça ? »*] Ça m'a foutu hors de moi. Je lui ai répondu d'aller se faire mettre. Mais en fait ça me… [*Sa voix se brise. Il laisse passer quelques secondes avant de reprendre.*] J'ai jamais compris qu'il m'ait envoyé ce message. Et je savais très bien que c'était pas pour m'emmerder qu'il me l'avait écrit. C'était tout le contraire. Il se souciait de moi. Il avait gardé toute sa bonté, ce salopard. Mais la bonté comme ça, à l'état pur, c'est pas supportable. Ça vous écrase. [*Il s'éclaircit la gorge.*] Le soir même, j'ai quitté la clinique, et j'ai arrêté de pleurnicher.

Vous diriez que c'est Grégory qui vous a aidé à sortir de ça, avec son message ?

C'est pas comme ça que je le dirais, non. Mais si, vous, c'est comme ça que vous voulez vous le raconter, alors dites-le, écrivez-le. Maintenant, on parle d'autre chose.

Dans les faits, le déclin est plus lent qu'on l'a d'abord annoncé.

Oui, au début, c'est vrai qu'on a dit un peu n'importe quoi. Moi aussi, d'ailleurs. Je pensais que j'allais tout perdre d'un coup. Bon, l'invisibilité, si ça ne marche pas à coup sûr, d'un point de vue opérationnel, ça devient un avantage marginal ; il n'y a plus une seule mission que vous allez pouvoir monter en tablant sur cette capacité. Dans mes contrats d'aujourd'hui, d'ailleurs, c'est clairement stipulé que le client ne pourra pas compter dessus. Je suis toujours l'homme invisible, mais dans la version buggée... Parfois ça marche, parfois non. Et personne n'a jamais pu m'expliquer de façon convaincante pourquoi ça déconnait. Mais c'est vrai que pour le reste, l'endurance, la rapidité, et même les techniques de combat, j'ai encore de beaux jours devant moi. Donc mon agenda est bien rempli. J'ai du travail. Je gagne très bien ma vie. Pas vraiment le droit de me plaindre.

La terreur est passée ?

À peu près. Je me dis que c'est comme vieillir. Je commence à avoir des poils blancs dans ma barbe. À partir de trente-cinq ans, de toute façon, c'est scientifiquement prouvé que vous avez commencé à décliner. À pourrir. Et donc je suis un super-héros qui vieillit. Ça m'arrive encore de pas le supporter, par exemple quand je croise des mecs à l'aéroport ou dans les halls d'hôtel qui me glissent des petites vannes sur mes soucis de santé. J'ai envie de les encastrer dans le mur. Mais parce que je sais qu'ils ont raison. Le reste du temps, ça va. J'ai accepté maintenant.

XXX

Grégory marchait dans la seule rue goudronnée de ce patelin perdu au fond du Nouveau-Mexique, où la poussière jaunissait tout. Les habitants étaient rentrés chez eux, comme dans un western juste avant l'affrontement final. Au loin, un moteur tournait, celui d'une voiture prête à repartir peut-être, et &il craignait que ce soit celle du Prophète. Une fois encore, il allait lui échapper. Le cœur battant, Grégory se hâtait, il courait presque, mais toujours trop lentement, comme dans un rêve quand vos membres s'épuisent à vouloir fendre un air presque solide. Il parvenait à hauteur d'une cafétéria de tôle blanche, brûlant sous le soleil de midi, on devait étouffer là-dedans, et soudain il l'apercevait, attablé à l'intérieur, unique client dans la grande salle vieillotte aux banquettes en similicuir. Devant lui, plusieurs plats étaient entamés et Raphaël mordait dans une cuisse de poulet avec une gloutonnerie que lui-même paraissait réprouver car ses sourcils étaient froncés, il mastiquait en grimaçant et ses yeux s'écarquillaient chaque fois que ses mâchoires avançaient vers la viande, comme si ce mouvement échappait à sa volonté. Grégory restait un instant là, comme préoccupé, honteux et révolté contre cette honte même de surprendre son ancien ami dans cette posture. Et à la fin il se réveillait.

De son affaiblissement, il ne parla que très peu. Plus touché que les autres, il avait eu des problèmes de vol : parfois, il ne décollait pas. Il admettait sans difficulté qu'il lui arrivait de connaître des « pannes ». Le sous-entendu sexuel, qui pouvait faire sourire, le laissait, lui, impassible. Et il disait aussi que ce qui lui arrivait n'était ni bien ni mal, « comme à peu près tout quand on y réfléchit ».

Le site PurePeople révéla qu'il souffrait de troubles auditifs depuis trois mois au moins. La nuit, des sons fantômes bruissaient dans ses oreilles, qu'il décrivit à plusieurs spécialistes consultés comme un orage grondant au loin. Une sensation d'engourdissement au niveau des tempes, accompagnée de douleurs vagues dans la nuque, le gênait presque chaque jour. En ville, les marteaux-piqueurs, les klaxons et les pots trafiqués des scooters hurlaient à ses tympans. Lorsqu'il portait un casque antibruit, cependant, ces désagréments s'estompaient. Et pour le reste, si l'on mesura chez lui aussi des performances en baisse, il ne parut pas s'en préoccuper. Il ne restait que quelques jours avant le 10 juillet, toute son attention était requise par le sort de Lucille. Dans le pays bouleversé, Grégory était de nouveau le héros que tous ou presque aimaient. Cependant, malgré l'émotion générale, quelques-uns osaient une critique : sa situation personnelle était certes poignante, mais le Capitaine ne participait plus à aucune mission depuis trois mois et le contribuable continuait à payer son salaire, qui était tout de même important.

De son côté, le 5 juillet, le quotidien *Le Parisien* fit état du voyage secret de Grégory à Los Angeles dont, sur des renseignements erronés, il affirmait qu'il avait été réglé aux frais de la République. Ce même jour, le 83, haletant, confus, entra dans les locaux du journal, saisit le directeur de la publication par le col, le souleva et le secoua. Il était persuadé que Raphaël ou ceux qui protégeaient sa fuite avaient piloté cette nouvelle attaque. Le directeur, un homme pondéré qui d'ailleurs ne porterait pas plainte, s'employait à nier toute volonté de nuire, on avait juste eu le souci d'informer, lorsque, dans le bureau, le téléphone sonna. Un cri strident vrilla les oreilles de Grégory et il relâcha son étreinte.

Il raconterait quelques heures plus tard qu'à cet instant il s'était retrouvé comme en dehors de lui-même. Le directeur, assis sur ses fesses, le visage rouge, rentrait sa chemise dans son pantalon sans un mot. À travers la paroi vitrée, le Capitaine distinguait des pieds, des dos, des crânes de journalistes planqués derrière leurs bureaux ou rampant vers une sortie de secours. Il voulut quitter dans l'instant cette pièce où il étouffait. Mais la porte en verre, qu'il avait claquée trop violemment en entrant dans le bureau du directeur, refusait de s'ouvrir. Tandis qu'il s'escrimait sur la poignée récalcitrante, il s'aperçut de loin dans un miroir.

Le lendemain, le 6 juillet, à quatre jours de la mort annoncée de Lucille, il mit à exécution un projet qu'il mûrissait depuis environ une semaine.

Un peu avant treize heures, il appela l'un de ses contacts au ministère de l'Intérieur et l'informa qu'il retenait en otages la mère, la sœur, le beau-frère et la nièce de Raphaël Zabreski. Il s'était retranché dans une ferme des Yvelines dont il avait piégé les abords immédiats. Si Raphaël ne se présentait pas dans les vingt-quatre heures à compter de cet appel téléphonique, il tuerait ses prisonniers.

L'histoire se répétait, c'est l'impression qu'on eut, et qu'il avait peut-être lui aussi : un super-héros perdait la raison, séquestrait des innocents dans une maison isolée et provoquait le déploiement des forces de police, cependant qu'une foule, immense cette fois, se pressait tout autour du périmètre défendu pour manifester son soutien au forcené.

Il pleuvait à verse depuis trois jours maintenant sur le nord de la France. Dans les champs qui entouraient la ferme, des flaques s'étendaient, des mares se formaient. Comme une rivière toute proche menaçait de déborder, on invoqua des mesures de sécurité pour forcer les manifestants à se replier. Mais ils dénonçaient la manœuvre sur les réseaux sociaux et appelaient leurs concitoyens à les rejoindre. Un embouteillage monstre était annoncé à la sortie de Saint-Germain-en-Laye.

Le préfet, qui ne voulait ni d'une émeute ni d'une inondation, réclamait d'en finir au plus vite. Plusieurs groupes d'assaut avaient pris position autour de la ferme. Chaque pas coûtait sur ce terrain si gorgé d'eau qu'il devenait visqueux. Les jambes s'enfonçaient dans un bruit de succion, et certains policiers restaient cloués là, dans leurs bottes rétives, impossibles à soulever.

Vers dix-sept heures, le Capitaine libéra le beau-frère et la nièce de Raphaël. « J'ai senti qu'il hésitait », raconte Carlos Renaudin, l'un des négociateurs qui s'entretint avec lui au cours de la journée. Les bombes que le 83 disait avoir disposées autour de la maison n'étaient que des leurres grossiers. Le Capitaine avait demandé que ses deux filles le rejoignent puis s'était rétracté vingt minutes plus tard. Quant aux otages restants, il promettait par moments qu'il ne leur ferait aucun mal puis, repris par sa colère, soutenait qu'il les tuerait si Zabreski ne venait pas.

Derrière les véhicules de police, on étudiait les scénarios. Cette fois, super-héros ou pas, un assaut bien conduit serait couronné de succès. Mais l'opinion publique paraissait divisée. Il y avait eu trop de ratés, on ne voulait plus entendre parler des 83, et d'ailleurs le Premier ministre annonçait sans attendre un durcissement de la législation. [*Sous couvert de mieux encadrer les activités des super-héros, leurs pouvoirs deviendraient illégaux dans les faits.*] Néanmoins, aux yeux d'une bonne partie de la population, Grégory restait le père de Lucille. Il avait eu un geste de désespoir. Et qui ne serait pas porté, en de telles circonstances, aux mêmes extrémités que lui ? Pour ces Français-là, le responsable du drame en cours, c'était Raphaël Zabreski.

L'e-mail qu'envoya le Prophète à différentes rédactions fut rendu public vers trois heures du matin. La police anglaise établirait le lendemain qu'il s'était connecté depuis un cybercafé de Warlingham, dans la banlieue de Londres, mais il ne tombait sous le chef d'aucune accusation et nul n'envisagea de l'y appréhender.

Le message qu'on pouvait lire sur les réseaux sociaux apparaissait le plus souvent ainsi :

> J'ai appris avec angoisse la situation d'extrême danger dans laquelle sont placés mes proches. Même si je dois en souffrir, je ne céderai pas aux exigences d'un homme qui a choisi la voie de la terreur pour satisfaire ses désirs. Lucille mourra le 10 juillet, personne n'y changera rien.
>
> RZ

Sur des sites comme celui du *Monde*, cependant, la dernière phrase ne figurait pas dans le message publié. Aujourd'hui, son authenticité continue de faire débat. Plusieurs sources l'affirmèrent, l'e-mail qu'ils avaient reçu de Zabreski ne comprenait aucune référence à Lucille. Mais si, comme on le supposa, cette phrase avait été rajoutée, qui en était l'auteur ? Peut-être un mauvais plaisant dans une rédaction. Quelqu'un qui avait le goût du sensationnel. Un fan que laissait sur sa faim ce communiqué trop laconique. Une autre hypothèse ne peut être complètement écartée (et j'y crois davantage) : c'est que Raphaël envoya une première version de son e-mail, puis une seconde qu'il modifia, retranchant ou ajoutant l'annonce au sujet de l'enfant.

C'est cette version augmentée qui circula le plus en tout cas. Elle accrut la tension autour de la prise d'otages. Grégory ne pouvait manquer de découvrir à son tour les mots de Raphaël, grâce à son téléphone ou à la télévision. On s'attendait au pire. Un groupe d'intervention était prêt à donner l'assaut mais la pluie qui tombait sans discontinuer incitait malgré tout à la prudence. On risquait de s'enliser aux abords de la ferme ; il ne fallait pas compter sur une attaque foudroyante ; ce serait même, très probablement, pataud et besogneux. Carlos Renaudin et l'un de ses collègues persuadèrent l'état-major d'attendre encore un peu. Et vers onze heures du matin, comme ils l'avaient espéré, le Capitaine accepta de laisser sortir les deux derniers otages.

Les hommes qui investirent la ferme trouvèrent le super-héros dans un fauteuil, les yeux baissés. Il grogna quand des mains se refermèrent sur ses bras et qu'on lui intima de se lever.

Avec l'inondation qui menaçait et tous les manifestants accourus dans les environs pour soutenir le Capitaine, les routes n'étaient plus sûres, un hélicoptère l'emporta. La Seine en crue faisait redouter d'importantes perturbations dans la capitale, il fut question de le transférer à Marseille, mais le commandement de la police parisienne refusait de céder un prévenu si prestigieux. Le Capitaine effectuerait sa garde à vue au 36, quai des Orfèvres, dans des locaux qui jouxtent le Palais de justice.

Ses avocats l'y attendaient. Mais même avec eux il garda le silence. Il ne réclamait qu'une seule chose, c'était de voir ses filles.

Dehors, il n'avait pas cessé de pleuvoir. Soudain la Seine enfla. Ses eaux léchaient maintenant les arches du Pont-au-Change, qu'il avait fallu fermer à la circulation comme tous les autres ponts de Paris. Le ciel était si sombre que la nuit semblait déjà tombée. Le vent couchait des arbres dans les parcs. Par prudence, on lançait l'évacuation des hôpitaux alors que dans plusieurs quartiers l'électricité venait d'être coupée.

La première audition du Capitaine devait avoir lieu dans l'un de ces improbables bureaux en soupente qui ont fait la réputation du 36, des chambres de bonne arrangées en locaux de police avec ordinateurs vétustes, décorations potaches et canapés en skaï où prendre du repos. Cependant, alors qu'on attendait le commandant qui devait conduire l'interrogatoire, le Capitaine se leva, rompit d'un geste la chaîne de ses menottes et s'approcha de la lucarne. Il allait retrouver ses filles.

Deux policiers tentèrent de l'arrêter mais il assomma le premier d'un coup de poing et tourna le bras du second pour le briser d'un geste sûr. Comme il ne portait pas d'arme, et comme c'était le Capitaine – même si aucun des présents n'admit jamais que son statut les ait intimidés –, pas un coup de feu ne fut tiré. Il ne faisait que fuir, après tout ; on n'a pas le droit de tirer pour ça.

Il arracha sans effort les barreaux de la lucarne, prit appui sur une armoire métallique et se propulsa dans le vide. Son corps en chute libre allait reprendre de l'altitude en quelques battements. Deux témoins assurent qu'ils le virent agiter les bras pour voler.

Mais son pouvoir ne marchait pas, et il tombait cette fois.

On affirme qu'il eut le temps de murmurer quelques mots aux inconnus qui l'entourèrent. Il parla de Lucille qu'il aimait, ou du Prophète qu'il haïssait, ou de Jeanne, ou d'une voix qu'il entendait. Les résultats de l'autopsie assurent quant à eux que sa mâchoire était brisée. Qu'il ait pu prononcer le moindre mot paraît aujourd'hui peu probable.

Il n'était pas mort sur le coup mais quelques minutes après, sur le bateau des pompiers qui l'emportait dans la ville inondée.

XXXI

Les côtes du nord de la France étaient la proie du vent et du tonnerre. Des imprudents manquaient à l'appel, raflés par des vagues géantes. À l'intérieur des terres, des rivières débordaient. La baie de Somme était une nouvelle fois sous les eaux. Un peu partout sur les autoroutes, des voitures glissaient et s'encastraient les unes dans les autres. On parlait maintenant de tempête du siècle.

À Paris, l'eau entrait dans la cour Carrée du Louvre et submergeait le Trocadéro comme en 1910. La menace avait été sous-estimée. En cas de crue, il était prévu que des parois mobiles de quatre mètres de haut soient dressées autour des principales gares et que deux mille agents du métro murent les entrées des stations pour protéger les souterrains. C'étaient des plans intelligents, mais ambitieux. Ils supposaient une coordination et une rapidité d'exécution à peu près hors de portée dans une ville qui, peu à peu, s'enfonçait dans le chaos.

Ce chaos ne fut pas violent, comme certaines légendes persistent à le faire croire. Il n'y eut ni pillage ni mouvement de panique. Les Parisiens que j'ai interrogés se souviennent de la tempête comme d'un moment de stupeur, que relevait une secrète excitation. Les réseaux des téléphones saturaient. Coincés chez eux ou au bureau, réfugiés pour certains sur des abris de bus ou dans les cages d'escalier d'immeubles inconnus, ils s'étonnaient de voir à quelle vitesse le paysage qui leur était familier cédait la place à un monde nouveau.

Par les fenêtres ils apercevaient, emportés lentement dans les eaux huileuses, des voitures flottant comme des jouets d'enfant démesurés, des débris, des ordures et des espèces de gros pneus luisants dont on finirait par comprendre que c'étaient des noyés.

Même si une inondation de cette ampleur devait un jour ou l'autre survenir, beaucoup voulurent y voir un signe du destin. Lorsqu'ils apprirent par la radio ce que l'on présenta d'abord comme le suicide du Capitaine, certains pensèrent qu'à la mort d'un tel homme il fallait un décor funèbre. D'autres crurent que, du plus profond de son sommeil, Mickaël les avertissait de son retour, et qu'il serait d'une violence biblique. « J'en faisais partie, témoigne Virginie. La baisse de lumière, surtout, la nuit en plein jour, ça donnait un côté fin des temps. C'était si anormal, on ne pouvait pas croire que ça n'augurait pas de quelque chose d'encore plus grand. »

Aux premières heures de la catastrophe, elle avait ressenti le besoin de quitter le lit où elle végétait depuis trois jours pour se joindre aux secouristes débordés. Depuis la prise d'otages de la veille, il était en principe interdit aux super-héros d'utiliser leurs capacités, mais devant une telle urgence aucun agent de l'État ne songeait à lui rappeler le décret ministériel.

Elle porta des hommes sur son dos et leur fit traverser un boulevard inondé, puis bloqua une voiture dans laquelle une femme et ses enfants dérivaient. D'un bond, elle sauta sur le toit d'un kiosque à journaux et entraîna dans les airs une adolescente au moment où l'épave d'un bus allait les percuter. Même si sa vitesse et sa force avaient fléchi, elle se multipliait. À se faire applaudir en plein Paris, il lui semblait retrouver l'exultation de ses débuts. Des écouteurs sur les oreilles (un morceau d'Herman

Düne passait en boucle et très fort pour lui donner le courage de continuer), elle regardait bouger les lèvres des rescapés et couler leurs larmes de reconnaissance. Il aurait fallu que ce jour ne finisse jamais.

Elle reprenait son souffle dans un poste de secours lorsqu'elle entendit quelqu'un annoncer à voix basse la mort du Capitaine. Quand bien même les radios relayaient la nouvelle, elle refusa d'y croire. Et un peu plus tard, lorsqu'on raconta que le Prophète venait de réapparaître en plein cœur de Paris, elle n'en tint pas compte non plus. Ce jour-là, les rumeurs les plus extravagantes circulaient. « Et puis ma fin de l'histoire, je l'avais déjà écrite : Grégory nous survivrait tous et Raphaël ne reviendrait jamais. »

Mais il avait décidé d'en finir avec le Capitaine. Plus les jours passaient et moins il résistait à sa colère. Elle avait tout colonisé, son sommeil, ses lectures, ses exercices de méditation et jusqu'aux visages des hommes qu'il croisait sur sa route, des visages aux regards malveillants, comme tournés vers des projets de meurtres. Il se sentait lui-même hideux, défiguré par la rage de savoir que cet homme, à l'autre bout du monde, tournait des foules contre lui en les persuadant qu'il était une raclure et presque un assassin. Il ruminait. Et dans cette obsession, il devinait qu'il crevait peu à peu. Grégory le rendait fou, Grégory le tuait.

Quand Raphaël apprit qu'il retenait sa famille en otage, la haine le posséda. Il vola jusqu'à Londres, où il prit quelques heures de repos et envoya un message pour prévenir qu'il ne plierait jamais. On pouvait croire, à lire son refus de céder au chantage, qu'il n'interviendrait pas. Mais ce n'était qu'un stratagème. Il en avait fini avec les atermoiements qui l'avaient paralysé toute sa vie, avec cette lâcheté déguisée en raison qui lui soufflait que Grégory n'attendait que ça, qu'il se précipite, et qui lui intimait de disparaître, de se sauver.

Il redécolla. Alors qu'il arrivait à proximité de la ferme, il découvrit que la prise d'otages avait été déjouée. Mais ce n'était pas suffisant. C'est lui ou moi, se disait-il. Il fallait supprimer la pensée même de Grégory. Ensuite, tout irait bien. Oui, tout aurait retrouvé sa place, il serait de nouveau le disparu, le bien-aimé, l'homme qui lisait tranquillement des livres pris au hasard dans une bibliothèque de l'Oregon. Il vola le plus vite qu'il put et atteignit Paris au moment où, dans les couloirs du 36, le Capitaine était sorti de sa cellule et conduit menotté vers sa première audition.

Peut-être. Mais dans ce cas pourquoi le Prophète ne s'était-il pas dirigé directement vers les locaux de la police judiciaire ? Pourquoi avait-il préféré s'engouffrer dans la station Solferino, que les flots envahissaient en bouillonnant ?

C'était un homme bon. Il avait fini par regretter son silence et se portait à la rencontre de Grégory animé d'intentions pacifiques. Il allait lui dire ce qu'il avait vu dans l'avenir de Lucille. Cela ne changerait rien au destin de la fillette. Le 10 juillet, un peu avant midi, son cœur cesserait de battre. Jeanne, qui lui tiendrait la main dans la chambre forte où elles avaient prévu de passer ce jour redouté, pousserait un long cri d'épouvante. Et les médecins consultés sur les plateaux de télévision expliqueraient quelques heures plus tard que dans certains cas, pas si rares qu'on croit, la mort frappe sans qu'on ait pu dépister la moindre faiblesse. Dans certains cas, on meurt, et c'est tout. Mais le Prophète avait enfin compris qu'en ce monde, les principes, aussi justes soient-ils, ne doivent jamais prévaloir sur la souffrance des hommes. Il parlerait.

Quand il arriverait Quai des Orfèvres, il ne ferait de mal à personne. Il obtiendrait de pouvoir s'entretenir quelques instants avec Grégory. Mais en route, alors qu'il allait franchir la Seine, il s'avisa que d'honnêtes citoyens étaient prisonniers de l'eau qui montait dans la station Solferino. Il s'était accordé le droit de taire ce qu'il savait de toutes les morts à venir, pas celui de fermer les yeux sur des vies menacées à quelques mètres de lui. C'est possible.

Il entra dans la station de métro, entendit les cris de Justine Conticello et Lassana Kanté, nagea de toutes ses forces jusqu'à eux. L'eau avait presque atteint le plafond du local où ils étaient coincés, elle la jeune danseuse, lui l'agent de sécurité. Il choisit d'abord Justine, dont le visage lui semblait d'une pâleur déjà mortelle. Il lui demanda de retenir son souffle. Il l'emporta sous l'eau. Il émergea devant les marches de la station, chercha un endroit où la mettre à l'abri, vola jusqu'au balcon d'un appartement dans l'immeuble d'en face et demanda aux occupants de prendre bien soin d'elle. Puis il retourna vers la station pour sauver Lassana.

Il n'avait jamais quitté Paris. Tout ce que j'ai écrit sur son séjour en Amérique serait faux. Ceux qui témoignent ont menti, et les preuves que brandissent des gens comme moi sont visiblement fabriquées. Un tas de raisons convaincantes peuvent expliquer pourquoi il continua de vivre ici caché. C'est même, et de loin, le scénario le plus probable.

Il aimait déambuler incognito dans cette ville où tout lui rappelait qu'il était le héros de la nation. Sur les kiosques, des unes de magazines perpétuaient la légende du Prophète. Au théâtre, une troupe rejouait ses années de jeunesse. La disparition du 83 avait fixé pour toujours les traits de son visage, et c'étaient ceux d'un homme bon, d'une bonté perpétuelle, aussi élémentaire que l'eau dans un glacier.

Oh, le plaisir de surprendre, près de la fontaine du Palais-Royal, sur le quai d'un métro, dans la queue d'un cinéma de Montparnasse, une conversation où il était question de lui ! Tout ce qui le ramenait au souvenir de son exploit le délestait, un temps du moins, de la fatigue d'être ce qu'il était : compliqué, versatile, guère plus qu'un homme après tout. Dans les histoires qui couraient sur son compte, il se trouvait simple et satisfaisant.

Quand les eaux de la Seine montèrent, il sut que l'heure du retour était venue. Tous les super-héros reprennent du service. Il n'y a pas de fin, seulement des trêves parfois. Dans son antre (qui était, selon les variantes, une chambre d'hôtel près de la porte de Clichy, un local technique dans les tréfonds de la station Châtelet ou l'appartement de Jeanne, qu'il avait reconquise), il récupéra une valise rangée au-dessus d'une armoire et en sortit son masque blanc. Déplié sur ses genoux, le regard vide et la bouche froncée, le masque semblait bouder. « Je suis là », dit Raphaël. Il enfila le masque. Le courant était coupé et il étudia son profil dans le reflet ténébreux d'un miroir accroché à la porte d'entrée.

Dehors, l'air humide et le souffle de la tempête le firent frissonner. Il n'avait pas utilisé ses capacités depuis plusieurs mois et, à voler quelques mètres seulement au-dessus de la ligne de flottaison, il s'entendit rire au bout de quelques secondes, à gorge déployée.

Près de la station Solferino, des rescapés agitaient les bras. Plusieurs personnes se trouvaient encore à l'intérieur. On les avait entendues, elles allaient mourir noyées. Le Prophète plongea dans l'eau noire et zébrée d'essence. Il eut peur d'y rester lui aussi, bien sûr, mais il n'avait pas vraiment le choix.

Il devait mourir ce jour-là. Une nuit, il avait entrevu dans un miroir une lueur rougeoyant autour de son cou. Son hésitation ne dura pas plus de quelques secondes. Il y porta son pouce et son index. Il apprit qu'il allait se noyer. Et comme il était désespéré, comme on l'avait chassé de son paradis américain, comme il sentait que la vie filait entre ses doigts, comme il était trop tard à trente-sept ans, comme il ne sentait plus rien même quand il approchait sa main des flammes, il alla vers sa mort sans se retourner.

Ou bien : comme il était devenu inflexible, comme il croyait que la plus grande vertu des hommes est la fidélité à leurs principes et comme, trop peu souvent, il avait eu l'occasion d'en témoigner, il résolut de ne rien faire pour contrarier le cours des événements. Il décida que, tout au contraire, il faudrait scrupuleusement se présenter au rendez-vous et mourir sans un mot, parce qu'il en est ainsi, parce qu'il n'y a pas d'autre fin que celle qui vous est échue.

Il n'était pas mort ce jour-là. On n'avait jamais retrouvé son corps. La chronologie se révélait bancale. Le témoignage de Justine Conticello n'était pas fiable. Les rapports officiels comportaient des incohérences.

Il avait saisi la seule chance qui s'offrait à lui de quitter cette histoire pour de bon. Avec des complicités peut-être, il s'était ingénié à mettre en scène son décès. Et maintenant ? Il était libre pour la première fois de son existence. Il marchait le long des routes du Saskatchewan, vers le nord. Il dormait à l'ombre des arbres sur un îlot dans les Marquises. Il avait repris, dans Paris, sa vie parmi les ombres. Il n'était plus personne et il était heureux.

Sixième partie
(Fins)

XXXII

Déplacé trois fois par les forces de l'ordre, le campement est à présent situé à deux kilomètres du mur d'enceinte. Il a l'aspect d'une ville éphémère, un bidonville ordonné et paraît-il bien financé – on parle de mécènes anglais et argentins –, où cohabitent vingt-trois nationalités. Tentes et abris s'alignent le long de rues numérotées. Dans le vallon, des fils tendus délimitent les périmètres qui seront prochainement alloués aux arrivants. « On dirait une colonie du Far West », s'amuse le vieil homme qui me fait faire la visite. Les soutiens de Mickaël seraient un peu plus de deux mille à s'être rassemblés sur la commune de Saint-Christol, au plus près du 83, qui est maintenu en coma prolongé dans une base militaire rebaptisée Quartier Koenig après avoir été, pendant quatre décennies et sous un autre nom, l'un des dépôts de l'armement nucléaire français.

La communauté des Mickaëliens s'est dotée d'une école élémentaire, d'une bibliothèque et même, tout récemment, d'une milice. Interrogés au sujet d'éventuels lieux de culte, les habitants répondent que toutes les religions sont bienvenues. La visite guidée ne me laissera voir aucun des autels dédiés à Mickaël, dont certains observateurs ont raconté qu'ils étaient disséminés partout dans le campement. Et le portrait du 83 n'est pas accroché sur les parois des tentes, ni sur les poteaux électriques, ni aux lunettes arrière des voitures, comme je l'avais lu. A-t-on tout rangé avant ma venue ?

« Nous ne sommes qu'une bande d'idolâtres », ironise Cécilia Gester, la porte-parole du campement. [*Elle récuse le statut de chef que la presse lui attribue et m'enverra après notre entrevue deux sms pour s'assurer que je n'emploierai pas ce terme « mensonger ».*]

Gester est arrivée ici cinq mois après la neutralisation de Mickaël. Il n'y avait qu'une vingtaine de personnes lorsque le camion d'un maraîcher l'y déposa. À ceux qui se contentaient d'allumer des bougies et d'adresser des prières dans l'espoir de hâter le réveil du 83, elle opposa la nécessité de lever des fonds pour organiser la contre-offensive judiciaire. Aujourd'hui, les « croyants » sont tolérés sur le site du campement mais il leur est expressément demandé d'éviter toute manifestation publique. Du pacte de légèreté qu'ils promouvaient encore bruyamment il y a un an (faisant le délice des reporters, tout prêts à filmer la dinguerie de ces dévots dans leurs séances de fitness ou leurs ateliers diététiques), on ne voit plus la moindre trace. Si Gester dirige une secte, comme on l'en accuse souvent, celle-ci est singulièrement laïque : pas de clergé, pas de chapelle, aucune liturgie.

Lorsqu'elle évoque la bataille menée devant les tribunaux, en revanche, Gester s'anime avec l'ardeur d'une évangéliste. Elle paraît convaincue que les juges délivreront Mickaël de cette peine de mort qui ne dit pas son nom. « La raison finit toujours par triompher », assure-t-elle. J'ai l'opinion inverse, tu l'as peut-être senti en lisant ce livre. Il me semble que partout et tout le temps la satisfaction des appétits les plus pressés finit par brouiller tous les plans et par trahir tous les programmes. Je ne vois dans notre histoire commune que des cataclysmes qu'on n'a pas su éviter, des injustices sans cesse reconduites, des vérités niées avec l'aplomb des fous. Mais Gester balaie ce discours. Je m'excuse, pour plaisanter, de n'être qu'un mécréant. Elle me demande si je suis aveugle ou si je fais semblant. Et ajoute que ce que je n'ai pas compris, je veux faire comme si ça n'existait pas. C'est une forme de croyance, conclut-elle. Une croyance paresseuse et commode.

Gester a eu peur pendant les Vingt-Sept-Jours. Mickaël ne la fascinait pas, jure-t-elle, ni aucun des 83. [*Elle a souvent raconté avoir animé, après le 19-Janvier, un ciné-club sceptique qui programmait des soirées « Antihéros », avec des films de Woody Allen.*] Mais quand elle a appris comment Mickaël avait été piégé par le Prophète, quand elle a vu l'unanimité dans laquelle on célébrait cette traîtrise, son esprit s'est « ouvert ». On pouvait essayer d'arrêter le tyran, lui faire un procès et l'enfermer en prison s'il était prouvé qu'il le méritait, mais on n'avait pas le droit de le condamner au sommeil perpétuel. C'est aussi simple que ça : une démocratie meurt chaque fois qu'elle renonce aux principes qui l'ont fondée, et le Réveil, aux yeux des Mickaëliens, n'est jamais que le rétablissement du droit. « On ne le fait pas pour lui, mais pour nous », me répétera-t-on plusieurs fois au cours de ma visite.

Une journaliste espagnole finit d'interviewer Gester lorsque je la retrouve sous la vaste tente qui sert de centre informatique au campement.

– Si vous aviez pu, vous n'auriez pas tué Hitler ? demande la journaliste.

– Sûrement pas, répond Gester.

– Même s'il allait vous tuer, vous ?

– Sûrement pas, répète Gester.

La journaliste range son enregistreur avec dépit. Je ne saurais dire si c'est le contenu de la réponse qui la désole, ou la sensation que cette réponse ne contient pas toute la pensée de Gester.

Pendant quelque temps, un jeune homme nommé Paul Demarcy a vécu dans ce campement. Il était alors considéré comme leur plus belle prise par les Mickaëliens. Cet officier bien né, qui faisait partie des hommes chargés de surveiller le sommeil du 83 dans le Quartier Koenig, a quitté l'armée de terre il y a un an et exprimé publiquement son soutien au Réveil. Il loue aujourd'hui un studio à une vingtaine de kilomètres de la base militaire. À demi-mot, il évoque sa solitude dans cette petite ville où il ne connaît personne, mais il n'imagine pas déménager. Il lui est difficile, explique-t-il, de s'éloigner de Mickaël. Il s'est rendu par deux fois à Paris pour rencontrer les médias et il ne l'a pas supporté.

Il n'a plus aucun contact avec ceux du campement depuis un peu plus de six mois. Cécilia Gester ne dit pas toute la vérité, affirme-t-il. « Bien sûr qu'ils ont envie de voir Mickaël à l'œuvre. Et moi aussi. On est tous nostalgiques, mais de quelque chose qui n'a pas eu lieu. On veut l'épisode d'après. La suite de l'histoire, à n'importe quel prix. » C'est cette hypocrisie qui aurait conduit Demarcy à prendre ses distances. Du côté du campement, on évite de parler de lui. « Il se reconstruit, ça prend du temps », me dira simplement Gester.

Lorsque je le rencontre, c'est de son propre chef qu'il se met à raconter son expérience dans le Quartier Koenig. En vérité, il n'y a pas vu grand-chose. La chambre où dort Mickaël est un grand hangar sombre, de forme circulaire. Peut-être trente mètres de rayon, estime Demarcy. Le 83 est allongé en son centre, dans une sorte de sarcophage ouvert environné de différents appareils de mesure et de plusieurs caméras. Il doit exister une salle où les images filmées s'affichent sur des écrans de contrôle, une salle où le dormeur s'offre en gros plan, où le moindre tiraillement de son visage ne peut échapper à ceux qui le surveillent, mais Demarcy n'y a jamais eu accès. Les hommes comme lui déambulent par deux dans le couloir qui encercle la chambre. Ils ont ordre de ne jamais s'arrêter et ne sont pas censés tourner la tête du côté du dormeur. Ceux qui désobéissent n'aperçoivent que le profil figé du visage de Mickaël, tache floue dans la pénombre, et, de temps à autre, des médecins ou des hauts gradés penchés sur son corps, en conciliabule.

Demarcy a raconté qu'une nuit, étouffant sous la rage silencieuse que la situation de Mickaël avait fait naître en lui, il s'était introduit dans la chambre et approché du sarcophage. Il fut d'abord déconcerté par le grondement d'un générateur chargé de maintenir le hangar à une température constante. Il n'avait pas imaginé, depuis le couloir insonorisé d'où il rêvait à cette intrusion, que Mickaël puisse dormir dans un vacarme de salle des machines.

Demarcy se tenait maintenant à deux mètres environ du 83. Et il vit que son visage desséché, marbré de traînées rougeâtres dont il ne connaissait pas la cause, était figé sur une expression de douleur et d'effroi. Cela avait achevé de le convaincre qu'il fallait mettre un terme au châtiment.

Deux mois après les premiers entretiens qu'il donna, il refit la une des journaux en révélant que cette chambre, il n'avait jamais pu y entrer.

À propos de sa rétractation, il me répète ce qu'il a expliqué à d'autres : c'est pour satisfaire la curiosité de ses interlocuteurs, et aussi parce qu'il était convaincu de la souffrance de Mickaël, que Demarcy avait tout inventé. Mais une telle effraction était impraticable. « Vous imaginez, si le premier soldat venu pouvait pousser une porte et entrer dans le saint des saints ? » Demarcy détaille le protocole d'accès : nécessité d'être muni d'un code qui change toutes les deux heures, identification biométrique, déverrouillage commandé depuis le centre de contrôle. Mais bon nombre de défenseurs du 83 à travers le monde refusent de croire à ces explications. Pour eux, Paul Demarcy a été intimidé, ou acheté, et sa rétractation est fabriquée. Pour eux, le visage de Mickaël est tel que Demarcy dit l'avoir inventé.

XXXIII

« Pour nous, tout a été beaucoup plus facile. » Les gens l'oublient un peu vite, a coutume de dire le leader des 96. Autour du premier groupe de super-héros français, rappelle-t-il, la sidération était totale. « Tandis que nous, quand ça nous est tombé dessus, on savait ce qui était en train de nous arriver. Et nos concitoyens aussi. » Le contexte n'était pas non plus le même : « Quand ils sont apparus, c'était encore la crise. La France doutait d'elle-même, on n'était pas redevenus la grande puissance d'aujourd'hui. » Dans ces conditions, Gabriel Teysserand estime qu'il y avait trop d'attentes, et trop peu de patience.

Le jour où ses attachés de presse ont enfin pu glisser notre rencontre, sa chemise de bûcheron retroussée sur ses biceps et ses tatouages torsadés, qui s'enroulent sur ses avant-bras et son cou, font oublier le jeune homme de bonne famille et l'étudiant en gestion qu'il était il y a encore peu de temps.

Quand je lui demande son avis sur l'action et le bilan des 83, Teysserand se montre toutefois sévère. Selon lui, les devanciers des 96 avaient les moyens de réussir. « Mais avec des pouvoirs comme les nôtres, si tu ne règles pas les problèmes d'unité et de leadership, tu vas droit dans le mur. »

Afin de bien marquer leur différence, Teysserand a plaisir, je le sens, à énumérer les mesures qu'ont prises dès le début les 96 : l'adoption d'une charte imposant un strict devoir de réserve, l'élection pour un mandat de trois ans d'un chef qui est l'unique porte-parole du groupe et assure le commandement des opérations (« mais peut être révoqué si les conditions l'exigent », insiste Teysserand), le fameux contrat d'objectif annuel, enfin, qui établit une ligne directrice pour l'action des super-héros. « C'est malheureux à dire mais toutes les erreurs qu'ils ont faites nous ont vraiment aidés. On serait arrivés en premier, je crois qu'on n'aurait pas fait mieux. »

Il me fait visiter le Q.G. des 96, installé sur une large avenue qui conduit au quartier de la Défense. Au fond de la *situation room*, qu'occupe une longue table en palissandre, Teysserand s'attarde devant le portrait officiel du groupe, une photographie en noir et blanc à la Richard Avedon, prise cinq mois après leur apparition, en décembre de l'an V. Il rit : « C'est peut-être le jour où on s'est le plus engueulés de notre vie. » Les visages des 96 sont souriants et détendus, pourtant. « Mais Ibrahima s'était levé du mauvais pied, la Gamine trouvait que le coiffeur l'avait complètement ratée, et Geoffroy ne voulait pas être trop au bord du cadre… » Leur groupe est constitué de gros ego, reconnaît Teysserand, et parfois des tensions se font jour. Mais ce qu'il appelle à plusieurs reprises le « projet » finit toujours par les désamorcer.

« Sans feuille de route, juge-t-il, on aurait implosé. » Et de sourire au souvenir des discours un peu creux du Capitaine, de ses références répétées à un bien majuscule dont nul ne sut jamais très bien ce qu'il recouvrait. « Les 83 se sont beaucoup dispersés. Nous, c'est djihad, djihad, djihad. On fait pas dans l'humanitaire, c'est clair qu'on ne plaît pas à tout le monde, mais au moins on ne prend personne en traître. On dit ce qu'on va faire, on fait ce qu'on a dit. » Conservateurs en matière de mœurs, libéraux en économie, ayant posé comme axe de leur action la guerre contre le terrorisme international, les 96 ont su convaincre, analyse Teysserand, parce qu'ils n'ont jamais dévié de leur ligne.

« Cette intégrité-là, il fallait qu'elle soit portée par une nouvelle génération » : de jeunes gens rompus à la communication sur Internet, qui se sont vite entourés d'un bataillon de webmestres et veilleurs chargés de relayer les messages des 96 et de défendre leur e-réputation. Au nombre d'une cinquantaine, ils travaillent sur un grand plateau ouvert au deuxième étage. J'aperçois un panier de basket fixé à un pilier, des caricatures de *Charlie Hebdo* punaisées çà et là ou des écrans de télévision muets diffusant Eurosport, mais l'atmosphère paraît studieuse. Sur le mur du fond est inscrite en lettres d'argent une phrase de Walter Benjamin : CHAQUE ÉPOQUE RÊVE DE LA SUIVANTE.

[*De retour dans ma chambre d'hôtel, je découvrirai sur Internet que l'attribution de cette citation est en réalité douteuse. Sur le moment, je me contente de demander à Teysserand s'il a déjà lu du Walter Benjamin. Il hausse les épaules et me dévisage un instant sans rien dire. On a dû lui souffler que j'avais souvent, dans mes articles, défendu la mémoire du Capitaine, et il doit craindre que je ne sois venu à sa rencontre qu'avec l'intention de rabaisser la deuxième génération de super-héros français. Je ne peux pas nier, et pardon si ce chapitre s'en ressent, que leur éclatante réussite me laisse un goût amer.*]

« Chaque époque rêve de la suivante », donc. On aurait envie d'ajouter, pour rester dans l'esprit des lieux : « et sûrement pas de la précédente ». Selon Teysserand, « la génération des trente-cinq / quarante-cinq ans [*sous-entendu : celle des 83*], ils ont grandi avec le chômage de masse, le sida, avec beaucoup de peur et pas grand-chose à quoi se raccrocher. Au bout du compte, c'est quand même pas mal des gens paumés, qui manquent de consistance idéologique. Je me permets de le dire parce qu'ils le reconnaissent eux-mêmes. »

En me raccompagnant jusqu'à ma voiture, dans un parking souterrain où sont stationnés quelques véhicules frappés du lion bleu des 96, Teysserand se remémore les élections municipales de Paris auxquelles avait pris part le Capitaine. Il faisait alors partie d'un groupe d'étudiants qui militaient pour lui. « Il était venu nous voir, à la fac. Je ne me souviens plus très bien de ce qu'il avait raconté, c'était sans doute un peu fumeux. Mais il y croyait, lui. Et ça donnait envie d'y croire. » Dans les dernières semaines, les altercations avec les militants d'extrême droite avaient fait place aux railleries. Mais jusqu'au bout, le jeune Teysserand espéra que les listes du Capitaine allaient se qualifier pour le second tour. Il avait même acheté une bouteille de champagne avec ses maigres économies. Quand les résultats furent connus, lui et l'un de ses camarades marchèrent jusqu'à la Seine pour jeter d'un pont la bouteille. Ils avaient, explique-t-il, besoin d'un geste mélodramatique. « Mais la bouteille de champagne est tombée dans l'eau sans un bruit. Ça nous a beaucoup déçus », ajoute-t-il dans un sourire. Puis, au moment de me serrer la main : « On aurait mieux fait de la boire. »

XXXIV

« Des hommes parfaits »

Saïd Mechbal : Il vous a fait le coup de la génération ? C'est son dada, à Teysserand, je ne sais pas pourquoi. Ça doit le rassurer, ces espèces de grands tiroirs dans lesquels on peut ranger les gens par tranche de dix ou quinze années. Moi, d'accord, j'ai grandi avec les Inconnus et Mitterrand, ensuite avec le rap, Olive et Tom, et les soirées du Téléthon. Et on était des millions à regarder les mêmes conneries à la télé. Mais désolé, ça ne me parle pas, à moi, cette idée de génération. J'ai grandi pauvre dans un pays de riches, rebeu dans un pays de Blancs. Ça fait quand même une grosse différence, ça, non ? Avec des types comme Marville ou Zabreski, je veux dire. On avait le même âge, peut-être, mais sûrement pas la même vie.

Vous l'avez déjà rencontré, Gabriel Teysserand ?

Je l'ai vu une fois, au tout début, deux ou trois mois après l'apparition des 96. Pas à mon initiative, parce que moi, depuis mon procès contre l'État français, j'avais aucune envie de rencontrer un bon petit serviteur de la République. Mais on s'est croisés dans les coulisses d'une émission.

Justement, qu'est-ce que vous faisiez là ?

Le présentateur me plaisait. C'est vers cette époque que

j'ai commencé à me sentir attiré par toutes sortes de gens : des hommes, des femmes âgées, des moches dans la rue… C'était ma période pansexuelle. J'avais envie de prendre tout le monde dans mes bras. Et en même temps, chaque fois, je me mettais à chialer. J'étais là, à poil sous les draps avec des inconnus, et je pleurais comme un gros bébé. Le pire, c'est que ça me faisait du bien, un bien fou.

Le présentateur, il m'appelait par mon prénom, il mettait mon prénom à la fin de chaque phrase, « Ce serait formidable, Saïd », « Vous avez bien raison, Saïd », et il avait cette manière adorable de me toucher le bras… Je sais pas, c'était doux, cette façon qu'il avait avec moi. J'avais envie de lui plaire et de l'emmener pour un week-end dans un hôtel de luxe, et de l'avoir rien que pour moi. Alors je me suis dit que je pouvais bien retourner faire le guignol dans son émission, que ça lui ferait plaisir et qu'ensuite on irait sans doute dîner ensemble. Je pensais que j'allais dire deux ou trois horreurs sur mon ami l'autocrate Chevtchouk, et puis un de leurs chroniqueurs m'a rebranché sur les attentats djihadistes et pourquoi, « nous, les musulmans modérés », on ne se mobilisait pas davantage, et là je suis monté sur mes grands chevaux, tout sérieux je suis devenu. On ne devrait jamais parler sérieusement, pas quand on drague un jeune présentateur en tout cas. Et quand j'ai dit pour faire le malin qu'on avait le droit d'être un musulman immodéré, que rien ne l'interdisait dans la République, j'ai bien vu que ça ne lui plaisait pas, au présentateur, et il est devenu rouge, à me dire que je faisais l'apologie du terrorisme, ils se sont mis à dire ça, que c'était transparent ce que j'étais en train de dire, qu'immodéré ça voulait dire extrémiste, et on s'est tous mis à se crier dessus. Bon, quand j'ai quitté le plateau, j'étais un peu énervé, mais triste surtout, parce que je me suis dit que j'allais plus le revoir, mon petit présentateur. Et là, je suis tombé sur

Teysserand, qui était en train de se faire maquiller, et qui avait sans doute rien raté de mon passage à l'émission puisqu'il y a des écrans partout dans les coulisses.

Vous vous souvenez de ce que vous vous êtes dit?

Il m'a dit qu'il était impressionné, que c'était un honneur pour lui de pouvoir me serrer la main. Il a même utilisé le mot «émouvant», je crois. Des conneries… Et je sais pas, dans son sourire bien humble, on voyait qu'il exultait, ce petit salopard. L'indignité et la laideur des autres, ça les excite, les gens. Il venait de me voir ridicule, il allait passer juste derrière et vous montrer que la nouvelle génération, c'était tout le contraire de Saïd, des gens bien, des chouettes gars qui font pas de la provoc à deux balles et qui ont le sens de l'État. Alors je crois que, pour lui, ça devait vraiment être le petit plaisir ultime: juste avant son entrée en scène, voir ma gueule dégoulinante et me faire sa génuflexion, me jouer sa fausse modestie de prince.

Ensuite, vous avez suivi ce qu'ils faisaient, les 96?

J'en ai pas perdu une miette. Ils faisaient tellement les beaux. J'avais envie de les voir trébucher, j'attendais que ça. *Schadenfreude*, comme disent les Allemands: le plaisir qu'on prend devant le malheur des autres. Il n'y a pas de mot en français pour ça, et c'est bizarre, parce que c'est un peu un sport national, non? J'ai acheté les hors-séries, j'ai regardé les chaînes d'info continue, je me suis créé des alertes sur Internet pour avoir toutes les actualités. C'est devenu comme une addiction. Assez douloureuse, faut bien le dire, parce que leurs succès, ça nous renvoyait à la gueule tout ce que, nous, on avait bien raté. Et quand on les regardait, Gabriel et Geoffroy surtout, ça semblait si simple. Ils avaient l'air si sûrs de leur réalité, vous voyez ce que je veux dire? Quand ils font leur conférence de presse pour dire que les droits de l'homme, c'est bien joli, mais que, face à la barbarie des terroristes, il faudra forcément des *ajustements*, c'est dit avec tellement d'assurance que ça en devient comme évident. Ils ont su se rendre évidents. C'est l'art ultime de la politique, ça. Alors que nous, à part le Capitaine, on traînait nos questions, nos scrupules, on était flous. Moi, j'ai senti que je commençais à les aimer pour ça, un peu, les 96. Et puis quand, au bout de six mois, les premières questions sont apparues, quand on en est revenus peu à peu à ce qu'on sait faire de mieux en France, bien cracher sur les gens et les piétiner si possible, je crois que je les ai aimés encore un peu plus.

Vous ne vous êtes pas réjoui de les voir en difficulté?

Pas vraiment. Pas autant que je pensais, en tout cas. Quand il y a eu cette première histoire sur Ibrahima [*il fut accusé de harcèlement sexuel par l'une de ses collaboratrices en février de l'an VI*], je me suis juste dit que l'histoire se répétait. Et ça m'a dévasté. Parce que je crois que, comme tout le monde en fait, j'avais envie qu'on me raconte une histoire extraordinaire. Le jour où il avait été naturalisé, le compte rendu de la cérémonie sur le site du *Monde*, ça m'avait filé la chair de poule, à moi. Cette histoire du petit Malien qui a grandi ici mais dont on n'a jamais voulu, et qu'on reconnaît enfin… et lui si modeste, les yeux fixés sur ses chaussures, c'était sublime. Ensuite, la profession de foi des 96, les leçons de morale qu'ils nous faisaient à nous, cette assurance qu'ils avaient en plaçant la barre très très haut… Même si on n'avait pas du tout les mêmes idées, j'avais envie que ça existe, des hommes parfaits. Alors, quand Ibrahima est venu faire ses excuses publiques et que, même parmi les journalistes, il y avait des gens qui étaient prêts à le huer, je sais pas, je me suis senti triste pour une raison qui dépassait largement son cas à lui. Triste d'être rappelé à la vérité. Faut être des animaux, peut-être, un dauphin ou un oiseau, pour faire quelque chose de vraiment pur dans le monde. Nous, on dégueulasse tout.

On dit parfois que les 83 restants pourraient rejoindre le groupe des 96. Pour leur apporter leur expérience, justement.

Non, ça n'arrivera jamais.

Et est-ce que la reformation des 83 pourrait devenir d'actualité ?

Honnêtement, il y a très peu de chances. Je n'y crois pas.

Mais vous avez déclaré vous-même – et ça a surpris – que vous y étiez favorable.

Ouais, mais ça dépend pas que de moi, même si j'ai l'air d'avoir été celui qui a toujours un peu foutu la merde. Et je vais vous dire, c'est même un peu plus triste que ça : quand bien même on serait d'accord pour essayer de faire un truc tous les trois, je suis pas sûr qu'on y arriverait.

Pourquoi ?

Y a trop de fantômes autour de nous... Vous savez sûrement qu'on s'est revus pour l'anniversaire de la mort de Jean-Baptiste. Et c'était bien. Pas la cérémonie elle-même, qui était affreuse, avec le Premier ministre et le grand style pompier. Jean-Baptiste aurait sans doute détesté ça. Mais entre nous trois, il y avait comme une forme de tendresse, la tendresse de ceux qui ont vécu quelque chose de pas commun ensemble. Et je leur ai dit, aux filles, qu'on avait encore des choses à faire tous les trois. Ceux qui restent, on n'est pas les plus flamboyants, mais on a toujours pas mal de puissance, et du métier. Mais Thérèse, elle est complètement enfermée dans le culte de Jean-Baptiste, avec son projet de film. Et Virginie, ce qu'elle nous a dit, et elle a sûrement raison, c'est qu'avant de recommencer quoi que ce soit, il faudrait qu'on discute, qu'on mette les choses à plat, qu'on se dise en face les reproches qu'on a à se faire, les choses qui nous sont restées sur le cœur. Seulement je crois que personne n'aura jamais l'énergie pour ça.

C'est fini, alors ?

Pas vraiment, puisqu'on est encore là. Mais c'est en train de finir, oui.

XXXV

« Quelque chose à vivre »

Virginie Mathieu-Brun : Quand on m'a retrouvée, j'avais reçu une vingtaine de coups de couteau, j'étais très affaiblie par tout le sang que j'avais perdu, et on a dit que je délirais, mais je suis pas sûre que ce soit vrai.

Au moment de votre internement, beaucoup de vos admirateurs ont évoqué un complot. Les propos que vous avez tenus à la sortie laissent planer le doute. Désormais, vous portez quel regard sur cet épisode ?

Il n'y a pas eu de conspirateurs qui se sont réunis autour d'une table et puis qui se sont dit : « Allez, aujourd'hui, on va enfermer Virginie. » Je l'ai peut-être cru, à un moment, mais ça s'est pas passé comme ça. On m'a mise en HP parce que j'étais devenue dangereuse pour moi-même. C'est clair. La vidéosurveillance du parking, personne l'a trafiquée, même si après vous trouverez toujours des complotistes pour vous dire le contraire. Parce qu'il n'y a rien de plus excitant que de démentir la réalité, c'est comme un pouvoir magique. Moi, à partir du moment où la vidéo me montre qu'il n'y a personne d'autre sur le parking, et que c'est moi toute seule qui me les inflige, les vingt coups de couteau, je ferme ma gueule, je me dis que je suis devenue une pauvre fille tarée et qu'ils ont bien raison de m'interner.

Après, est-ce que l'hostilité aux 83 a joué un rôle ? À la marge, peut-être. Il y a des personnes pour qui ça a été une satisfaction, de me voir là où j'étais. Le psy qui me suivait, par exemple, lui, je suis sûre qu'il a tout fait pour que j'y aille. Il vous dira le contraire si vous allez le voir. Martin Bronner. Mais moi, j'ai jamais cru à ses grands yeux apitoyés, à sa petite voix mielleuse. Je crois qu'il a aimé m'avoir en larmes devant lui. Et ensuite m'envoyer avec les autres tarés, et savoir que j'étais devenue un zombie avec tous les médicaments qu'on me refilait, je suis sûre que ça l'a bien fait bander, ça aussi.

Vous avez toujours gardé espoir pendant votre hospitalisation ?

Non, pourquoi ? Parce que je m'en suis sortie, vous pensez que forcément je me suis battue, que je n'ai rien lâché ? Que c'est une affaire de volonté ? J'avais aucun espoir. Je pensais que j'étais complètement foutue. Comme une machine pétée, bonne pour la décharge. Et les médicaments qu'ils te donnent, tu as l'impression que ça finit de t'achever. Tu peux plus saliver. T'arrives plus à articuler, alors tu parles trop fort pour essayer de te faire comprendre. Et comme tu parles trop fort, on te dit de te calmer, et ça finit par te mettre hors de toi, alors on te met dans la chambre d'isolement, où tout le monde va pouvoir te voir par la porte vitrée, toute seule avec ton seau et ton lit scellé, et juste l'infirmière qui viendra une fois dans la journée pour te filer deux Largactil ou un Haldol, et tu sais que plus tu cognes à la porte, plus longtemps tu vas y rester. C'est la fin de tout, là-bas.

Et pourtant vous en êtes sortie.

Oui. Mais j'ai pas vraiment l'explication. Je pense juste qu'on est tous beaucoup plus résistants qu'on croit. Alors quelque chose s'accroche. On veut vivre, c'est génétique, c'est malgré soi. Ce qui est difficile, c'est de lâcher prise, c'est d'accueillir la mort. On n'en veut pas, de la mort, même si on sait que ça nous épargnerait toutes les déceptions de l'existence. J'ai cru que j'étais foutue mais je me trompais. Les médicaments, le repos, la force de survie qu'il y a depuis la nuit des temps à l'intérieur de nous, c'est ça qui m'a remise d'aplomb. Pas ma volonté.

Et aujourd'hui, vous vous sentez comment ?

Pas en grande forme, mais c'est pas horrible non plus. Je suis d'aplomb, comme je vous disais. Je sais qui je suis et, après toutes ces années, c'est un peu une victoire. Je sais que j'ai besoin de médicaments, du bon dosage. Certains arrivent à vivre sans, mais pas moi, et ça me pose aucun problème de l'admettre. Je sais aussi que j'ai besoin d'être seule, souvent, parce que rester avec moi, c'est pas bon pour les gens. Rester longtemps, je veux dire. Ça m'arrive d'être vraiment difficile. Je suis beaucoup plus équilibrée qu'avant mais ça m'arrive encore. Depuis la dernière fois où on s'est vus, j'ai refait une crise, par exemple. Et dans ces moments-là, je suis violente, je me mets très en colère, je dis des choses horribles. Pour ça, même si je me suis battue contre, c'est bien que Julien ait obtenu la garde de ma fille. Je le pense vraiment. Il faut pas qu'elle me voie comme ça. Elle sait que j'ai fait des séjours. Il y a des gens qui doivent lui dire que sa maman est folle. Mais elle m'a jamais vue dans ces états. Ça fait une grosse différence pour moi.

[*Elle dira aussi que, pour revenir y habiter, elle a dû tout changer dans son appartement : le canapé gris Habitat a été remplacé par une méridienne tendue de suédine rouge ; les photos-souvenirs et les dessins d'enfants affichés sur la porte du réfrigérateur ont été jetés, comme la vaisselle, les livres de poche et les draps dans lesquels, trop souvent, elle était restée prostrée ; elle a fait abattre les cloisons d'une salle de bains lumineuse, exposée au sud, pour y installer une kitchenette dont elle ne se sert que très peu – elle ne cuisine plus depuis son divorce – mais qu'elle aime regarder, explique-t-elle : sur les carreaux de faïence, des oiseaux presque diaphanes s'envolent vers la fenêtre, tandis que des fruits parfaits (des pommes luisantes, des clémentines, des mangues) s'amoncellent dans un grand plat en grès d'inspiration japonaise, à côté de trois ou quatre beaux livres de recettes probablement jamais ouverts. Tous les murs de l'appartement sont blancs et nus, à l'exception d'une paroi du salon, qui accueille la reproduction d'un visage peint par Michel-Ange dans la chapelle Sixtine. Il s'agit de la Sibylle de Delphes, dont le regard détourné et la bouche entrouverte glissent une note d'inquiétude dans une pièce à l'ameublement monacal. Quand je lui demande pourquoi elle n'a pas préféré déménager, elle se contente de hausser les épaules.*]

Vous travaillez beaucoup ?

Non, pas beaucoup. Je passe du temps à la salle de gym, je fais un peu de piste avec mon entraîneur, je dors au moins dix heures par nuit, et puis j'essaie de lire plus qu'avant. Au moins un roman tous les quinze jours. Des polars, surtout, américains, scandinaves aussi. La supervision des 96, ça occupe un tiers de mon temps seulement.

Vous pouvez expliquer en quoi consiste cette surveillance ? On entend beaucoup de choses là-dessus.

Le mot « surveillance », déjà, ça me gêne un peu, parce que tout ce que je fais, c'est avec l'accord des 96. C'est même d'eux que ça vient, cette idée qu'il faut que leurs opérations puissent être contrôlées par quelqu'un. Ils ont proposé qu'il y ait plus de régulation, et plus de transparence. Il fallait donc quelqu'un pour s'en occuper, et ce quelqu'un, c'est moi. Je ne vais pas partout, parce que je n'ai pas le temps et que, dans certains cas, la discrétion que réclame la mission ne permet pas que je sois présente. Mais, dès que c'est possible, j'accompagne un ou plusieurs 96 sur le terrain, et je m'assure simplement qu'ils agissent en conformité avec la loi. J'observe, je fais un rapport. Ça m'arrive, mais pas si souvent, de devoir faire des rappels à l'ordre dans le feu de l'action. Sur les droits des interpellés, par exemple.

Ça doit être une position inconfortable parfois, non ?

Pas vraiment. D'abord, parce que je suis plus en état de mener des opérations moi-même, trop fragile mentalement, et ma capacité spéciale s'est quand même beaucoup affaiblie. Aujourd'hui, je ne cours plus le cent mètres qu'en 9'30. Et encore, ça, c'est les jours où je me donne vraiment. Ça reste très bien mais c'est pratiquement redescendu à un niveau humain. Donc il fallait bien passer à autre chose, il n'y a pas de frustration de ce côté-là. Ensuite, avec les 96, on a une bonne relation de travail. Ils savent que si je suis là, c'est pour garantir qu'ils ont fait les choses dans les règles. Ça sert à les protéger du soupçon.

Saïd dit que vous êtes instrumentalisée. Que vous n'avez pas les moyens d'exercer pleinement cette surveillance, que beaucoup de choses vous échappent.

Saïd, il dit ce qu'il veut. Il est triste, surtout, non ? Vous êtes allé lui poser des questions récemment, vous avez bien vu qu'il est très amer. À sa place, je serais pareille. Des trois qui restent, c'est lui qui a le plus perdu.

Il dit qu'il est libre, il se voit plutôt comme quelqu'un qui a réussi.

Je crois pas que ce soit vrai. Et comme c'est un type lucide, je suis à peu près certaine qu'il ne pense pas ça. Le problème de Saïd, c'est qu'il a voulu être en dehors tant qu'il y avait un dedans. Il aimait être le rebelle de la bande, mais il avait besoin de la bande. Et maintenant que les 83, c'est fini, forcément ça lui manque. De nous trois, c'est le plus nostalgique. Quand on a célébré l'anniversaire de la mort de Jean-Baptiste, il chialait, il était inconsolable, et je crois que c'était sincère. Mais c'est pas seulement l'absence de Jean-Baptiste qui le faisait pleurer. C'est surtout le fait que tout soit passé si vite, et que ce soit fini, et qu'il y ait eu tant d'occasions manquées. Pour lui plus encore que pour les autres. Parce que nous, au moins, on a pris le temps d'être ensemble. On a essayé. Je me souviens très bien d'un soir, au Q.G., ça devait être juste avant le premier été, on buvait un verre autour de la grande table, et lui, il avait préféré se mettre sur la terrasse, tout seul avec son portable et ses écouteurs, et je le regardais à travers la baie vitrée, et je me disais qu'un jour il les regretterait, ces moments qu'il aurait pu passer avec nous. C'étaient pas des moments extraordinaires, mais justement, il faut les avoir vécus pour pas les regretter. Et lui, maintenant, Saïd, il est pris dans ce piège. Il parle de tout ce qu'on aurait pu faire. De Jean-Baptiste, qui était si pur. Des autres, aussi. Il s'imagine une vie qu'il a pas vraiment vécue et qui sûrement n'a jamais existé.

Vous avez des regrets, vous ?

Pas vraiment, non. Vous savez, moi, j'ai mon récit. Grégory disait qu'il fallait en finir avec les contes de fées, mais lui, il était fort, il avait trouvé ce courage de vivre sans se raconter d'histoire. Sans illusion. Pas moi. Moi, il me faut mes médicaments et puis il me faut ma petite histoire. Et je me raconte quoi ? Que tout ce qui m'est arrivé, c'était dans l'ordre des choses. Que j'étais désaxée, que j'avais commencé à vriller bien avant le 19-Janvier. Que quand ça m'est tombé dessus, j'ai joué au bon petit soldat, j'ai refoulé, et que c'est devenu comme une bombe à retardement. Que ça devait me péter à la gueule un jour ou l'autre. Et si je suis allée en HP, c'est parce que je m'étais menti trop longtemps, c'est parce que j'étais devenue complètement fausse. Un personnage. Et j'ai aussi des explications pour comprendre comment je m'en suis sortie : je vous l'ai dit, j'avais pas la force de mourir, en fait. Mon corps refusait. Je devais vivre. Je me fais croire que j'avais encore quelque chose à vivre. Et c'est *ça*, ici et maintenant. Inspecter le travail des autres super-héros. Sentir sur moi le regard des gens qui se disent qu'ils se sont trompés. Qu'en fait, Virginie, elle vaut mieux que ce qu'ils pensaient. Que moi au moins, on peut me faire confiance. Sentir que je m'en sors pas si mal. Mieux que beaucoup qui ont le même âge. Mieux que Saïd, mieux que Thérèse. Elle est pas mal, mon histoire, non ? La chute, la rédemption. C'est sûrement trop simple, c'est sûrement pas tout à fait vrai, mais qu'est-ce que ça peut faire ? Tant que ça aide à vivre, à accepter cette vie-là, c'est pas très important de savoir si les histoires sont fausses ou vraies.

XXXVI

Le tournage entre dans sa huitième semaine. Une forêt de printemps humide et verdoyante sert de décor du jour. Assise derrière le moniteur, Thérèse Lambert regarde prise après prise Jean-Baptiste Fontane converser à voix basse avec un membre des services de renseignements français. En tenue de jogging, leurs baskets neuves pataugeant dans la boue (Jean-Baptiste courait dans les bois quand l'autre homme est apparu, trottinant lui aussi), ils ont tous deux l'air de sportifs du dimanche égarés dans un film d'espionnage. Les sourires de plusieurs techniciens ponctuent la fin de chaque prise, mais le comédien Jérémie Rénier, qui incarne Jean-Baptiste, tord la bouche et semble encore insatisfait. Même si l'équipe compte déjà une heure de retard sur le plan de travail, on lui accorde une autre prise. « Il cherche quelque chose de plus fragile, il a raison », commente Thérèse, qui, après avoir suivi de près l'écriture du scénario, observe le tournage en qualité de consultante.

La ressemblance entre Jean-Baptiste et Jérémie Rénier est loin d'être évidente, mais Thérèse balaie d'avance l'objection. « Si on commence à jouer les gardiens du temple, autant arrêter tout de suite de faire un film. » Elle sait que *People like us* (*Des gens comme nous* en français) suscite d'ores et déjà la polémique et que certains spectateurs ne manqueront pas de pointer ses inexactitudes.

Elle-même réagit d'abord mal à l'annonce qu'un film sur son ami était en préparation. Elle n'accepta de rejoindre l'aventure qu'après un rendez-vous sollicité par les deux producteurs à l'origine du projet, l'Américain John Wasserman et le Français Antoine Baeyens, qui lui firent l'effet de « deux écoliers réclamant qu'on corrige leur copie ». « Elle s'est investie quand elle a senti que le film allait se faire quoi qu'il arrive », affirme de son côté Wasserman dans un e-mail. La meilleure manière de défendre la mémoire de Jean-Baptiste, estima la 83, c'était de contrôler de l'intérieur le projet.

Après s'être d'abord cabrée devant chaque invention du scénario, Thérèse a fini par accepter que les limitations de budget et de durée d'un film imposent des raccourcis et quelques approximations. Ce n'est pas grave. Le plus important, à ses yeux, c'est de rester intransigeant sur « la vérité derrière les faits ».

N'y a-t-il pas aussi des contraintes plus gênantes, liées à la production d'un projet de cette ampleur : choix de comédiens célèbres, effets spéciaux sidérants, scènes d'action étirées aux proportions épiques que commandent les films de super-héros ? Pour toute réponse, Thérèse sourit comme elle souriait à Santiago du Chili, quand je l'ai connue étudiante, avec cet air de s'éloigner à des kilomètres de toi, cet air dont on ne saurait dire s'il marque son embarras devant l'à-propos de la question que tu formules ou, tout au contraire, son amusement devant la stupidité dont tu viens de livrer un nouveau témoignage. (Elle éclatera d'un petit rire clair, un peu plus tard, quand je lui demanderai comment elle a travaillé avec Émilie Dejean, la comédienne qui joue son rôle. « Avant le tournage, je ne savais même pas à quoi elle ressemblait. » Lorsque je m'étonnerai qu'elle n'ait pas souhaité la rencontrer, Thérèse me gratifiera une nouvelle fois d'un sourire rêveur.)

Même si elle ne fera aucun commentaire à ce sujet non plus, *People like us* est sans doute arrivé dans sa vie au bon moment.

Des proches racontent que Thérèse remâchait les mêmes souvenirs depuis la mort de Jean-Baptiste et l'échec de son troisième roman. La journée du 5 juillet 1992 l'obsédait. Cet après-midi-là, dans l'embouteillage, quelque chose ou quelqu'un l'avait contaminée. Elle ne se sentait pas la force de livrer, seule ou presque, une bataille pour contraindre les autorités à dire la vérité. Mais elle savait qu'on retrouverait probablement un jour, sur un ordinateur, au fond d'un coffre secret, un document de quelques pages dans lequel un rédacteur alarmé ferait état d'une expérience scientifique qui avait mal tourné ou peut-être, pourquoi pas, d'un événement qui impliquerait des visiteurs extraterrestres.

Cet incident, quoi qu'il en soit, avait scellé son destin et causé sa malédiction. Rien de tout ce qu'elle endurait maintenant ne serait arrivé sans ça. On la forçait à reconnaître qu'elle avait connu depuis le 19-Janvier des moments extraordinaires, qu'il lui restait de belles choses à vivre, mais elle ne voyait chaque matin, elle, qu'une silhouette osseuse dans le reflet du miroir mural, une handicapée au visage cireux et aux cheveux grisonnants, qu'on aimait parfois, sans doute, mais d'un amour au poids faussé par la célébrité, et par la pitié qu'elle inspirait.

Elle arpentait ce 5 juillet en quête d'un indice. Les maux de tête que lui coûtaient ces recherches la laissaient, jusqu'à trois jours d'affilée parfois, nauséeuse et trop faible pour quitter son lit. Comme la date était lointaine, il lui avait été difficile de collecter certains détails. Son pouvoir butait des jours durant sur la même fin de phrase qui se perdait dans le silence, la même minute qui se dérobait, le même mouvement de tête qui ne s'achevait jamais et l'empêchait de revoir ce qu'elle avait vu – revoir ce qui, peut-être, expliquait tout. À force d'obstination cependant, le puzzle s'était assemblé. Du moment de l'embouteillage, elle posséda le tableau complet.

Mais alors un sentiment d'échec l'écrasa : dans tout ce qu'elle voyait et entendait, des significations lui échappaient, sans doute pour toujours. Le pompiste d'une station-service avait lancé à ses parents qu'un gros embouteillage les attendait un peu avant Valence. Tant qu'à être bloqués, mieux valait patienter sur la prochaine aire, qui serait ombragée. Avait-il dit cela pour tenter d'épargner à la fillette le sort qui l'attendait ? Était-il vraisemblable que la veste en nylon de cet homme soit immaculée et qu'on devine encore, sur les manches, le pli du fer à repasser ? Quel objet cachait-il dans le renflement qu'elle apercevait sur sa poitrine ?

Et l'homme qui l'avait dévisagée un peu après quatorze heures, un escogriffe engoncé dans l'habitacle d'une Renault 5 noire, aux sourcils très fournis et au teint brun de carton, que faisait-il seul dans cet entassement de voitures surchargées de bagages et d'enfants ?

Pour échapper à ces ruminations, elle s'était laissé convaincre de donner des conférences dans des séminaires de développement personnel et d'estime de soi. Maintenant que le désœuvrement la menaçait, l'activité de conférencière ne lui déplaisait pas. Elle aimait qu'on l'attende à la sortie du train, qu'on s'inquiète de savoir si la chambre d'hôtel lui plaisait et qu'on l'applaudisse à la fin de son exposé. Je ne sais pas si elle croyait beaucoup à ce qu'elle racontait (ses conférences portaient des titres comme « Se réconcilier avec soi-même » ou « Tous imparfaits : réflexions sur ce qui nous manque vraiment »), mais ce n'était de toute façon pas pour cela que l'on y assistait. Les questions du public portaient presque toujours sur les 83, et en particulier sur Jean-Baptiste, car c'était lui qu'on aimait le plus, lui qui n'avait rien trahi, qui était mort trop tôt. Thérèse l'avait vraiment connu, sa mémoire était réputée infaillible, et elle en parlait très bien.

Au milieu de ses exposés, elle percevait dans son auditoire des signes d'impatience qui, au bout de trois ou quatre conférences, cessèrent de l'offenser. On l'avait écoutée, certains s'étaient même astreints à prendre quelques notes poliment. Et quand arrivait le temps d'évoquer Jean-Baptiste, tous lui souriaient. Elle disait qu'elle était heureuse qu'il soit devenu si populaire après sa mort, quand bien même il aurait été terriblement gêné, lui, devant ces témoignages d'admiration. Ensuite, elle les faisait sourire et leur tirait des larmes avec des anecdotes bien tournées où il apparaissait en amoureux maladroit, en Woody Allen super-héroïque, en sage sans doctrine et, à l'heure de mourir, en soldat simple et courageux.

On l'aurait accusée d'être jalouse ou simplement aigrie si elle avait raconté que Jean-Baptiste ne reconnaissait que rarement ses torts, qu'il s'inquiétait de tout et qu'il lui arrivait de se montrer condescendant, voire un peu snob. On n'aurait pas compris qu'elle révèle, sinon pour salir son image, à quel point il était lâche, non pas sur le théâtre des opérations, comme elle, mais dans la vie, où les gens lui semblaient trop compliqués, et leurs problèmes trop poignants. Il était lâche quand il demandait à partir en mission à seule fin d'annuler une visite à son père, dont les premiers symptômes d'un Parkinson le déprimaient. Il était lâche toutes les fois qu'on lui réclamait une opinion sérieuse et qu'il s'esquivait par un trait d'esprit. Il fut lâche quand Thérèse se décida à lui écrire qu'elle l'aimait et qu'il ne répondit pas, et qu'il fit comme si le message ne lui était jamais arrivé – se persuadant, sans doute, qu'elle-même avait dû aussitôt regretter de l'avoir envoyé, et que le mieux était de ne jamais en reparler.

Le lendemain de ma visite sur le tournage, une voiture nous conduit en Normandie, où Thérèse doit rencontrer des collégiens. C'est un engagement pris de longue date, dont elle assure qu'il lui fait plaisir. Assis sur la banquette arrière à côté d'elle, je profite de ce trajet pour lui demander ce qu'elle compte faire après le film. Elle dit qu'elle a envie de soleil et de tranquillité. Des gens lui ont parlé de la Basse-Californie, où tout a l'air plus simple. Elle se verrait bien passer six mois là-bas, en bord de mer, à lire un peu, à ne rien faire. Mais le plus probable, ajoute-t-elle, c'est qu'il y aura d'autres sollicitations autour de Jean-Baptiste, et qu'elle y répondra.

Des collégiens qui l'écoutent, rassemblés dans la bibliothèque de l'établissement, la moitié au moins étaient trop jeunes pour se souvenir du 19-Janvier. Thérèse raconte sa rééducation, la difficulté d'accepter les limitations imposées par le handicap, mais la sagesse, aussi, qu'on acquiert en les acceptant (c'est son créneau).

Au bout de vingt minutes, après des applaudissements, le micro circule parmi les élèves. La première question concerne Jean-Baptiste. Un garçon timide voudrait savoir ce qu'est devenue la maquette de Bayeux. Cette demande inattendue provoque des gloussements parmi ses camarades. Une enseignante, pour couper court, propose de passer à une autre question, mais Thérèse veut répondre. Elle souffle qu'à sa connaissance la maquette n'a jamais été terminée. Puis brièvement, pendant qu'une collégienne appliquée formule la question suivante, elle me regarde, et je baisse les yeux.

Elle ne leur dira pas ce qu'elle m'a confié la veille : qu'il y a quelques semaines encore, la maquette occupait, chez elle, les deux tiers d'une pièce vide. Après la mort de Jean-Baptiste, qu'elle refusait d'accepter, elle s'était fait un devoir de poursuivre le travail à sa place, il aurait sans doute aimé ça. Mais elle ne prenait aucun plaisir à confectionner de petits bâtiments en carton et à les décorer. Quant aux figurines qu'elle dénichait sur Amazon afin de peupler le quartier, elles lui semblaient factices une fois installées dans les rues, comme si la maquette se remplissait peu à peu non de piétons, de cyclistes, d'enfants, de policiers et d'éboueurs, d'amoureux, de vieilles dames sur le pas d'un immeuble, de livreurs et d'artisans, de lecteurs sur les bancs du parc, mais de figurants participant à un simulacre, figés avec leurs costumes trop colorés dans des poses auxquelles eux-mêmes ne croyaient pas. Elle regrettait en particulier d'avoir disposé, sur le trottoir d'une avenue, un groupe de six voyageurs droit sortis des années 1950, leurs petites valises à la main, les hommes coiffés de chapeaux, l'un d'eux portant une veste croisée vert pomme, les femmes permanentées en tailleur bleu roi (peut-être des hôtesses de l'air), qui avaient l'air d'une troupe de comédiens mimant l'*American way of life.* Thérèse décida de les enlever au bout de quelques jours. Ils laissèrent sur le sol six ocelles sombres, comme de minuscules mares de sang, songea-t-elle. Elle s'aperçut au même moment que des traînées de taches couleur rouille étaient apparues sur un côté de la maquette. La colle utilisée par Jean-Baptiste, en s'asséchant, brunissait. Un matin, elle appela les encombrants. On la débarrassa de la maquette le jour d'après.

Un autre collégien demande à Thérèse si son pouvoir d'hypermnésie fonctionne encore. Comme celui des autres 83, répond-elle, il a fini par s'affaiblir. Certains souvenirs, les plus anciens surtout, lui sont redevenus inaccessibles. D'autres se font moins précis. Cela l'attriste-t-elle ? Thérèse hausse les épaules. « Forcément un peu », souffle-t-elle.

Sa mémoire ressemble maintenant à un musée gagné par le désordre et l'abandon, dans lequel, nuit après nuit, des pillards ne se contenteraient pas d'emporter au hasard quelques nouvelles pièces mais jetteraient aussi les clés ouvrant certaines portes et s'ingénieraient à mélanger les collections, à vandaliser des vitrines, à raturer sur des notices tous les renseignements utiles. Du 5 juillet 1992, elle se souvient de moins en moins. Une conversation avec son père, qu'elle pouvait réciter mot pour mot il y a deux mois encore, s'est effacée entièrement. Le visage du pompiste qui leur conseillait de ne pas reprendre la route a disparu, remplacé par un ovale vaporeux. Chaque fois qu'elle y revient, quelque chose manque ou a changé de place, s'est déformé, a perdu ses contours. Bientôt, il ne restera plus rien, ni de ce 5 juillet, ni de l'année 1992, ni des années qui l'ont suivi et précédé, que quelques images muettes, quelques noms, quelques idées de phrases à peu près prononcées, les vagues restes d'un passé aussi douteux et incomplet que le nôtre. Bientôt, le 19-Janvier lui-même sera atteint par ce vacillement qui précède l'oubli. Quand elle ne se souviendra plus de rien, quand le musée ne sera plus qu'une grande bâtisse ruinée, alors il semblera que toute cette histoire n'était pas plus la sienne que celle de n'importe qui d'autre. Et Thérèse me confie que, de plus en plus souvent, elle éprouve devant ce désastre en cours une forme d'apaisement.

RÉALISATION : PAO ÉDITIONS DU SEUIL
IMPRESSION : CORLET IMPRIMEUR, À CONDÉ-SUR-NOIREAU
DÉPÔT LÉGAL : JANVIER 2017. N° 134311 (185926)
IMPRIMÉ EN FRANCE